全国高等会计职业教育系列规划教材

国家级精品课程配套用书

会计基础

第二版

主　编　程亚兰　杨　萍　陈家旺
副主编　周美容　娄会娟　邢　颖

WUHAN UNIVERSITY PRESS
武汉大学出版社

图书在版编目(CIP)数据

会计基础/程亚兰,杨萍,陈家旺主编.—2版.—武汉:武汉大学出版社,2014.8(2018.8重印)
全国高等会计职业教育系列规划教材
ISBN 978-7-307-13794-3

Ⅰ.会… Ⅱ.①程… ②杨… ③陈… Ⅲ.会计学—高等职业教育—教材 Ⅳ.F230

中国版本图书馆 CIP 数据核字(2014)第 154574 号

责任编辑:柴 艺　　责任校对:汪欣怡　　版式设计:马 佳

出版发行:武汉大学出版社　 (430072　武昌　珞珈山)
　　　　　(电子邮件:cbs22@whu.edu.cn 网址:www.wdp.com.cn)
印刷:武汉市宏达盛印务有限公司
开本:787×1092　1/16　印张:17.25　字数:402 千字　插页:1
版次:2011 年 6 月第 1 版　　2014 年 8 月第 2 版
　　 2018 年 8 月第 2 版第 3 次印刷
ISBN 978-7-307-13794-3　　定价:30.00 元

版权所有,不得翻印;凡购买我社的图书,如有质量问题,请与当地图书销售部门联系调换。

全国高等会计职业教育系列规划教材编委会

主　任：田家富
副主任：孔祥银　黄超平　周列平　戴年昭
委　员：（按姓氏笔画为序）
　　　　孔祥银　田家富　兰　霞　刘海燕　何忠谱
　　　　张　萍　陈家旺　国燕萍　周列平　黄超平
　　　　章理智　程亚兰　蒲　萍　戴年昭

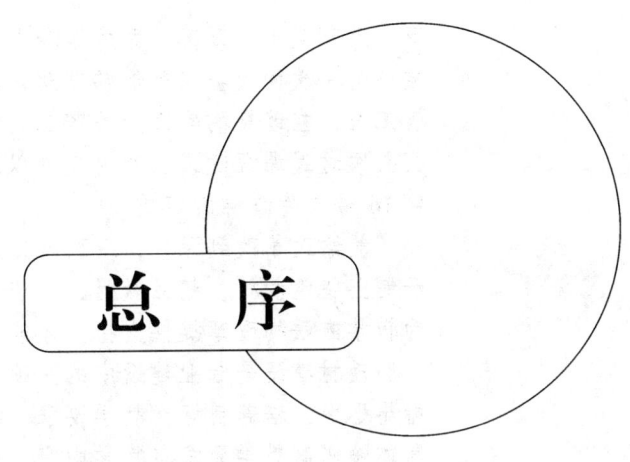

总 序

我国高等职业教育经过十年的发展，取得了举世瞩目的成就。特别是经过三年的示范建设，我们在校企合作、工学结合、人才培养模式改革、师资队伍建设、课程建设、教材建设等方面取得了一定的成绩，但也存在一些不尽如人意的地方。作为高职战线的一线工作者，我们一直在实践，一直在思考，一直在探索。

高职教育发展到今天，必须进行改革，这是大家的共识，改革的路径怎么选择？就是按照教育部 2006 年 16 号文件《关于全面提高高等职业教育教学质量的若干意见》（以下简称教育部 16 号文件）的精神和高职教育"十二五"发展规划的要求进行。但怎么改？只有靠我们一线从事高职教育的老师去实践，去探索，不能人云亦云，不能断章取义，不能望文生义，不能浅尝辄止，更不能玩花架子。我们要把老师的心思真正用在教学改革上，要把老师的时间、精力真正用在教学改革上。改革不可能一蹴而就，改革是要付出代价的，改革是要有点精神的！

教学改革的依据是什么？我个人认为，我们必须充分考虑以下四个问题：一是高等教育大众化的背景；二是教学对象的实际（现有认知结构）；三是产业结构的调整与发展；四是科学技术的发展，在教育上就是现代教育技术手段的应用。只有将这四个问题研究透了，分析透了，我们的教学改革才能落到实处，才能有成效。

教学改革的目标是什么？提高教学质量！我们一切工作的出发点和落脚点就是提高教学质量，这是永恒的主题！提高教学质量的关键是教师。换句话说，改革的意识、改革的观念、改革的思路必须在一线的教师中真正生根发芽，必须由一线的教师认真地加以实践，只有这样改革才能成功。不依靠一线教师而进行的改革，是形式主义，是空中楼阁。由此看出，对一线教师改革意识、改革观念、改革思路的培养与提高就显得非常重要。教育部16号文件精神不是一次两次会议就能够理解透彻的。我们必须在理解文件精神的实质上下苦工夫，在改革的实践上下苦工夫，在改革的系统工程上下苦工夫。因此，我们必须通过课程建设、教材建设以及其他平台，让教师在实践中深刻理解教育部16号文件精神的实质。

教学改革改到深处，改到痛处，是课程改革，是教材改革。我们只有真正研制出特色教材、精品教材，才能为人才培养模式改革与创新提供支撑，才能为教学方法的改革提供支撑，才能为精品课堂提供支撑。

教材建设是专业建设中的一项基本建设，我们必须高度重视。教材是教学指导思想、培养目标、教学要求、教学内容的具体体现。教师通过教材全面、具体地理解教学要求与教学内容，以它为依据进行讲授并组织教学活动。学生以它为依据进行学习，通过教材掌握规定的知识和技能。实践证明，选一本好教材对提高教学质量至关重要。我们现在搞的课程建设与改革或者说精品课程建设，最终还是体现在教材建设上。同时，教材建设也是把精品课程转化为精品课堂的关键环节。

教材是什么？这个问题似乎有点老套！但最近对教材的讨论和争议比较多，有不同的观点！"教材是道具"这是我个人的观点。道具好一些，精一些，演出效果会好一些，这是毋庸置疑的。教师上课依纲据本固然没错，但我认为要是把教材看成是死板的、没有生命力的、单纯为完成教学目标而使用的一种介质就有问题了。著名的教育家叶圣陶老先生曾经说过："教材无非是个例子。"作为教师是用教材教，而不是教教材。我们一定要注意这个问题。从这个角度讲，教材一定要经典，不是花里胡哨，不是加这个，加那个，搞得五花八门。

高职高专教材建设的现状令我们不是很满意。纵观我国高职教育十年的发展，配套教材可以说是百花齐放，五花八门，既涌现了一批优秀的、有特色的教材，也出现了一批粗制滥造、滥竽充数的教材。具体存在以下问题：

1. 功利性太强，作者队伍参差不齐。最大的功利性表现在纯粹是为了评职称而参加教材的编写。有些作者对教育部16号文件精神和高职教育改革的最新理论成果一知半解，生搬硬套，贴标签；还有些作者对一些基本概念、基本知识和基本技能把握不准。这反映了高职教育十年的快速发展，导致师资队伍不能满足高职发展和改革的需要。

2. 教材版本一是多，二是乱，不成体系，不配套，导致我们无法选出顺手的、满意的教材。近年来，我们选用教材换了多种版本，总是看起来花哨，但是错误和漏洞百出。有的是教材没有配套的习题和技能训练，有的虽有习题和技能训练，但与教材内容又不配套，让我们非常苦恼。导致这个现状的原因主要有两个：一是出版社的问题，对一套教材的编写缺乏规划，缺乏专业编辑，缺乏科学的组织，缺乏资金的投入。二是学校的问题，缺乏对教师参加教材编写的统筹、组织与协调。教师参加教材的编写基本上停留在个人行为上，甚至出现大量的作者只参加教材的编写、学校不使用教材的现象。这样是不可能写出高质量的教材的。

3. 教师参加教材编写的积极性不高或者积极性没有得到充分发挥。一是虽然职称评审需要编写教材，但不是考核的主要指标。现在对高职教师职称的评审主要关注教师的企业工作经历和课程建设情况，但没有教材编写也不行。因此，有些老师不愿意在教材编写上下太大的工夫，不愿意投入时间和精力。二是作者的劳动报酬与投入的时间、精力不匹配，觉得不划算。一本高质量的教材，往往需要作者或者一个教学团队数年甚至数十年的努力和积累，才能够研制出来。

4. 片面理解"教学做一体化"。教育部16号文件明确指出"改革教学方法和手段，融'教、学、做'为一体，强化学生能力的培养"。结果，有些地方、有些老师对这句话进行了片面理解，有的甚至认为将习题与技能训练放在教材每章的后面就是教学做一体化了，甚至认为在人才培养方案中将实训课程单独列出来没有体现教学做一体化！这样，一方面人才培养方案不伦不类，另一方面教材不伦不类，弱化了学生的训练次数，严重降低了教学质量。

"融'教、学、做'为一体"，应该有多方面的理解。一是在人才培养方案中怎么体现？二是在课程中怎么体现？三是在教材中怎么体现？四是在教学方法上怎么体现？五是在教学模式上怎么体现？六是在教学组织形式上怎么体现？七是在不同的专业上应该怎么体现？

在高职会计专业教材建设中，我们必须以会计专业的人才培养目标为依据。高职会计专业的培养目标是：以各类中小企业及其他经济组织会计岗位（群）的任职能力要求为目标，培养德、智、体、美、劳全面发展，掌握会计专业基本知识和职业技能，具备良好职业道德和操作规范、严谨细致的会计职业素养，在校期间取得会计从业资格证书，毕业后能够采用手工或者利用电子计算机技术从事中小企业的出纳岗位工作、会计核算岗位工作、财务管理岗位工作、涉税业务处理岗位工作和会计监督岗位工作，并具有可持续发展能力的高素质技能型人才。这个目标始终是纲，不能动摇，不能降低！降低了就不是会计专业了，就变成"收银员"培训班了。如果这样，放在培训机构就可以了，就不需要学校教育了。

我个人认为在高职会计专业教材建设中，以下几个问题必须认真抓好：

1. 按照工作过程系统化来开发课程和研制教材。第一，职业特征的课程或教材都来源于工作过程。知识来源于实践，人类知识是在长期的实践中不断总结的成果。第二，系统化就是一个加工过程，用时髦的话讲就是将行动领域转化为学习领域的过程。这个系统化的方法选择太重要了！以前，我们的课程和教材也是一种系统化，决不能说这种系统化的方法不科学，只是这种方法适合于抽象思维能力强的人群，而相对于高等教育大众化后抽象思维能力弱的高职学生来讲，这个系统化的方法要重新选择。这就是我们课程改革、教材改革的重点和难点。第三，会计工作过程系统化的重点和难点在哪里？在会计核算基本技术这门课程上！实际上，我们以前的财务会计、财务管理、审计、出纳业务、会计信息化等课程就是按照工作过程进行系统化设计的，或者说是按照岗位来设计的。我们没有必要把前人的经验全部推翻！

2. 校企合作共同开发教材。在教材的研制过程中，我们坚持"从实践中来，到实践中去"，就必须依靠行业、企业专家。只有这样，我们的教材内容、所采用的实训素材才能真正来源于社会实际生活，才能与社会实际生活相符。在此基础上，我们再进行提炼，做到来源于生活但又高于生活，从而达到理论和实践的完美结合。

3. 必须与行业标准和职业资格接轨。会计的行业标准，就是财政部制定的标准，不管怎么改革，我们必须围绕这个标准来做，否则，就是瞎折腾！

研制出一套能全面准确地阐述和把握会计专业最新的发展动态和理论成果，充分吸收本专业国内外前沿研究成果，科学系统地归纳知识点的相互联系与发展规律，反映高职学生的心理特点和认知规律的会计系列教材，是我们广大会计教育工作者义不容辞的责任和义务。基于此，2010年12月底，在武汉大学出版社和襄樊职业技术学院经济管理学院的大力支持下，我们组织了全国34所高职院校和部分本科院校的会计系主任、会计教研室主任和会计专业教师60多人，齐聚湖北襄阳，从讨论会计专业课程标准入手，共商编写一套体系完整、内容翔实、特色鲜明、质量上乘的会计系列教材。经过无数次的讨论、碰撞与磨合，我们取得了共识，并开始着手教材的编写工作。这些教材是老师们几十年教学经验的积累，是长期致力于教学改革的成果。有的课程是国家级精品课程，有的是教育部教指委精品课程，有的是省级精品课程，有的是院级精品课程。这次出版可共享教学改革的成果，同时也起到抛砖引玉的作用，希望后人能够不断创新，研制出更好的会计教材。

尽管我们在编写这套系列教材过程中进行了不懈的探索，付出了艰辛的劳动，并取得了一定的成果，但我们深感做得还很不够，需要我们改革的地方，需要我们突破的地方，需要我们创新的地方还很多，任重道远。加之时间仓促以及认识水平上的差异，这套系列教材不可避免地存在一些缺点和不足，我们恳请广大读者和同行不吝赐教。

一套精品教材，必须经过多次磨合、反复修改，才能逐步完善。路漫漫其修远兮，吾将上下而求索。在下一次修订出版时，我们会做得更好！

田家富

教育部高职高专工商管理教指委财务会计分委会委员
会计核算基本技术国家级精品课程负责人
国家级精品课程评审专家
湖北省高职学会财经教学组副组长
襄樊职业技术学院经济管理学院教授、院长

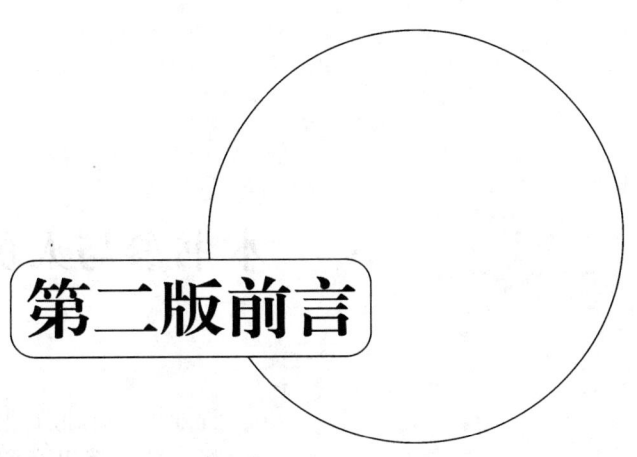

第二版前言

本书根据2011年财政部颁发的《小企业会计准则》进行了修订，并在开篇增加了一个学习情境——"会计职业认知"，以便学生对会计职业有个大致的了解，从而为后续专业知识学习打下基础。为方便学生学习及老师教学，在每个学习情境后增加了相应的思考与练习。此外，教学过程中发现的错误也在此次修订中进行了改正。

本书由程亚兰任第一主编，杨萍、陈家旺任主编，周美容、娄会娟、邢颖任副主编。

由于作者水平有限，书中难免存在缺点和疏漏之处，敬请读者批评指正。

编　者

2014 年 6 月

本书参与人员所在院校

程亚兰　湖北工业职业技术学院
杨　萍　武汉商贸职业学院
陈家旺　襄阳职业技术学院
周美容　鄂州职业大学
娄会娟　武汉商贸职业学院
邢　颖　武汉商贸职业学院

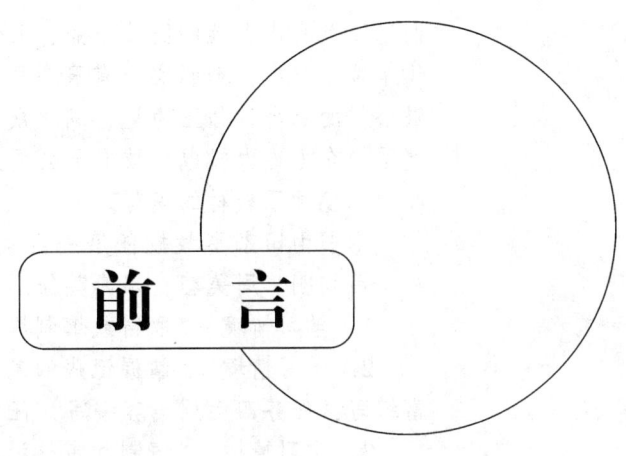

前　言

会计核算基本技术是高等会计职业教育会计专业学生接触的第一门专业核心能力课程，重点培养学生的专业通识能力，是培养学生专业应用能力和会计职业岗位能力的基石，涵盖了会计工作各岗位及全过程最基本的核算技能，是会计从业资格考试的重要内容，在整个专业课程体系中具有举足轻重的地位和作用。

本书是国家级精品课程"会计核算基本技术"的配套教材，是会计专业的入门教材，是为满足高等会计职业教育会计专业和经济管理类专业会计核算基本技术的教学需要而编写的。

本书以2006年财政部颁布的《企业会计准则——基本准则》和2010年财政部下发的《小企业会计准则》（讨论稿）为依据编写，在编写过程中，突出了以下特点：

1. 课程开发采用基于工作过程系统化的课程设计与开发方法。本课程在国内率先应用国际上先进的课程开发方法——"DCCD"方法，用工作任务来描述实际的工作岗位，职业分析和工作过程分析采用BAG分析法，由校外实践专家、课程专家和专业教师组成课程(教材)开发小组。

2. 序化和重构教材内容。将学科体系下的内容进行序化和重构，按照实际会计工作过程和会计信息处理程序，构建了"取得或填制原始凭证"、"掌握记账的基本方法"、"填制和审核记账凭证"、"建账和登账"、"对账和结账"、"编制会计报表"和"整理归档会计资料"七大学习情境。

3. 以会计从业资格考试相关内容为参考。会计从业资格证书是会计专业学生从事会计职业的职业标准和能力证明，因此，我们在教材内容的选取上，基本上对应考试大纲要求安排和组织教材内容。

4. 与行业企业会计实践专家合作进行教材开发。在教材编写过程中，我

前言

们选取具有代表性的民营企业、股份制企业、国有企业和会计中介机构作为合作单位,其中,泰明实业有限公司的财务经理张仕荣、际华3542纺织股份有限公司的总会计师王为夏、湖北众信至诚会计师事务有限公司的注册会计师章建军、东方通力机电科技有限公司总经理黄先酉、新金桥农资有限公司董事长邱德仙参加了教材的编写。

本书由田家富教授任第一主编,郭德松、刘春才任主编,吴海波、刘海燕、吕均刚、周美容、宋博英任副主编。具体分工如下:

1. 学习情境一"取得或填制原始凭证"由吕均刚、张士荣、陈玉静编写;
2. 学习情境二"掌握记账的基本方法"的任务一、任务二、任务三由田家富编写,任务四由周美容编写,任务五由刘海燕、宋博英编写;
3. 学习情境三"填制和审核记账凭证"由吴海波、黄先酉编写;
4. 学习情境四"建账和登账"由陈家旺、张静和王为夏编写;
5. 学习情境五"对账与结账"由刘春才、邱德仙编写;
6. 学习情境六"编制会计报表"由郭德松、章建军编写;
7. 学习情境七"整理归档会计资料"由刘姝编写。

最后,由田家富统稿、总纂成书。

由于作者水平有限,书中难免存在缺点和疏漏之处,敬请读者批评指正。

编 者
2011 年 4 月

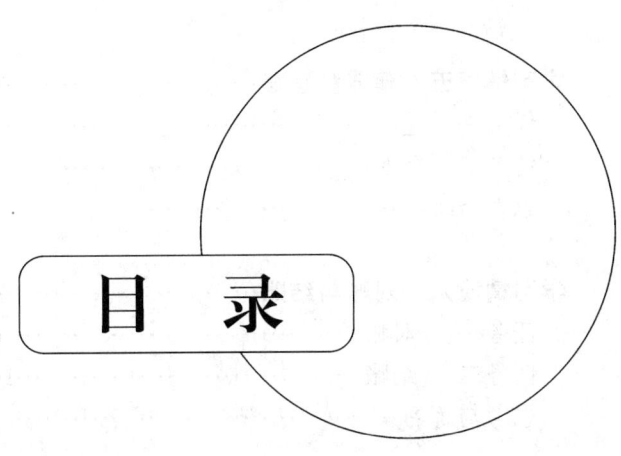

目 录

学习情境一　会计职业认知··· 1
 任务一　会计认知 ·· 1
 任务二　会计职业认知 ·· 6
 思考与练习 ·· 12

学习情境二　取得或填制原始凭证·· 15
 任务一　取得原始凭证 ·· 15
 任务二　填制原始凭证 ·· 22
 任务三　审核原始凭证 ·· 30
 思考与练习 ·· 32

学习情境三　掌握记账的基本方法·· 38
 任务一　单式记账法 ·· 38
 任务二　复式记账法 ·· 44
 任务三　会计要素和会计账户 ·· 49
 任务四　借贷记账法 ·· 67
 任务五　账户和复式记账法的运用 ·· 77
 思考与练习 ·· 119

学习情境四　填制和审核记账凭证·· 131
 任务一　填制记账凭证 ·· 131
 任务二　审核记账凭证 ·· 138
 思考与练习 ·· 142

学习情境五　建账和登账 ··· 145
任务一　建账 ··· 145
任务二　登账 ··· 152
思考与练习 ··· 186

学习情境六　对账与结账 ··· 190
任务一　对账 ··· 190
任务二　结账 ··· 207
思考与练习 ··· 211

学习情境七　编制会计报表 ··· 216
任务一　会计信息与财务报告 ··· 216
任务二　编制资产负债表 ··· 224
任务三　编制利润表 ··· 230
任务四　编制现金流量表 ··· 232
思考与练习 ··· 236

学习情境八　整理归档会计资料 ·· 239
任务一　整理归档会计资料 ··· 239
任务二　会计档案的保管和利用 ··· 242
思考与练习 ··· 245

附录一　企业会计准则——基本准则 ··· 248
附录二　企业财务会计报告条例 ·· 253

参考文献 ··· 260

学习情境一

会计职业认知

任务一 会计认知

单元引言： 对会计的认识和理解，站在不同的角度，有不同的观点。可以从会计是"一个人"的角度来理解，还可以从会计是"一个岗位"来理解，也可以从会计是"一种职业"来理解。但不管从哪个角度，我们必须科学地回答什么是会计的问题。会计是经济管理的组成部分，是以货币为主要计量单位，采用一系列专门方法，对企业、事业单位、机关、团体等的经济活动进行全面、连续、系统的核算和监督，并在此基础上进行分析、预测和控制，向有关各方提供会计信息，促使单位提高经济效益的一种经济管理活动。经济越发展，会计越重要。

任务描述： 通过学习，学生能对会计工作有更深层次的了解，明确会计干什么、如何做、起什么作用，培养学生学习会计的兴趣，增强学生学习会计的信心。

任务分析： 认识和理解会计内涵，明确会计的职能、目标和对象；熟悉会计核算的前提条件，领会会计核算方法的内容和相互联系；在此基础上科学评价会计在经济中的重要地位，描述会计工作的基本情况，分析会计工作的基本任务、要求。

一、会计的含义

一提到会计，人们总会想到头戴瓜壳帽，戴着老花镜，站在柜台前，耳朵上夹着一支笔，边看账本边拨弄着算盘珠子的老账房先生的形象，并且认为会计就是算账和管钱。这样说其实也没错，但不完整，我们看到的只是会计发展的一个阶段。会计是一门既古老又新兴的管理学科，它源远流长，随着社会经济的发展而发展。会计发展到今天，已经成为一门专业学科，并不只是算账和管钱那么简单。到底什么是会计？有人说会计是一种工具，有人说会计就是服务，还有人说会计是一门艺术，因为任何一件事情做到最高境界时，都会成为艺术，以上说法都有一定的道理，但不准确。确切地说，会计是以货币为主要计量工具，采用一系列专门方法，对经济活动进行全面、系统、连续的记录和反映，向有关各方提供会计信息，促使单位提高经济效益的一种经济管理活动。

会计的概念包括四层含义：

第一，会计的本质是一种经济管理活动，它属于管理范畴。

第二，会计主体为某一特定单位。

第三，以货币为主要计量单位。

第四，会计的主要作用是反映和监督单位的经济活动。

会计按其报告的对象不同，分为财务会计和管理会计。

财务会计主要侧重于向企业外部关系人提供有关财务状况、经营成果和现金流量情况等信息。

管理会计主要侧重于向企业内部管理人员提供进行经营计划、经营管理和预测决策所需的相关信息。

二、会计的职能

（一）会计基本职能

会计基本职能是会计在经济管理活动中所具有的基本功能或应发挥的基本作用。会计的职能有很多，但其基本职能有两个：会计核算和会计监督。

1. 会计核算

什么是核算？比如一家公司在一定时间内购进了多少商品，花了多少钱，销售了多少商品，卖了多少钱，在购销过程中发生了多少费用，最后到底是赚了还是亏了，必须采用一定的方法，把这些情况都记录下来并计算清楚，最终以一定的形式表达出来。这种记录、计算和报告的过程就是会计核算。可见，会计核算就是对大量的经济业务通过记录、计算、归类、整理和汇总，并通过记账、算账、报账等程序，全面、完整、综合地反映经济活动过程和结果，为经济管理提供有用的信息的工作。

主要特征有：（1）会计核算以货币为主要计量单位；（2）会计核算的内容是会计要素，具体表现为企业生产经营活动中的各种经济业务；（3）会计核算要求做到真实、准确、完整和及时。

2. 会计监督

会计监督是利用会计核算的资料，根据国家有关法规和经济管理的要求，通过调节、指导、控制等方法，对经济活动实行监督。

会计监督的对象是资金运动，会计对资金运动的监督主要表现在：（1）监督经济业务的真实性；（2）监督财务收支的合法性；（3）监督公共财产的完整性。

会计监督按其经济活动过程的关系，分为事前、事中和事后监督。

会计核算和会计监督关系十分密切，两者相辅相成；会计核算是会计监督的基础，而会计监督是会计核算的保证。两者必须结合起来发挥作用，才能正确、及时、完整地反映经济活动，有效地提高经济效益。如果没有可靠的、完整的会计核算资料，会计监督就没有客观依据。反之，只有会计核算没有会计监督，会计核算也就没有意义。

（二）会计职能的发展

随着会计理论的发展和会计实践的丰富，会计职能也不断发展，出现了预测、决策、控制和分析等新的职能，见图1-1-1。

三、会计的对象

（一）会计对象的一般说明

会计的对象是指会计核算和监督的内容，即凡是特定对象能够以货币表现的经济活

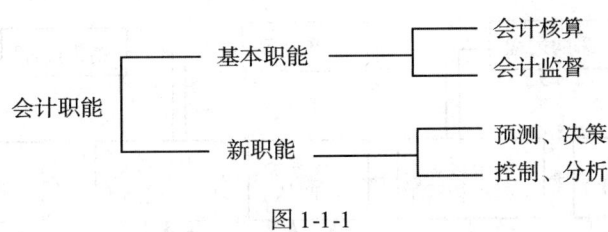

图 1-1-1

动,都是会计所核算和监督的内容。而以货币表现的经济活动,通常又称为价值运动或资金运动。

资金指会计主体的财产物资的货币表现及货币的本身。

资金运动指各特定对象的资金投入、资金运用、资金退出等过程。

(二)企业会计对象的具体内容

企业单位会计对象的具体内容是经营资金循环,在资金循环过程中有静态和动态两种表现。

1. 静态表现

静态表现是企业在一定时点上的资金分布和存在形态及取得和形成的来源两方面。

企业资金的分布和存在形态以及企业资金取得和形成来源见图 1-1-2。

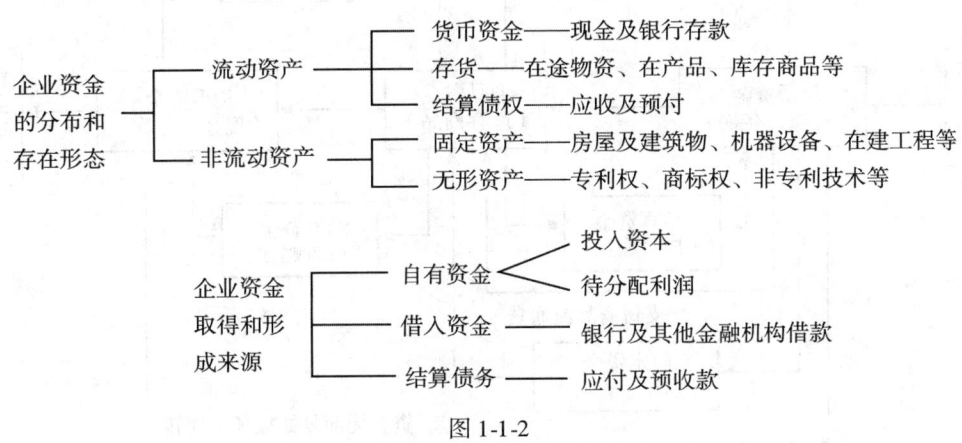

图 1-1-2

2. 动态表现

动态表现是企业在一定时期内资金在生产经营各个阶段中不断运动并转换形态,周而复始地循环周转。

(1) 产品制造资金循环周转过程见图 1-1-3。

(2) 商品流转资金循环周转过程见图 1-1-4。

(三)机关、事业单位会计对象的具体内容

机关、事业单位会计对象的具体内容是预算资金收支,其静态表现和动态表现见图 1-1-5。

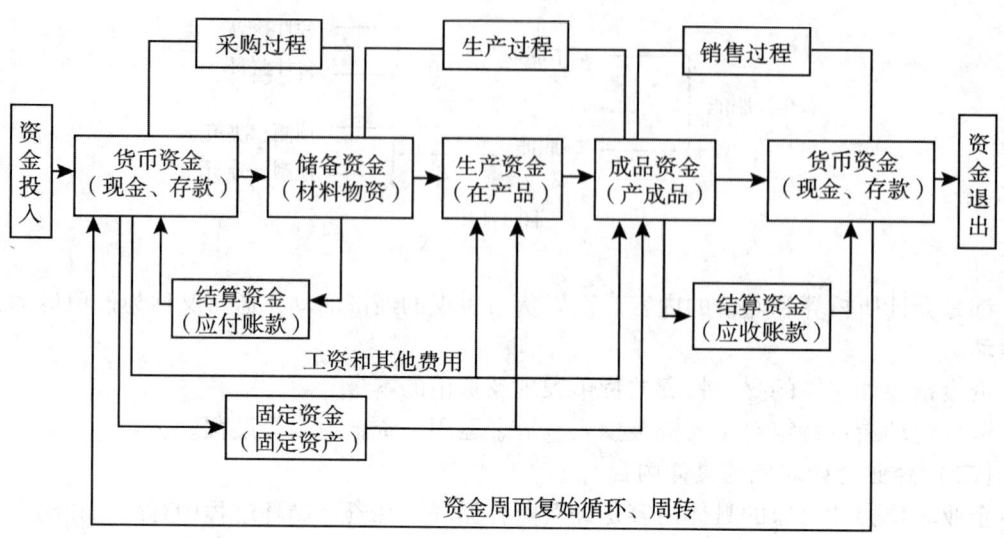

图 1-1-3

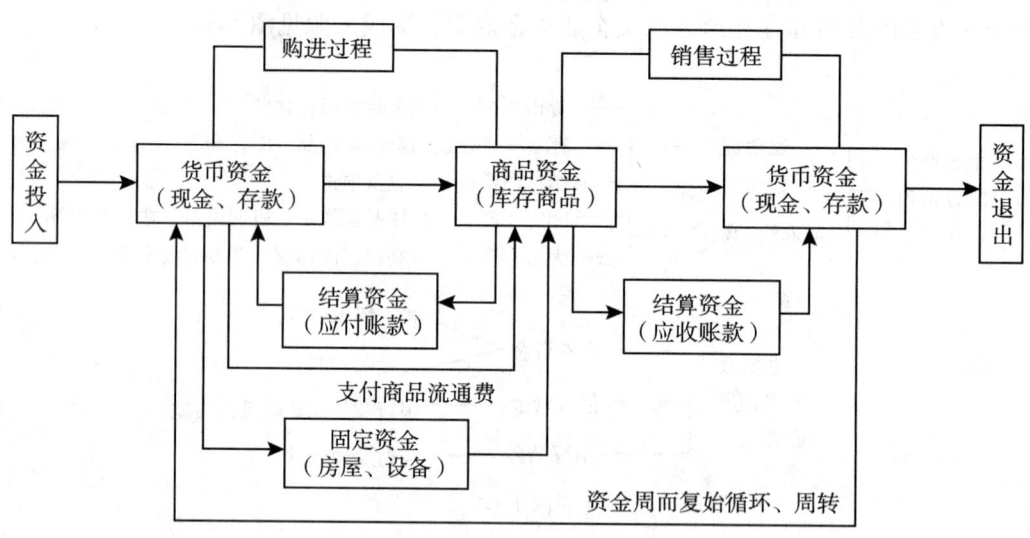

图 1-1-4

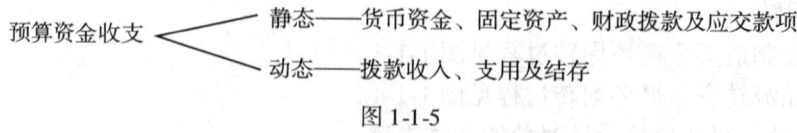

图 1-1-5

四、会计核算前提

会计面对的是一个现实的、复杂多变的社会经济环境，要使会计核算工作具有一定的稳定性和规律性，必须对会计工作提出一定的前提条件，即作出某些假设，从而使会计工作处于一个相对稳定、比较理想的环境中。

会计核算前提是指为了保证会计工作的正常进行和会计信息的质量，对会计核算的范围、内容、基本程序和方法所作的限定，并在此基础上建立会计原则。

《企业会计准则》将会计核算前提分为会计主体、持续经营、会计分期和货币计量四个方面，见表1-1-1。

表1-1-1　　　　　　　　　　　　　会计核算前提

会计前提	具体含义	前提作用	应用说明
会计主体	假设会计所核算的是一个特定的企业或单位的经济活动	空间界定	1. 任何一个组织都可以成为一个会计主体，典型的会计主体是经营性企业 2. 应注意会计主体与法人是有区别的
持续经营	假设企业正常的生产经营活动能永远地进行下去，即在可以预见的将来，企业不会倒闭	时间界定	1. 持续经营是社会存在的普遍性假设 2. 如果没有持续经营这一假设，会计就没有确定的时间范围，就无法进行核算 3. 若干会计方法基于持续经营假设
会计分期	假设企业正常的生产经营活动可以人为地分割为若干相等的、较短的时间段落	对"持续经营"的进一步完善	1.《企业会计准则》规定了我国以日历年度为企业会计年度，即从公历元月1日起到12月31日止。此外，还可进一步分为月度、季度和半年度 2. 会计分期假设是后面将讲到的权责发生制的理论基础
货币计量	企业在会计核算中要以货币为统一的、主要的计量单位，记录和反映企业生产经营过程和经营成果	计量工具界定	1. 在以货币作为主要计量单位的同时，如有必要也应当以实物量度和劳动量度作为补充 2. 每个会计主体就会计核算业务所使用的主要货币，称为记账本位币

（1）一般来讲，法人应该是会计主体，但是作为会计主体的企业不一定是法人，如独资企业、合伙企业、集团公司一般不具有法人资格，但它们却是会计主体。

（2）我国《会计法》规定，会计核算以人民币为记账本位币，业务收支以人民币以外的货币为主的单位，可以选定其中一种货币作为记账本位币，但是编报的财务会计报表应当折算为人民币。

五、会计核算方法

(一) 会计方法

会计方法是用来核算和监督会计对象，完成任务的一种手段。包括会计核算方法、会计检查方法和会计分析方法。会计核算方法是基础，会计检查方法是会计核算方法的继续，会计分析方法是会计核算方法的补充，三者是一个完整的科学方法体系。

(二) 会计核算方法

会计核算方法是一个完整的科学方法体系，包括设置会计科目和账户、复式记账、填制和审核会计凭证、登记账簿、成本计算、财产清查、编制财务会计报表等，见图1-1-6。其相互联系的关系简括如下：

当交易或事项发生后，首先要取得或填制原始凭证，按统一规定设置会计科目和账户，采用复式记账方法，编制和审核会计凭证，据以登记账簿，根据账簿记录及其他有关资料，采用一定方法计算成本，期末通过财产清查，在保证账实相符的基础上编制财务会计报表，并对会计资料进行分析利用。

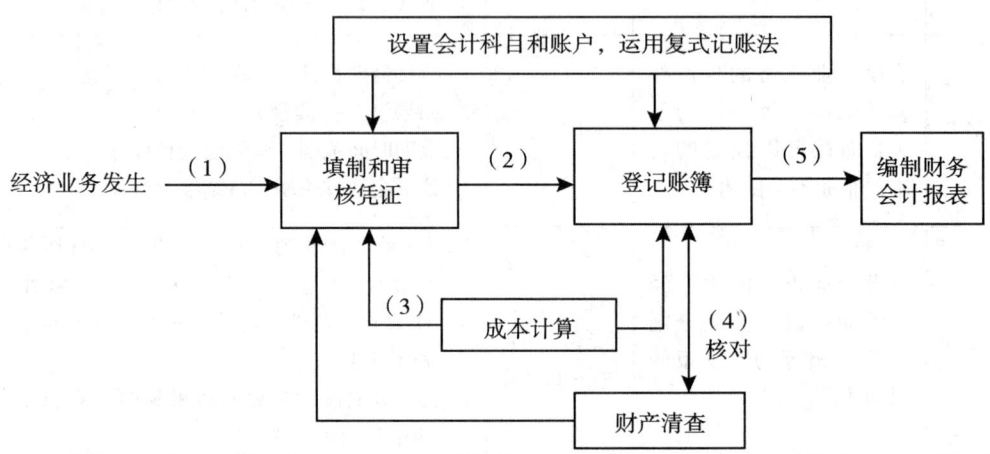

图1-1-6　会计核算方法之间的关系

任务二　会计职业认知

单元引言：会计是一个较为特殊的职业，也是每个企业不可或缺的重要部门之一。根据企业的基本情况，如企业的组织机构、生产经营过程，我们可通过分解会计业务流程，掌握会计工作机构设置、人员配备和岗位职责。

任务描述：为了科学地组织会计工作，应建立健全会计部门内部的岗位责任制，将会计部门的工作划分为若干个岗位，并为每个岗位规定职责和要求；作为会计工作主体的会计人员必须具备的良好的职业道德和会计专业技能，遵守国家法律法规，搞好经济核算，参与监督。

任务分析： 初步了解会计岗位的设置及工作职责、明确会计人员的任职条件和资格，熟悉会计工作应遵循的法规准则和会计人员应具备的职业素养。通过对会计职业的认知，学生能科学制订自己的会计职业生涯规划。

一、会计岗位设置与岗位任务

会计工作的岗位设置要在财务会计机构内部按照会计工作的内容和会计人员的配备情况，进行合理的分工，使每项工作都有专人负责，每位会计人员都明确自己的职责。企业、行政事业单位会计机构的设置，必须满足社会经济对会计工作的要求，并与国家的会计管理体制相适应。同时，根据所设置的会计机构，制定出符合国家管理规定、适合本单位具体情况的内部会计管理制度，最大限度地发挥会计机构及每一个会计人员的作用。

（一）大中型企业岗位设置

为了科学地组织会计工作，应建立健全会计部门内部的岗位责任制，将会计部门的工作划分为若干个岗位，并为每个岗位规定职责和要求，使每一项会计工作都有专人负责，每一个会计人员都明确自己的职责。我国大中型企业一般设置以下核算岗位，每个岗位的职责和要求如表1-2-1所示。

表1-2-1　　　　　　　　　　大中型企业岗位设置与岗位主要任务

岗　　位	岗位主要任务
综合岗	负责总账的登记，并与有关的日记账和明细账相核对；进行总账余额的试算平衡，编制资产负债表，并与其他会计报表进行核对；保管会计档案，进行企业财务情况的综合分析，编写财务情况说明书；进行财务预测，制订或参与制订财务计划，参与企业生产经营决策
财务岗	负责货币资金的使用、保管和日记账的登记；审核货币资金的收付凭证；办理企业与供应、购买等单位之间的往来结算；监督企业贯彻执行国家现金管理制度、结算制度和信贷制度的情况；分析货币资金收支计划和银行借款计划的执行情况，制订或参与制订货币资金收支和银行借款计划
工资核算岗	负责计算职工的各种工资和奖金；办理与职工的工资结算，并进行有关的明细核算，分析工资总额计划的执行情况，控制工资总额支出；参与制订工资总额计划，在由各车间、部门的工资员分散计算和发放工资的组织方式下，还应协助企业劳动工资部门负责指导和监督各车间、部门的工资计算和发放工作
固定资产核算岗	负责审核固定资产购建、调拨、内部转移、租赁、清理的凭证；进行固定资产的明细核算；参与固定资产清查；编制有关固定资产增减变动的报表；分析固定资产和固定资金的使用效果；参与制订固定资产重置、更新和修理计划；指导和监督固定资产管理部门和使用部门的固定资产核算工作

续表

岗　位	岗位主要任务
材料核算岗	负责审核材料采购的发票、账单等结算凭证；进行材料采购收发存结的明细核算；参与库存材料清查；分析采购资金使用，采购成本超支、节约和储备资金占用情况，控制材料采购成本和材料资金占用；参与制订材料采购资金计划和材料计划成本；指导和监督供应部门、材料仓库和使用材料的车间、部门的材料核算情况
成本岗	负责会同有关部门建立健全各项原始记录、消耗定额和计量检验制度；改进成本管理的基础工作；负责审核各项费用开支；参与自制半成品和产成品的清查；核算产品成本，编制成本报表；分析成本计划执行情况；控制产品成本和生产资金占用；进行成本预测，制订成本计划，配合成本分口分级管理的要求，将成本指标分解、落实到各部门、车间、班组；指导、监督和组织各部门、车间、班组的成本核算和厂内经济核算工作
销售和利润核算岗	负责审核产成品收发、销售和营业外收支凭证；参与产成品清查；进行产成品、销售和利润的明细核算；计算应交税金，进行利润分配，编制利润表；分析成品资金的占用情况，销售收入、利润及其分配计划的执行情况；参与市场预测，制订或参与制定销售和利润计划
资金岗	负责资金的筹集、使用、调度；随时了解、调查资金市场动态，为企业筹集资金以满足生产经营活动的需要，不断降低资金成本，提高资金使用的经济效益；编制现金流量表

会计工作岗位应逐个落实于前述的各组中，可以一人一岗、一人多岗或者一岗多人，但出纳人员不得兼管稽核，会计档案保管和收入、费用、债权债务账目的登记工作。

按照内部牵制原则，会计工作岗位设置中不相容的业务不得由同一会计人员执行，这又可表述为钱、账、物的分管制度。这是保护企业和行政事业单位财产安全，会计人员顺利开展工作的必要措施。

此外，在上述岗位设定以后，会计人员的工作岗位应当有计划地进行轮换。一方面能使会计人员熟悉单位内部的各项工作，提高综合工作能力；另一方面还可在促使各岗位会计人员在相互配合、协调工作方面发挥作用。

《会计法》规定："各单位根据会计业务的需要设置会计机构，或者在有关机构中设置会计人员并指定会计主管人员。""大中型企业事业单位和业务主管部门，可以设置总会计师。"总会计师兼有管理会计事务和办理会计事项的双重任务。设置会计机构，并在会计机构中合理配备会计人员，建立会计人员岗位责任制，是发挥会计管理职能、完成会计工作任务的组织保证。

（二）中小型企业岗位设置

中小企业由于规模不大，经济业务相对较少，所以不一定设置单独的会计机构。在设置会计机构时，主要有以下几种情况：

1. 单独设置会计机构

企业是否单独设置会计机构，应当根据会计业务的需要来决定。一般应当考虑以下两个方面的因素：

（1）企业规模的大小。对于规模较大的中小企业，一般经济业务也比较多，应当设置专门的会计机构进行会计核算。对于规模很小、业务和人员都不多的企业，可以不单独设置会计机构，将会计业务并入其他职能部门或者委托代理记账。

（2）经济业务和财务收支的繁简。在决定是否单独设置会计机构时，不能仅考虑企业规模的大小，有些单位的规模相对较小，但其经济业务复杂多样，财务收支频繁，在这种情况下也要单独设置会计机构。

2. 不单独设置会计机构

对于不单独设置会计机构的中小企业，可以将会计业务并入其他相关的职能部门，在相关机构中设置会计人员进行会计核算。无论企业是否单独设置会计机构，都必须配备一名会计主管人员。

3. 委托中介机构代理记账

对于不具备设置会计机构条件的，应当委托"经批准设立从事会计代理记账业务"的中介机构代理记账。

二、会计人员的任职条件和任职资格

（一）会计专业技术职务任职资格

会计专业技术职务任职资格见表1-2-2。

表1-2-2　　　　　　　　　　　**专业技术职务的任职条件**

会计专业技术职务	任职资格	说明
会计员	初步掌握财务会计知识和技能，熟悉并能够执行有关会计法规和财务会计制度，能担负一个岗位的财务会计工作	需要通过资格考试
助理会计师	掌握一般的财务会计基础理论和专业知识，熟悉并正确执行有关的财经方针、政策和财务会计法规、制度，能担负一个方面或某个重要岗位的财务会计工作	需要通过职称考试
会计师	较系统地掌握财务会计基础理论和专业知识，掌握并能正确贯彻执行有关的财经方针、政策和财务法规、制度，具有一定的财务工作经验，能担负一个单位或管理一个地区、一个部门、一个系统某个方面的财务会计工作	需要通过职称考试
高级会计师	较系统地掌握经济、财务会计理论和专业知识，具有较高的政策水平和丰富的财会工作经验，能担负一个地区、一个部门或一个系统的财务会计管理工作	考评结合

会计专业技术职务（会计职称）是衡量一个人会计业务水平高低的标准，会计职称越高，表明会计业务水平越高。我国现有会计职称如下：初级、中级和高级，初级职称有会计员、助理会计师，中级职称有会计师，高级职称有高级会计师。

目前，会计专业技术资格实行考试和考核两种制度，对于初级技术资格（会计员、助理会计师）和中级技术资格（会计师）实行全国统一考试制度；对于高级技术资格目前采用考试与评审相结合的制度，参加全国统一组织的高级会计师资格考试并合格者，方可申报参加高级会计师任职资格评审。

值得注意的是，会计师、高级会计师与总会计师是不同的概念。

会计师、高级会计师是会计专业技术职务（职称），是指通过考试、考核具备了会计师、高级会计师专业技术任职资格的人员，经所在企事业单位聘任而担任的一种专业技术职务。总会计师是一种行政职务，是单位的一个行政领导职位，不是会计专业技术职务，而是通过行政任命的。

（二）注册会计师资格

注册会计师（Certified Public Accountant，CPA）是指取得注册会计师证书并在会计师事务所执业的人员，主要从事社会审计、中介审计、独立审计。在其他一些国家如英国、澳大利亚、加拿大称国际会计师，简称 AIA。在国际上说会计师一般是说注册会计师，而不是我国的中级职称概念的会计师。注册会计师考试科目为《会计》、《审计》、《财务成本管理》、《经济法》、《税法》、《战略与风险管理》。注册会计师并不直接从事会计工作，其与律师、医师等相同，以向当事人提供专业性服务、收取报酬为业。

考生取得全科合格证书后，有两种从业去向：一是进入会计师事务所，有两年审计工作经验后可申报转为注册会计师；二是不进入事务所，可先加入会计师协会，成为非执业会员。非执业会员入会后要参加继续教育，才能使资格永久保留。否则，证书 5 年后作废。

执业证书取得后可以进行注册会计师的本行行业，一般去会计事务所，可进行签证。非职业证书获得者以后可以进入企业单位从事财务经理或总管，但不能进行签证审计。简而言之，执业后可以签审计报告，非执业则不行。非执业证书没有执业证书那么全面的权利。

注册会计师组成会计师事务所对外营业。注册会计师从事的最基本业务为审计，更确切地说是外部审计。按照国际惯例：凡有对外筹资业务的企业，其年度财务报告必须请独立的注册会计师加以查核，并提出意见，说明企业财务报告的编制是否符合会计准则，是否真实公允地反映企业的财务状况、经营成果、资金流转等。

注册会计师执行业务时，必须遵循一定的工作规则，谨慎查核委托人所编制的财务报告以及相关证据，再以会计准则等为依据，在审计报告中出示专业性意见。注册会计师在执行查账工作时必须保持超然独立的地位，对委托人不得偏袒，只有这样，才能获得会计报表使用者的信任。

三、会计人员职业素质要求

（1）严守法纪，坚持原则。执行有关的会计法规，维护国家利益，抵制一切违法乱纪、贪污盗窃的行为，要勇于负责，不怕得罪人，不怕打击报复。

（2）具备相应的计算机操作能力。随着电子信息的发展，许多财务工作都要依赖电脑完成，计算机已成为会计工作不可缺少的工具。如企业会计核算工作离不开对电算化软件的应用，同时，利用计算机进行会计信息资料统计、整理和财务分析，才能给企业带来及时可靠的经济信息。

（3）具备良好的写作基础和表达能力。良好的写作基础和表达能力是对外提供信息和进行交流、发挥好财务职能不可或缺的条件。

（4）具备完善的职业道德素质。我国会计人员职业道德主要包括敬业爱岗、诚实守信、廉洁自律、客观公正、坚持准则、依法办事、保守秘密。其中诚实守信是会计职业道德的根本和核心。

（5）具备科学、准确的职业判断能力。随着社会经济的发展，企业所处的经济环境的复杂性和单位、企业经济事项的不确定性日趋增多，而会计准则、会计制度则日趋简约，同时按照市场经济的客观要求，会计制度、会计准则在会计政策上的选择，会计处理方法的变更也给予了会计人员较大的选择空间，业务活动中，需要会计人员运用职业判断对企业、单位发生的经济活动进行恰当的处理。

四、会计法规体系

目前，我国的会计法规体系基本上形成了以《中华人民共和国会计法》（以下简称《会计法》）为主体的具有中国特色的比较完整的会计法规体系，主要包括四个层次，即会计法律、会计行政法规、国家统一的会计制度和地方性会计法规。其基本构成如下：

（一）会计法律

会计法律是指由全国人民代表大会及其常委会经过一定立法程序制定的有关会计工作的法律。我国现行的会计法律是1985年1月21日第六届全国人大常委会第九次会议通过、根据1993年12月29日第八届全国人大常委会第五次会议《关于修改〈中华人民共和国会计法〉的决定》修正、1999年10月31日第九届全国人大常委会第十二次会议修订的《会计法》。它是会计法规体系的最高层次，是制定其他会计法规的依据，也是指导会计工作的最高准则。

（1）《会计法》的立法宗旨。《会计法》第一条规定："为了规范会计行为，保证会计资料真实、完整，加强经济管理和财务管理，提高经济效益，维护社会主义市场经济秩序，制定本法。"

（2）《会计法》的适用范围。《会计法》第二条规定："国家机关、社会团体、公司、企业、事业单位和其他组织（以下统称单位）必须依照本法办理会计事务。"

（二）会计行政法规

会计行政法规是调整经济生活中某些方面会计关系的法律规范。会计行政法规由国务院制定发布或者国务院有关部门拟订、经国务院批准发布，制定依据是《会计法》。如国务院发布的《总会计师条例》、《企业财务会计报告条例》，国务院批准、财政部发布的《企业会计准则》等。会计行政法规在法律效力上仅次于《会计法》。

1990年12月31日国务院发布《总会计师条例》，自发布之日起施行。是对《会计法》中有关规定的细化和补充，共分五章二十三条，主要规定了单位总会计师的职责、权限、任免、奖惩等。

2006年2月15日，财政部发布了《企业会计准则——基本准则》和《企业会计准则第1号——存货》等38个具体准则，这是我国会计改革发展史上的一个新的里程碑，标志着中国会计制度与国际会计惯例的进一步趋同，对完善我国市场经济体制、全面提高我国对外开放水平、加速中国经济融入全球经济都具有重要意义。《企业会计准则——基本准则》和《企业会计准则第1号——存货》等38个具体准则于2007年1月1日起在上市公司范围内施行，同时鼓励其他企业执行。执行该38项具体准则的企业不再执行现行准则、《企业会计制度》和《金融企业会计制度》。

2000年6月21日国务院发布《企业财务会计报告条例》，自2001年1月1日起施行，共分六章四十六条，主要规定了企业财务会计报告的构成、编制和对外提供的要求。

（三）国家统一的会计制度

国家统一的会计制度，是指由主管全国会计工作的行政部门——财政部就会计工作中的某些方面所制定的规范性文件，包括规章和规范性文件。国务院其他各部门根据职责权限制定的会计方面的规范性文件也属于国家统一的会计制度，但必须报财政部审核或者备案。国家统一的会计制度的制定依据是《会计法》和会计行政法规，法律效力上低于《会计法》和会计行政法规。

（1）会计规章。会计规章是根据《立法法》规定的程序，由财政部制定，并由部门首长签署命令予以公布的制度办法，如2001年2月20日以财政部第10号令形式发布的《财政部门实施会计监督办法》等。

（2）会计规范性文件。会计规范性文件是指财政部就会计工作中的某些方面所制定的规范性文件，比如，《企业会计准则》、《小企业会计准则》、《会计基础工作规范》、《会计从业资格管理办法》等。财政部与国务院其他部门联合制定的规范会计工作某些方面的规范性文件，也属于会计规范性文件，比如，财政部与国家档案局联合发布的《会计档案管理办法》等。

（四）地方性会计法规

地方性会计法规，是指省、自治区、直辖市的人民代表大会及其常务委员会在与宪法、法律和行政法规不相抵触的前提下，根据本地区情况制定、发布的会计规范性文件。根据规定，实行计划单列市、经济特区的人民代表大会及其常务委员会在宪法、法律和行政法规允许范围内制定的会计规范性文件，也应当属于地方性会计法规。

思考与练习

一、单项选择题

1. 会计的基本职能是（　　）。
   A. 核算和考核　　　B. 核算和监督　　　C. 预测和决策　　　D. 分析和管理
2. 企业会计的对象可以概括为（　　）。
   A. 预算资金的收支　　　　　　　　B. 商品流通领域的资金运动
   C. 生产领域的资金运动　　　　　　D. 再生产过程中的资金运动
3. 会计核算使用的主要计量单位是（　　）。
   A. 实物计量　　　B. 货币计量　　　C. 时间计量　　　D. 劳动计量

4. 持续经营假设，明确了会计工作的（ ）。
   A. 空间范围　　　B. 时间范围　　　C. 货币计量　　　D. 记账本位币
5. 会计主体是（ ）。
   A. 企业单位　　　　　　　　　　　B. 法律主体
   C. 企业法人　　　　　　　　　　　D. 进行独立核算的特定单位
6. 各种会计核算方法（ ）。
   A. 彼此孤立存在　　　　　　　　　B. 一经形成，便不可改变
   C. 必须相互配合地加以运用　　　　D. 是构成会计报表的基础
7. 设置账户是（ ）的重要方法之一。
   A. 会计监督　　　B. 会计决策　　　C. 会计分析　　　D. 会计核算
8. 会计法律是指（ ）。
   A.《会计法》　　　　　　　　　　B.《总会计师条例》
   C.《会计基础工作规范》　　　　　D.《企业会计准则》
9. 下列是会计行政法规的是（ ）。
   A.《会计法》　　　　　　　　　　B.《总会计师条例》
   C.《会计基础工作规范》　　　　　D.《企业会计准则》
10. 下列是会计规章的是（ ）。
    A.《会计法》　　　　　　　　　　B.《总会计师条例》
    C.《财政部门实施会计监督办法》　D.《企业会计准则》
11.《会计法》规定，（ ）为单位会计行为的责任主体。
    A. 总会计师　　　　　　　　　　　B. 单位负责人
    C. 会计人员　　　　　　　　　　　D. 会计机构负责人
12. 根据《会计法》的规定，行使会计工作管理职能的政府是（ ）。
    A. 财政部门　　　B. 税务部门　　　C. 审计部门　　　D. 证券监管部门
13. 根据《会计法》的规定，担任单位会计机构负责人的，除取得会计从业资格证书外，还应当具备的法定条件是（ ）。
    A. 具备会计员专业技术职务资格或从事会计工作2年的经历
    B. 具备助理会计师专业技术职务资格或从事会计工作2年的经历
    C. 具备会计师以上专业技术职务资格或从事会计工作3年以上的经历
    D. 具备注册会计师资格或者从事会计工作2年的经历
14. 根据《中华人民共和国会计法》的规定，从事会计工作的人员应当具备的资格证书是（ ）。
    A. 经济师资格证书　　　　　　　　B. 会计从业资格证书
    C. 高中以上毕业证书　　　　　　　D. 注册会计师资格证书

二、多项选择题

1. 会计核算的对象是指特定主体的资金运动，工业企业资金运动包括（ ）。
   A. 资金的投入　　　　　　　　　　B. 资金的循环与周转

C. 资金的退出　　　　　　　　D. 资金的消耗
2. 下列关于会计的对象的表述正确的是（　　）。
　　A. 会计的对象是指会计核算和监督的内容
　　B. 凡是特定单位能够以货币表现的经济活动都是会计的对象
　　C. 企业会计的对象就是企业的资金运动
　　D. 企业的资金运动，表现为资金的投入、资金的循环与周转和资金的退出三个过程
3. 下列说法正确的是（　　）。
　　A. 一般来说，凡拥有独立的资金、自主经营、独立核算收支、盈亏并编制报表的企业或单位就构成了一个会计主体
　　B. 会计主体可以是企业中的一个特定部分，也可以是几个企业组成的企业集团
　　C. 会计主体一定是法律主体
　　D. 会计主体假设界定了从事会计工作和提供会计信息的空间范围
4. 会计核算的基本假设包括（　　）。
　　A. 货币计量　　　B. 会计主体　　　C. 会计分期　　　D. 持续经营
5. 会计的方法包括（　　）。
　　A. 会计核算方法　B. 会计分析方法　C. 会计控制方法　D. 会计检查方法
6. 单位负责人对本单位会计工作和会计资料的（　　）负责。
　　A. 真实性　　　　B. 系统性　　　　C. 全面性　　　　D. 完整性
7. 一个单位是否需要单独设置会计机构，主要取决于单位（　　）等因素。
　　A. 规模的大小　　　　　　　　　　B. 经济业务和财务收支的繁简
　　C. 委托的注册会计师查账是否需要　D. 经营管理的要求
8. 出纳人员不得兼任的工作有（　　）。
　　A. 稽核　　　　　　　　　　　　　B. 会计档案保管
　　C. 固定资产明细账的登记　　　　　D. 收入、费用、债权债务账目的登记

三、判断题（正确的打"√"，错误的打"×"）

1. 会计是以货币作为唯一的计量单位。（　　）
2. 会计主体与法律主体不完全对等，法律主体可作为会计主体，但会计主体不一定是法律主体。（　　）
3. 我国会计准则规定，单位的会计核算均应以人民币为记账本位币，任何单位不能例外。（　　）
4. 各单位必须根据会计业务的需要，设置会计机构及指定专职会计主管人员。（　　）
5. 会计工作岗位可以一人一岗、一人多岗或者一岗多人。（　　）
6. 代理记账机构可以接受委托，代表委托人填制原始凭证及配备专人负责委托单位日常货币的收支和保管。（　　）
7. 从事单位内部审计工作的人员，必须取得会计从业资格证书。（　　）
8. 中级会计资格考试，考试成绩以两年为一个周期。参加考试人员必须在连续两个考试年度内通过全部科目的考试。（　　）

学习情境二

取得或填制原始凭证

任务一 取得原始凭证

单元引言：经济单位发生的每一项经济业务，都要由执行或完成该项经济业务的有关人员通过原始单据来传递有关经济业务的内容、数量和金额等信息，并在原始单据上签名或盖章，以对经济业务内容的合法性、合理性和原始凭证的真实性、准确性负责。会计人员要对这些不同形式、不同渠道取得的原始凭证进行识别、分析，这是日常会计工作中的重要内容。

任务描述：取得或填制原始凭证是会计核算工作的起点，因此，在实际工作中，经济单位发生的经济业务都必须取得或填制原始凭证，识别因经济业务的发生而形成的不同原始凭证，是会计人员的基本工作任务之一，是正确进行会计核算的基础和关键。

任务分析：了解常见原始凭证的种类，熟悉会计核算所需原始凭证应具备的基本内容及要求，正确区分不同渠道取得的原始凭证类别，并对原始凭证所反映的经济业务内容进行识别。

一、认识原始凭证

原始凭证是在经济业务发生时取得或填制的，用来记载经济业务发生和完成情况，明确经济责任，具有法律效力的书面证明。它是进行会计核算的原始资料和重要依据。

任何经济单位，发生经济业务以后，都必须按照规定填制或取得原始凭证，并由执行和完成该项经济业务的经办人员或有关部门签名盖章，以对经济业务的真实性和合法性负责。对原始凭证的内容、数量和金额等信息，必须进行严格审核，只有经过会计人员审核，并认为合法、正确无误的原始凭证，才能作为记账的依据。一般纳税人增值税专用发票就是重要的原始凭证之一，如图2-1-1所示。

《会计法》第十四条规定："办理本法第十条所列的经济业务事项，必须填制或者取得原始凭证并及时送交会计机构。"即凡属会计事项，都必须办理会计手续，填制和审核原始凭证。填制和审核原始凭证，是会计核算的基础工作，是反映和监督经济活动的一种

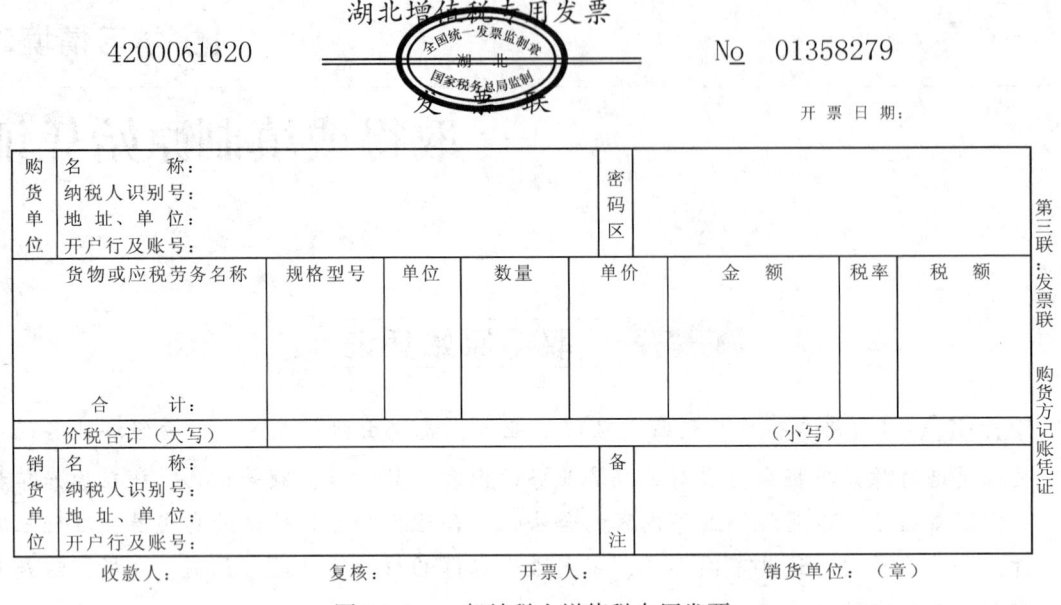

图 2-1-1 一般纳税人增值税专用发票

专门方法,认真填制和严格审核原始凭证,对充分发挥会计的核算和监督作用具有重要的意义。

(1) 填制和审核原始凭证,如实记录经济业务发生情况,可以为记账、算账提供依据,从而为正确、及时地反映各项经济业务的完成情况,为账簿资料的真实性、可靠性奠定基础。经济单位的每项经济业务,都需要按其发生的时间、地点、内容和完成情况,正确、及时地填制原始凭证。从原始凭证与其他会计资料之间的关系来看,原始凭证是其他会计资料的基础;从会计工作的程序来说,填制和审核原始凭证是会计核算的第一个环节。所有会计资料正确可靠与否,都有赖于正确及时地填制、取得和审核原始凭证。因此,正确、及时地填制和审核原始凭证,不仅其本身具有反映和监督经济活动的作用,而且对保证所有会计资料的正确可靠有着重要意义。

(2) 填制和审核原始凭证,可以发挥会计的监督作用。经济单位各项资产、负债、所有者权益、收入和费用的变化,都要按照规定的手续填制和取得会计凭证。应通过原始凭证的审核,查明各项经济业务的合理性、合法性和真实性,发现经营管理上存在的问题和漏洞,防止贪污盗窃,保护所有者权益,为检查经济合同的实施情况、处理经济纠纷提供具有法律效力的依据,从而有效地发挥会计的监督作用。

(3) 填制、取得和审核原始凭证,可以明确有关部门和经办人员的经济责任,加强岗位责任制。每项经济业务的发生,都要按照分工负责的原则,由经办业务部门和人员履行有关手续,对经济业务的合法性、合理性和真实性负责。各经办部门和人员通过凭证传递,还可以相互牵制,相互促进,互相监督,增强责任感,加强岗位责任制。

（4）填制和审核原始凭证，可以提供经济活动的原始资料，传递经济信息。会计信息是经济信息的重要组成部分，它一般通过数据，以凭证、账簿和报表等形式反映出来。随着市场经济的发展、社会的进步和经济的全球化，及时、准确的会计信息在企业管理中的作用愈来愈重要。

二、原始凭证的种类

原始凭证按其取得的途径和来源不同，可以分为自制原始凭证和外来原始凭证。

（一）自制原始凭证

自制原始凭证是在经济业务发生或完成时，由本单位经办业务的部门和人员，根据经济业务的内容自行填制的凭证，如验收材料时填制的收料单、领用和发出材料时填制的领料单、支付工资时填制的工资表、出差人员填制的差旅费报销单等。"收料单"的格式如图 2-1-2 所示。"领料单"的格式如图 2-1-3 所示。"借支单"的格式如图 2-1-4 所示。"工资表"的格式如图 2-1-5 所示。"差旅费报销单"的格式如图 2-1-6 所示。不能证明经济业务已经实际发生或完成的文件、单据，如购货合同、费用预算等，不属于会计含义的原始凭证，不能作为记账的原始依据。

收　料　单

请购单号_____　　　　　（三联式）　　　　　　　　№ 0013751
发票号数_____　　　　年　　月　　日　　　　　字第_____号

材料		单位	数量	发票金额		应摊运杂费	实际成本		材料账
编号	名称及规格			单价	金额（十万千百十元角分）		单价	金额（十万千百十元角分）	

核准　　　　会计　　　　记账　　　　保管　　　　供应　　　　验收

第一联：材料部门

图 2-1-2

领 料 单

（三联式）　　　　　　　　　　　　　№ 0013751

领料部门 _____
用　途 _____　　　　　　　年　　月　　日　　　　_____ 字第 _____ 号

材　料			单位	数　量		成　本									材料账页
编号	名称	规格		请领	实发	单价	总　价								
							十万	千	百	十	元	角	分		

第一联：领料部门存查

主管　　　　会计　　　　记账　　　　保管　　　　发料　　　　领料

图 2-1-3

借 支 单

年　　月　　日　　　　　　　　　　部门：

借支人姓名		职　务	
借支事由			
人民币（大写）		¥	
核准	会计	出纳	借支人

图 2-1-4

工 资 表

发薪单位　　　　　　　　　　年　　月　　日

第 号　
第 页　
共 页

行次	姓名	级别	工作件日数	工资或工资率	应发数							应扣数							实发数	盖章
					工资			合计									合计						
						千	百	十	元	角	分					千	百	十	元	角	分		
1																							1
2																							2
3																							3
4																							4
5																							5
6																							6
7																							7
8																							8
9																							9
10																							10
11																							11
12																							12
13																							13
14																							14
15																							15
合计																							

图 2-1-5

差 旅 费 报 销 单

年　　月　　日

出差人：				事由：								
起止时间及地点					交通费			出差补贴				其他		
月	日	起点	月	日	终点	交通工具	单据张数	金额	项目	人数	天数	补贴标准	金额	项目	金额
														住宿费	
合计（大写）						￥			预支旅费					退回金额	
														补领金额	

附单据　张

图 2-1-6

自制原始凭证按其填制手续和内容不同，分为一次凭证、累计凭证、汇总凭证和记账编制凭证四种。

一次凭证是只记载一项经济业务或同时反映若干项同类经济业务，填制手续一次完成的凭证。日常的原始凭证多属此类，如现金收据、收料单和发票等。另外，外来原始凭证一般均属一次凭证。

累计凭证用来连续记载一定时期内不断重复发生的同类经济业务，填制手续在一张凭证中多次进行才能完成。使用累计凭证，可随时登记发生的经济业务并计算累计数，期末计算总数后作为记账的依据，所以能减少凭证数量，简化凭证填制手续。最有代表性的累计凭证是限额领料单。限额领料单的格式如图2-1-7所示。

限额领料单

领料部门：　　　　　　　　　　　　　　　　　　　　No：
用　途：　　　　　　　　　年　　月　　　发料仓库：

材料类别	材料编号	材料名称	规格	计量单位	领用限额	单位	全月实用	
							数量	金额

领料日期	请领数量	实发数量	领料人签章	发料人签章	限额结余

供应部门负责人：　　　　　生产部门负责人：　　　　　仓库管理员：

图 2-1-7

汇总凭证（亦称原始凭证汇总表），是根据许多同类经济业务的原始凭证定期加以汇总而重新编制的原始凭证，如发料凭证汇总表（如图2-1-8所示）、工资汇总表等。汇总凭证可以提供经营管理的总括指标，还可以简化核算手续。汇总凭证只能汇总同类的经济业务，不能汇总两类或两类以上的经济业务。

发料凭证汇总表
年　　月

材料＼借方科目	生产成本	制造费用	管理费用	合计
甲材料				
乙材料				
丙材料				
⋮				
合计				

制表：

图 2-1-8

记账编制凭证，是根据账簿记录和经济业务的需要编制的一种自制原始凭证。它是根据账簿记录，对某一项经济业务加以归类、整理而重新编制的一种会计凭证。例如，在计算产品成本时编制的"制造费用分配表"（如图 2-1-9 所示），就是根据制造费用明细账记录的数据按费用的用途填制的。

<h3 style="text-align:center">制造费用分配表</h3>

产品名称	分配标准（工资）	分配率	分配金额
A 产品			
B 产品			
合计			

图 2-1-9

（二）外来原始凭证

外来原始凭证是在经济业务完成时，从其他单位或个人直接取得的凭证，如销货单位开给的发票、收款单位或个人开给的收据、银行转来的收款通知单等，其格式分别如图 2-1-10、图 2-1-11、图 2-1-12 所示。

<h3 style="text-align:center">湖北省增值税普通发票</h3>

发票代码　1420608235003
发票号码　00557477

客户名称：　　　　　　　　　　　　年　月　日

品号及规格	货物或劳务名称	单位	数量	单价	金额 百 十 元 角 分				
合计（大写）	佰　　拾　　元　　角　　分　　¥								

单位：（盖章）　　　　　开票人：　　　　　收款人：

图 2-1-10　小规模纳税人增值税普通发票

学习情境二 取得或填制原始凭证

××省××市统一收款收据

发票代码 142060889812
发票号码 00151150

记账联　　　　　　　　　　　　　年　月　日

今收到＿＿＿＿＿＿＿＿＿＿＿＿＿＿＿＿　交来＿＿＿＿＿＿＿
人民币＿＿＿＿＿＿＿＿＿＿＿＿＿＿＿＿　￥＿＿＿＿＿＿＿
系　付＿＿＿＿＿＿＿＿＿＿＿＿＿＿＿＿＿＿＿＿＿＿＿＿＿
单位盖章：　　　合计：　　　出纳：　　　经手人：

③开票方记账原始凭证

图 2-1-11

中国建设银行进账单（回单）1

年　　月　　日　　　　　第　　号

出票人	全称		收款人	全称	
	账号			账号	
	开户银行			开户银行	

人民币（大写）		千	百	十	万	千	百	十	元	角	分

票据种类	
票据张数	

单位主管　　会计　　复核　　记账　　　　出票人开户行盖章

此联是出票人开户银行交给出票人的回单

图 2-1-12

任务二　填制原始凭证

📖 **单元引言**：在日常会计工作中，会计人员必须按照会计数码字书写规范、原始凭证的基本要素以及常见原始凭证的填制要求，根据所发生的经济业务准确无误地填制各种原始凭证。

✎ **任务描述：** 对于会计人员来讲，"填制原始凭证"是一项重要的职业能力。经济活动千变万化，由此产生的原始凭证也具有较大的差别，对于填制原始凭证而言，主要是掌握自制原始凭证的填制方法。

✎ **任务分析：** 经济单位发生的经济业务都必须取得或填制原始凭证，为了正确填制原始凭证，会计人员必须掌握原始凭证的基本要素、原始凭证的填制要求以及会计数码字的书写规范，这是填制原始凭证的基础和关键。

一、原始凭证的填制

原始凭证是经济业务发生或完成时的最初记录，是记账的原始依据。经济业务是多种多样的，因此原始凭证的内容及格式取决于它所反映的经济业务的内容。例如，材料收发、现金和银行存款的收入与付出、产品销售、货款结算等，都要有记录这些经济业务内容的原始凭证。但是，无论哪一种原始凭证，都应当说明经济业务的执行和完成情况，都应该明确经办业务部门和人员的经济责任。因此，原始凭证都必须具备一定的基本内容。

（一）原始凭证的基本内容

（1）原始凭证的名称和编号。原始凭证的名称，可以说明凭证所代表的经济业务的种类和凭证的用途。例如，发票反映商品购销双方的交易行为；借款凭证反映资金借贷双方的业务往来等。原始凭证的编号是为了加强凭证的管理以及事后备查而对凭证的编码。

（2）填制凭证的日期。填制原始凭证的日期一般是经济业务发生或完成的日期，出现特殊情况未能及时填制原始凭证的，应以实际的填制日期为准。

（3）交易双方的名称。每一项经济业务的发生，都会涉及当事人双方，例如销售商品有买卖双方、向银行借款有借贷双方等。因此，一份完整的原始凭证应当载明当事人双方的名称，以准确地反映双方的经济责任，同时也为检查验证该项经济业务的真实性提供方便。

（4）经济业务的内容、数量、单价和金额等。经济业务的内容是指经济业务的项目、名称、规格等；数量、单价、金额是对有关经济业务的定量说明，是原始凭证的核心。

（5）填制人员的签名或盖章。为了明确具体的经济责任，有关的经办人员应在原始凭证上签名或盖章。

（6）原始凭证的联次及附件。

有些原始凭证的内容不仅应当满足财务、会计工作的需要，而且还应当满足计划、统计和其他管理方面的需要，增加某些必要的说明，如计划金额、合同编号等。

（二）原始凭证的填制要求

原始凭证是会计记账的原始依据。原始凭证是否准确，直接关系到会计工作的质量。只有在形式上和实质上符合要求的原始凭证，才能正确、及时、清晰地反映各项经济业务的真实情况。具体来说，填制原始凭证的要求是：

（1）真实可靠。凭证上有关经济业务的内容、金额等项必须根据实际情况填列，不能弄虚作假、歪曲事实，随意填写；所反映的经济业务必须合法、合理、合规。经办人员应对所填制原始凭证的真实性负责。

(2) 内容完整。凡是凭证格式规定的各项内容必须逐项填写齐全，不得遗漏和省略，以完整地反映经济活动的全貌。尤其需要注意的是，年、月、日要按照填制原始凭证的实际日期填写；名称要写全，不能简化；品名或用途要填写明确，不许含糊不清；有关人员的签章必须齐全。

(3) 数字准确。凭证上有关数字的计算必须准确无误。大小写金额必须相符，数量、单价和金额之间的计算必须准确等。

(4) 填制及时。有关人员必须在经济业务发生或完成时及时填制原始凭证，以便及时地反映经济业务并进行会计核算。

(5) 书写清楚。原始凭证只能用蓝（黑）色墨水填写，不得使用铅笔或圆珠笔填写；字迹应工整、清晰，易于辨认；不得使用未经国务院颁布的简化字；阿拉伯数字要逐个填写，不得连写；文字数字书写应紧靠行格底线，上方应留有适当空距，以便写错字时有更改的空间，不得满格（顶格）书写；金额数字的填写要符合规范性的要求；复写的凭证，不串格、不串行、不模糊。

(6) 编号连续。各种凭证都必须连续编号，以备查找；已经事先印好编号的凭证作废时，应在作废的凭证上加盖"作废"戳记，连同存根一起保存，不得随意撕毁。

(7) 手续完备。各种凭证手续要完备，经办业务部门的人员要认真审核，签名盖章。从外单位取得的原始凭证，必须盖有填制单位的公章；从个人取得的原始凭证，必须有填制人员的签名或盖章。自制原始凭证必须有经办部门负责人或其指定人员的签名或盖章。对外开出的原始凭证，必须加盖本单位的公章。所谓"公章"应是具有法律效力和规定用途，能够证明单位身份性质的印鉴，如业务公章、财务专用章、发票专用章、收款专用章或结算专用章等。

(8) 更正规范。在原始凭证填制过程中，难免会出现填制错误。出现错误时，应当由开出单位重开或更正，更正处应当加盖出具单位印章。如果原始凭证金额有错，应当由出具单位重开，不得在原始凭证上更正。无论是填制错误，还是其他原因，原始凭证都不得涂改、刮擦、挖补。

除此之外，在填写原始凭证时还应当符合如下附加要求：

(1) 一式多联的原始凭证，必须注明各联的用途，并且只能以一联用作报销凭证；一式几联的发票和收据，必须用双面复写纸套写，或本身具备复写功能，并连续编号，作废时加盖"作废"戳记，连同存根一起保存。

(2) 一张原始凭证所列支出需要几个单位共同负担的，应当由保存该原始凭证的单位开具原始凭证分割单给其他应负担的单位。原始凭证分割单必须具备原始凭证的基本内容，如凭证名称、填制凭证日期、填制凭证单位名称或者填制人姓名、经办人的签名或者签章、接受凭证单位名称、经济业务内容、数量、单价、金额和费用分摊情况等。"原始凭证分割单"的格式如图2-2-1所示，一般为一式两联，第一联为存根联，由填制单位留存并与被分割的原始凭证附在一起，用以证明相关原始凭证减少填制记账凭证的金额数及其原因，也便于同接受"原始凭证分割单"的单位对账；第二联为支出证明联，由填制单位交付款单位作为付款结算凭证。

原始凭证分割单

单位：　　　　　　　　　　　　　年　　月　　日

品名或用途	摘要	金　　额								
		百	十	万	千	百	十	元	角	分
合　计										

人民币金额（大写）

原始凭证：编号：
单位名称：
分割原因：

核准：　　　证明：　　　验收：　　　经手：　　　制单：

图 2-2-1

（三）会计数码字书写要求

会计人员采用手工填制会计凭证、登记会计账簿和编制财务报表时，都离不开会计数码字书写，规范书写会计数码字是会计人员的一项基本技能，十分重要。会计数码字书写有以下具体要求：

1. 阿拉伯数字书写的要求

（1）每个数字要大小均匀，笔顺清晰，笔画流畅、自然、不刻板，除"4"、"5"以外的数字必须一笔写成，不能人为地增加数字的笔画，要逐个填写，不得连笔写，每个数字独立有形，使人一目了然，但不可预留间隔（以不能增加数字为好）。书写时字迹工整，排列整齐有序，且有一定的倾斜度（数字与底线通常成60度倾斜），书写数字时，应使每个数字（7、9除外）贴紧底线，不可顶格书写，一般每个格内数字占1/2或2/3的位置，以便为更正错误留有余地。

（2）在数字前应写明币种符号或者货币名称简写和币种符号，例如人民币符号"￥"、港币符号"HK$"。币种符号与数字之间不得留有空白。凡数字前写有币种符号的，数字后面不再写货币单位，如不能写成"￥1 000元"。

（3）所有以元为单位的数字，除表示单价等情况外，一律填写到角分；无角分的，角位和分位写"00"或"—"；有角无分的，分位应当写"0"，不得用"—"代替。

（4）在阿拉伯数字的整数部分，可以从小数点起向左按"三位一节"用","或空一格分开，例如"6,129.20"或"6 129.20"。

除此之外，还应注意不要把"0"和"6"、"1"和"7"、"3"和"8"、"7"和"9"写得辨认不清。书写数字"1"时，不能写短，且要合乎倾斜度要求，防止改为"4"、"6"、"7"、"9"；书写数字"6"时，上端比其他数字高出1/4，下圆要明显，以防止改为"8"；书写数字"7"和"9"时，落笔可下伸到底线外，约占1/4的位置；书写数字"6"、"8"、"9"、"0"的圆圈必须封口；书写数字"2"、"3"、"5"、"8"时，应各自成体，避免混同。

2. 中文大写数字的书写要求

（1）中文大写金额数字应用正楷或行书填写，如"壹、贰、叁、肆、伍、陆、柒、捌、玖、拾、佰、仟、万、亿、元、角、分、零、整"等；不得用"一、二（两）、三、四、五、六、七、八、九、十、念、毛、另（或0）"填写；不得自造简化字。

（2）中文大写金额数字前要冠以"人民币"或"币"字样，其与大写金额首位数字之间不留空位，数字之间也不能留空位。

（3）中文大写金额数字到"元"为止的，在"元"之后，应写"整"（或"正"）字；中文大写金额数字到"角"为止的，在"角"之后，可以写"整"（或"正"）字，也可不写"整"（或"正"）字；大字金额数字有分的，"分"后面不写"整"（或"正"）字。

（4）大写金额数字前未印有货币名称的，应当加填货币名称，货币名称与金额数字之间不得留有空白，如"人民币玖万元整"。

3. 阿拉伯数字与中文数字之间的对应要求

阿拉伯小写金额数字中有"0"时，中文大写应按照汉语语言规律、金额数字构成和防止涂改的要求进行书写，例如：

（1）阿拉伯数字中间有"0"时，中文大写金额要写"零"字。如￥4 509.60，应写成"人民币肆仟伍佰零玖元陆角整"。

（2）阿拉伯数字中间连续有几个"0"时，中文大写金额中间只写一个"零"字。如￥7 008.12，应写成"人民币柒仟零捌元壹角贰分"。

（3）阿拉伯金额数字万位或元位是"0"，或者数字中间连续有几个"0"，万位、元位也是"0"，但千位、角位不是"0"时，中文大写金额中可以只写一个"零"字，也可以不写"零"字。例如"￥101 568.35"，应写成"人民币壹拾万零壹仟伍佰陆拾捌元叁角伍分"，也可写成"人民币壹拾万壹仟伍佰陆拾捌元叁角伍分"；例如"￥3 560.12"，应写成"人民币叁仟伍佰陆拾元零壹角贰分"，或写成"人民币叁仟伍佰陆拾元壹角贰分"；例如"￥106 000.35"，可写成"人民币壹拾万陆仟元零叁角伍分"，或写成"人民币壹拾万零陆仟元叁角伍分"。

（4）阿拉伯金额数字角位是"0"，而分位不是"0"时，中文大写金额"元"后面应写"零"字。例如"￥3 568.05"，应写成"人民币叁仟伍佰陆拾捌元零伍分"。

（5）表示位的文字前必须有数字，例如"￥10.00"应写成"壹拾元整"。

二、常用原始凭证的填制方法

原始凭证是记录经济业务发生的原始资料，其填制方法和要求既有共性又有特性。在填制原始凭证之前，应先熟悉每笔经济业务，对经济业务的性质、发生的条件、原因、制度规定和情况有所了解，在此基础上，选择合适的原始凭证并按照原始凭证的填制要求，认真逐笔填制原始凭证。

（一）发票

发票是指在购销商品、提供或者接受服务以及从事其他经营活动中，开具、收取的收付款凭证。

开具发票应当按照规定的时限、顺序，逐栏、全部联次一次性如实填开，填写项目齐全，内容真实，字迹清楚，全部联次一次性复写或打印，内容完全一致，并在发票联或者抵扣联加盖单位财务印章或发票专用章。

1. 一般纳税人增值税发票

一般纳税人增值税发票分为增值税专用发票和一般纳税人增值税普通发票两种。一般纳税人应通过增值税防伪税控系统使用专用发票和普通发票。

（1）增值税专用发票。这是增值税一般纳税人（以下简称一般纳税人）销售货物或者提供应税劳务开具的发票，是购买方支付增值税额并可按照增值税有关规定据以抵扣增值税进项税额的凭证。专用发票由基本联次或者基本联次附加其他联次构成，基本联次为三联：第一联记账联，作为销货方记账凭证；第二联抵扣联，作为购货方抵扣凭证；第三联发票联，作为购货方记账凭证。一般纳税人增值税专用发票的填制方法如图2-2-2所示。

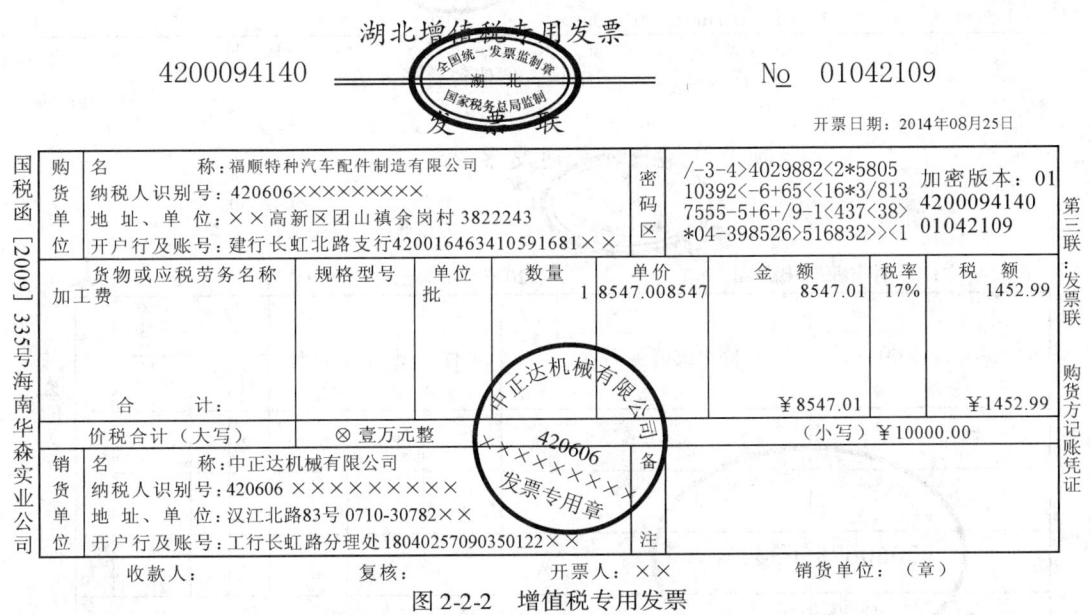

图 2-2-2 增值税专用发票

（2）一般纳税人增值税普通发票。这是纳入增值税防伪税控一机多票系统的增值税一般纳税人销售货物或者提供应税劳务时使用该系统开具的带有税控信息的机打普通发票，是购销双方的收付款凭证。已纳入防伪税控一机多票系统的纳税人不得使用非防伪税控系统开具普通发票，另有规定的除外（如出口商品发票、机动车销售统一发票、收购发票等）。一般纳税人增值税普通发票分为两联和五联两种，基本联次为两联：发票联和记账联。发票联作为购买方核算采购成本的记账凭证，记账联作为销售方核算销售收入和增值税销项税额的记账凭证。各联次的颜色依次为蓝、橙、绿蓝、黄绿和紫红色。一般纳税人增值税普通发票的填制方法如图2-2-3所示。

2. 增值税普通发票

从事经营活动并办理了税务登记的各种纳税人（包括一般纳税人和小规模纳税人）领购使用增值税普通发票。增值税普通发票的填制方法如图2-2-4所示。

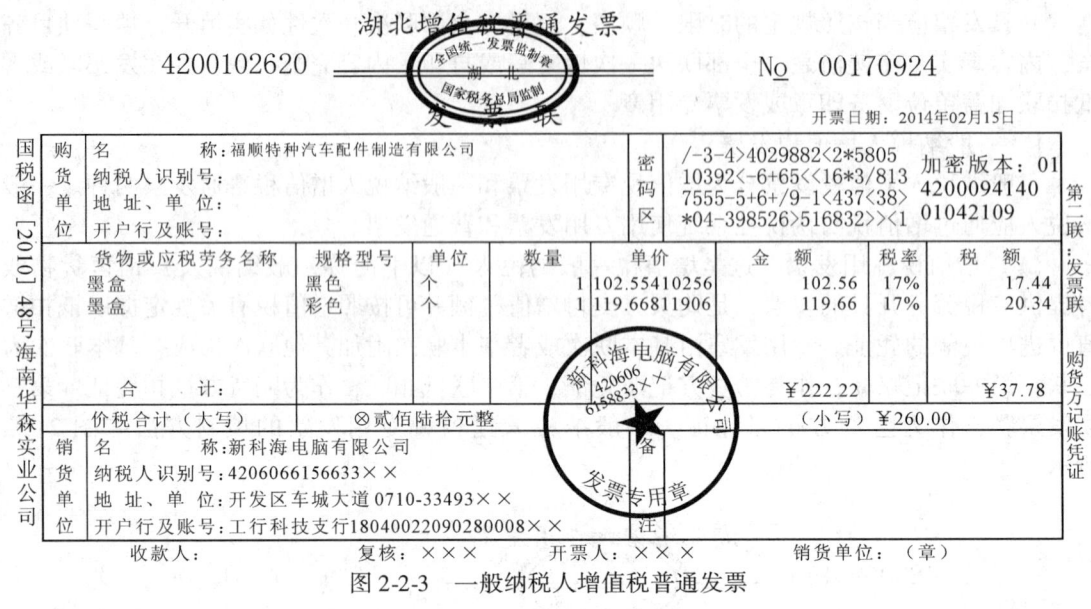

图 2-2-3 一般纳税人增值税普通发票

图 2-2-4 增值税普通发票

普通发票应当按照规定的时限、顺序、逐栏、全部联次一次性如实开具，并加盖单位财务印章或者发票专用章。同时注意：必须如实填开付款单位全称，不得以简称或其他文字、符号等代替付款单位全称；"单价"、"金额"栏填写含税单价、金额，并在金额合计数（小写）前用"¥"符号封顶；不得涂改。如填写有误，应另行开具，并在误填的发票上注明"误填作废"四字。填错的发票，全部联次应当完整保存。

（二）收料单的填制

收料单是在外购的材料物资验收入库时填制的凭证，一般一式三联，一联验收人员留底，一联交仓库保管人员据以登记明细账，一联连同发货票交财会部门办理结算。收料单的填制方法如图 2-2-5 所示。

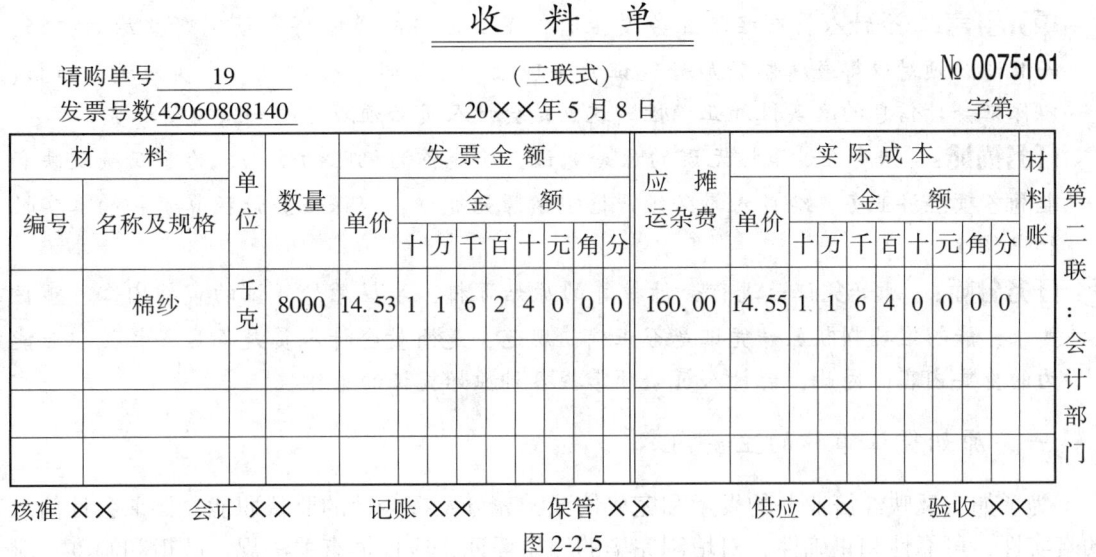

图 2-2-5

(三) 限额领料单的填制

限额领料单是一种一次开设、多次使用、领用限额已定的累计凭证。在有效期（最长 1 个月）内，只要领用数量累计不超过限额就可以连续使用。限额领料单的填制方法如图 2-2-6 所示。

限 额 领 料 单

领料部门：一车间　　　　　　　　　　　　　　　　　　№：021 009
用　途：生产用　　　　　　2014 年 3 月　　　　　　发料仓库：1 号库

材料类别	材料编号	材料名称	规格	计量单位	领用限额	单位	全月实用	
							数量	金额
1	1201	钢材	40mm 圆钢	千克	1 000	5.00	950	4 750
领料日期	请领数量	实发数量	领料人签章	发料人签章	限额结余			
5	200	200	张×	刘×	800			
10	300	300	张×	刘×	500			
15	200	200	张×	刘×	300			
20	100	100	张×	刘×	200			
25	150	150	张×	刘×	50			
合计	950	950						

供应部门负责人：××　　　　生产部门负责人：××　　　　仓库管理员：××

图 2-2-6

任务三　审核原始凭证

单元引言： 会计人员在经济业务发生时，不仅应当知道取得或填制哪些原始凭证，而且还必须对取得或填制的原始凭证的合理性、合法性、合规性、真实性进行审核，以保证会计信息的真实性和正确性。这也是会计人员必须履行的一项重要职责。

任务描述： 只有经过审核无误的原始凭证，才能作为记账的依据。为了正确反映和监督各项经济业务，会计人员必须严格审核原始凭证，以保证会计核算资料的真实性和完整性。

任务分析： 原始凭证是进行会计核算的原始资料，掌握原始凭证的审核内容、审核要求，能够准确判断原始凭证是否正确、规范，是衡量会计人员是否具备相关职业能力的重要内容。因此，会计人员必须掌握各种原始凭证的审核技能。

一、原始凭证审核的主要内容

为了如实反映经济业务的发生和完成情况，充分发挥会计的监督职能，保证会计信息的真实性、可靠性和正确性，对填制完毕的原始凭证，应根据有关法规、政策和制度，对原始凭证的真实性、合法性、正确性、完整性进行严格的审核。只有经过审核无误的原始凭证，才能作为填制记账凭证和登记账簿的依据。具体包括：

（1）真实性审核。审查原始凭证是否如实反映经济业务的本来面貌，有无掩盖、歪曲和捏造。首先，经济业务的双方当事单位和当事人必须是真实的；其次，经济业务发生的时间、地点和填制凭证的日期必须是真实的；再次，经济业务的内容必须是真实的；最后，经济业务的实物量和价值量必须是真实的。

（2）合法性审核。审查原始凭证所反映的经济业务是否符合国家法律法规的规定。首先，不真实的原始凭证，如假发票、假收据、假车票等均是不合法的；其次，虽真实但制度不允许报销的原始凭证也是不合法的，如个人因私购买物品、个人因私外出旅游等；再次，虽能报销，但超过规定比例和限额的部分也是不合法的，如职工出差超标准乘坐交通工具、住宾馆等。取得或填制的各种专用或者普通发票应有税务部门的监制章，各种收据应有财政或税务部门的监制章；未经批准印制或购买的票据，只能在单位内部使用，不得对外提供或用于法律法规不允许使用的经济业务事项。

（3）正确性审核。审核原始凭证所填列的数字是否符合要求，包括数量、单价、金额以及小计、合计等填写是否清晰，计算是否准确，是否用复写纸套写，有无涂改、刮擦、挖补等弄虚作假行为。

（4）完整性审核。审核原始凭证各项基本要素是否完整、齐全，包括内容是否完整，数字是否清晰，文字是否工整，签章是否齐全，手续是否齐备，凭证联次是否正确等。

（5）及时性审核。审核原始凭证的填制日期是否及时，尤其是一些时效性较强的原始凭证。

二、常见原始凭证的审核要点

（1）从外单位取得的原始凭证必须盖有填制单位的公章（一般盖发票专用公章），没有公章的原始凭证不能作为报账的依据。有些特殊的原始凭证，出于习惯和使用单位认为不易伪造，可不加盖公章，但这些凭证一般具有固定的特殊的公认的标志，如车船票、飞机票等。

（2）从个人处取得的原始凭证应有填制人员的签名或盖章。为了稳妥起见，还应在原始凭证上注明填制原始凭证的个人的经营地点或居住地点。

（3）自制原始凭证同样具有法律效力，虽不一定加盖公章，但一定要有完整的签审手续。经办人、负责人、审核人、签领人一定要签名或盖章，经办单位负责人所指定的人员的签名或盖章也视为有效。

（4）对外开出的原始凭证，必须加盖本单位的公章，一般用财务专用章或发票专用章，不盖公章的原始凭证是无效凭证。

（5）购买实物的原始凭证，必须有实物验收说明；支付款项的原始凭证，必须有收款单位或收款人的收款证明。

（6）一式几联的原始凭证，必须用双面复写纸复写，并连续编号。因填写错误或其他原因而作废，应加盖"作废"戳记，整份保存，不得缺联。复印的原始凭证一般不能作为记账凭证的依据。

三、原始凭证审核结果的处理

在审核原始凭证过程中，对于审核无误的原始凭证，应及时据以编制记账凭证入账；对于不符合要求的原始凭证，应区别不同情况按照下列处理方法进行处理：

（1）对于不真实、不合法的原始凭证，会计人员有权不予受理，并向单位负责人报告，请求查明原因，追究有关当事人的责任；对记载不准确、不完整的原始凭证予以退回，并要求经办人员按照国家统一的会计制度的规定进行更正、补充。

（2）原始凭证记载的内容有错误的，应当由开具单位重开或更正，但原始凭证金额出现错误的不得更正，只能由开具单位重新开具。

四、原始凭证遗失的处理

增值税专用发票丢失，首先要到办税厅领取并填写《发票挂失/损毁报告表》，并且要在报纸上刊登遗失声明。《国家税务总局关于修订〈增值税专用发票使用规定〉的通知》（国税发〔2006〕156号）第二十八条规定，一般纳税人丢失已开具专用发票的发票联和抵扣联，如果丢失前已认证相符的，购买方凭销售方提供的相应专用发票记账联复印件及销售方所在地主管税务机关出具的《丢失增值税专用发票已报税证明单》，经购买方主管税务机关审核同意后，可作为增值税进项税额的抵扣凭证。如果丢失前未认证的，购买方凭销售方提供的相应专用发票记账联复印件到主管税务机关进行认证，认证相符的凭该专用发票记账联复印件及销售方所在地主管税务机关出具的《丢失增值税专用发票已报税证明单》，经购买方主管税务机关审核同意后，可作为增值税进项税额的抵扣凭证。

一般纳税人丢失已开具专用发票的抵扣联，如果丢失前已认证相符的，可使用专用发票发票联复印件留存备查。如果丢失前未认证的，可使用专用发票发票联到主管税务机关认证，将专用发票发票联复印件留存备查。

一般纳税人丢失已开具专用发票的发票联，可将专用发票抵扣联作为记账凭证，专用发票抵扣联复印件留存备查。

一般外来原始凭证如有遗失（不含增值税专用发票），应当取得原开出单位盖有公章的证明，并注明原来凭证的号码、金额和内容等，由经办单位会计机构负责人、会计主管人员和单位领导批准后，才能代作原始凭证。如果确实无法取得证明，如火车票、轮船票、飞机票等凭证，由当事人写明详细情况，经办单位会计机构负责人、会计主管人员和单位领导批准后，代作原始凭证。

思考与练习

一、单项选择题

1. 下列凭证中不能作为原始凭证的是（　　）。
   A. 购销合同　　　　B. 发票　　　　C. 收料单　　　　D. 发货单
2. 差旅费报销单属于（　　）。
   A. 记账凭证　　　B. 自制原始凭证　C. 外来原始凭证　D. 原始凭证汇总表
3. （　　）属于外来原始凭证。
   A. 入库单　　　　　　　　　　　B. 出库单
   C. 银行收账通知单　　　　　　　D. 发出材料汇总表
4. 企业填制的限额领料单属于（　　）。
   A. 一次凭证　　　　　　　　　　B. 累计凭证
   C. 原始凭证汇总表　　　　　　　D. 外来凭证
5. 收到一张偿还前欠销货款的支票，其原始凭证应为（　　）。
   A. 支票　　　　　　　　　　　　B. 支票存根
   C. 银行进账单回单　　　　　　　D. 发票
6. 一次凭证和累计凭证的主要区别是（　　）。
   A. 一次凭证记载两笔经济业务，累计凭证记载多笔经济业务
   B. 累计凭证是自制原始凭证，一次凭证是外来原始凭证
   C. 累计凭证填制的手续是多次完成的，一次凭证填制的手续是一次完成的
   D. 累计凭证是汇总凭证，一次凭证是单式凭证
7. 原始凭证按其取得来源的不同，可以分为（　　）。
   A. 外来原始凭证和自制原始凭证　　B. 单式记账凭证和复式记账凭证
   C. 一次凭证和累计凭证　　　　　　D. 收款凭证、付款凭证和转账凭证
8. 在原始凭证上书写阿拉伯数字，以下做法错误的是（　　）。
   A. 金额数字前书写货币币种符号

B. 币种符号与金额数字之间要留有空白

C. 币种符号与金额数字之间不得留有空白

D. 数字前写有币种符号的,数字后不再写货币单位

9. "￥107,000.30"的大写金额可写为人民币(　　)。
　A. 拾万柒仟叁角　　　　　　　　B. 拾万柒仟叁角整
　C. 壹拾万柒仟叁角整　　　　　　D. 壹拾万柒仟元零叁角整

10. 企业从个人取得的原始凭证,必须(　　)。
　A. 有经办单位领导人签名盖章　　B. 加盖本单位公章
　C. 盖有填制人员所在单位的公章　D. 有填制人员的签名盖章

11. 开出支票偿还前欠购买材料款,其原始凭证为(　　)
　A. 支票　　　B. 支票存根　　C. 银行进账回单　　D. 发票

12. 从银行提取现金,该项经济业务发生时应填制的原始凭证是(　　)。
　A. 转账支票　　B. 现金支票　　C. 进账单　　D. 汇款单

13. 将现金缴存银行时,该项经济业务发生时应填制的原始凭证是(　　)。
　A. 转账支票　　B. 现金支票　　C. 现金缴款单　　D. 汇款单

14. 填制原始凭证时应做到大小写数字符合规范,填写正确。大写金额"壹仟零壹元伍角整",其小写应为(　　)。
　A. 1 001.50 元　B. ￥1 001.50　C. ￥1 001.50 元　D. ￥1 001.5

15. 仓库保管人员填制的收料单,属于企业的(　　)。
　A. 外来原始凭证　B. 自制原始凭证　C. 汇总原始凭证　D. 累计原始凭证

16. 原始凭证一般是由(　　)取得或填制的。
　A. 总账会计　　　　　　　　　　B. 业务经办单位和人员
　C. 会计主管　　　　　　　　　　D. 出纳人员

17. 差旅费报销单按填制的手续及内容分类,属于原始凭证中的(　　)。
　A. 一次凭证　　B. 累计凭证　　C. 汇总凭证　　D. 专用凭证

18. 对外来原始凭证的审核内容不包括(　　)。
　A. 经济业务的内容是否真实　　　B. 填制单位公章和填制人员签章是否齐全
　C. 填制凭证的日期是否真实　　　D. 是否有本单位公章和经办人签章

19. 在审核原始凭证时,对于内容不完整、填制有错误或手续不完备的原始凭证,应(　　)。
　A. 拒绝办理,并向本单位负责人报告　B. 予以抵制,对经办人员进行批评
　C. 由会计人员重新填制或予以更正　　D. 予以退回,要求更正、补充或重开

20. 单位在审核原始凭证时,发现外来原始凭证的金额有错误,应由(　　)。
　A. 接受凭证单位更正并加盖公章　　B. 原出具凭证单位更正并加盖公章
　C. 原出具凭证单位重开　　　　　　D. 经办人员更正并报领导审批

21. 要求原始凭证退回补充完整或更正错误,是属于对(　　)的处理。
　A. 原始凭证违法行为　　　　　　B. 原始凭证真实、合法、合理
　C. 原始凭证不真实、不合法　　　D. 原始凭证真实、合法、合理但不完整

22. 下列内容属于原始凭证"完整性"审核范围的是(　　)。
    A. 记录的经济业务有否违反国家法律法规
    B. 记录的经济业务有否违反企业内部制度、计划和预算
    C. 原始凭证是否经填制单位签章，大小写金额是否齐全
    D. 大小写金额是否一致

23. 审核原始凭证所记录的经济业务是否符合企业生产经营活动的需要、是否符合有关的计划和预算，属于(　　)审核。
    A. 合理性　　　　B. 合法性　　　　C. 真实性　　　　D. 完整性

24. 下列有关原始凭证错误的更正不正确的是(　　)。
    A. 原始凭证记载的各项内容均不得涂改
    B. 原始凭证金额错误的可在原始凭证上更正
    C. 原始凭证错误的应由出具单位重开，并在更正处加盖单位印章
    D. 原始凭证金额错误的不可在原始凭证上更正

25. 下列内容中，不属于原始凭证的审核内容的是(　　)。
    A. 凭证是否符合有关的计划和预算
    B. 会计科目使用是否正确
    C. 凭证是否符合规定的审核程序
    D. 凭证是否有填制单位的公章和填制人员的签章

26. 会计机构、会计人员对不真实、不合法的原始凭证有权(　　)。
    A. 不予受理，并向单位负责人报告　　B. 予以退回
    C. 予以纠正　　　　　　　　　　　　D. 予以反映

27. 下面不符合原始凭证基本要求的是(　　)。
    A. 从个人取得的原始凭证，必须有填制人员的签章
    B. 原始凭证不得涂改、刮擦、挖补
    C. 上级批准的经济合同，应作为原始凭证
    D. 大写和小写金额必须相等

28. 原始凭证不得外借，其他单位如有特殊原因需要使用时，经本单位领导批准后方可(　　)。
    A. 外借　　　　　B. 赠阅　　　　　C. 购买　　　　　D. 复制

二、多项选择题

1. 下列原始凭证中，属于汇总原始凭证的是(　　)。
    A. 限额领料单　　　　　　　　　B. 差旅费报销单
    C. 工资汇总表　　　　　　　　　D. 发出材料汇总表

2. 限额领料单同时属于(　　)。
    A. 外来凭证　　　B. 累计凭证　　　C. 一次凭证　　　D. 自制凭证

3. 原始凭证的主要作用在于(　　)。
    A. 记录经济业务　　B. 监督经济业务　　C. 明确经济责任　　D. 作为登账依据

4. 原始凭证按其填制的方法不同，可分为(　　)。
   A. 外来原始凭证　　　　　　　　　B. 一次凭证
   C. 原始凭证汇总表　　　　　　　　D. 累计凭证
5. 甲公司从乙公司购买原材料，可能取得的外来原始凭证有(　　)。
   A. 购买原材料发票　　　　　　　　B. 购买原材料的运输费发票
   C. 原材料入库单　　　　　　　　　D. 原材料购销合同
6. 原始凭证的内容包括(　　)。
   A. 原始凭证的名称　　　　　　　　B. 填制原始凭证的日期
   C. 应借、应贷的会计科目名称　　　D. 接收原始凭证单位的名称
7. 下列事项中，符合有关原始凭证填制要求的是(　　)。
   A. 原始凭证所填列的经济业务内容和数字，必须真实可靠，符合实际情况
   B. 年、月、日要按照填制原始凭证的实际日期填写
   C. 小写金额为￥20 000.00，大写金额应写成"人民币贰万元整"
   D. 原始凭证金额有错误的，应采用画线更正法进行更正
8. 原始凭证的填制要求有(　　)。
   A. 记录真实　　　B. 内容完整　　　C. 手续完备　　　D. 书写规范
9. 下列各项中，属于销售商品应填制的原始凭证的有(　　)。
   A. 销售商品发票　　　　　　　　　B. 销售商品出库单
   C. 销售商品的货款结算单　　　　　D. 销售商品的合同
10. "￥1 680.92"可以写成人民币(　　)。
    A. 壹仟陆佰捌拾元零玖角贰分　　　B. 壹仟陆佰捌拾元玖毛贰分
    C. 壹仟陆佰捌拾元玖角贰分　　　　D. 壹仟陆佰捌拾零玖角贰分
11. 下列属于原始凭证的有(　　)。
    A. 发出材料汇总表　　B. 收料单　　C. 购料合同　　D. 限额领料单
12. 限额领料单属于(　　)。
    A. 外来原始凭证　　B. 自制原始凭证　　C. 记账凭证　　D. 累计原始凭证
13. 下列凭证中属于自制原始凭证的有(　　)
    A. 工资结算单　　B. 领料单　　C. 产品入库单　　D. 差旅费报销单
14. 原始凭证的审核内容包括(　　)。
    A. 真实性　　　B. 合法性　　　C. 完整性　　　D. 正确性
15. 对外来原始凭证的审核内容包括(　　)。
    A. 经济业务的内容是否真实　　　　B. 填制单位公章和填制人员签章是否齐全
    C. 填制凭证的日期是否真实　　　　D. 是否有本单位的公章和经办人的签章
16. 下列说法正确的是(　　)。
    A. 原始凭证必须记录真实，内容完整
    B. 一般原始凭证发生错误，必须按规定办法更正
    C. 有关现金和银行存款的收支凭证，如果填写错误，必须作废
    D. 购买实物的原始凭证，必须有验收证明

17. 对外来原始凭证进行真实性审核的内容包括(　　)。
    A. 经济业务的内容是否真实
    B. 填制的凭证日期是否正确
    C. 填制单位的公章和填制人员的签章是否齐全
    D. 是否有本单位的公章和经办人的签章
18. 企业购买材料一批并已入库,该项业务有可能涉及如下原始凭证(　　)。
    A. 发票　　　　　B. 支票　　　　　C. 货运单据　　　　　D. 入库单
19. 下列各项属于原始凭证填制要求的是(　　)。
    A. 原始凭证必须加盖公章
    B. 有大小写的原始凭证,大小写必须相等
    C. 原始凭证的填制要及时
    D. 原始凭证的书写要规范
20. 对原始凭证发生的错误,正确的更正方法是(　　)。
    A. 由出具单位重开或更正
    B. 由本单位的会计人员代为更正
    C. 金额发生错误的,可由出具单位在原始凭证上更正
    D. 金额发生错误的,应当由出具单位重开
21. 下列汉字金额大写书写正确的是(　　)。
    A. ¥101.50　　人民币壹佰壹元伍角整
    B. ¥1 004.56　　人民币壹仟零肆元伍角陆分
    C. ¥1 320.56　　人民币壹仟叁佰贰拾元伍角陆分
    D. ¥1 320.56　　人民币壹仟叁佰贰拾元零伍角陆分

三、判断题（正确的打"√",错误的打"×"）

1. 原始凭证是由会计人员在经济业务发生或完成时填制或取得的,用于证明经济业务的发生、明确经济责任、作为记账依据的书面证明。　　　　　　　　　　　　(　　)
2. 外来原始凭证一般都是一次凭证。　　　　　　　　　　　　　　　　　　(　　)
3. 原始凭证都是以实际发生或完成的经济业务为依据而填制的。　　　　　　(　　)
4. 外来原始凭证是由外单位填制的,而自制原始凭证则是由本单位财会人员填制的。
　　　　　　　　　　　　　　　　　　　　　　　　　　　　　　　　　　(　　)
5. "¥13.40"的大写金额可写为"人民币拾叁元肆角整"。　　　　　　　　(　　)
6. 各种原始凭证的填制,都应由会计人员完成,以保证原始凭证填写的正确性。(　　)
7. 一式几联的原始凭证应按各联注明的用途使用,只能以一联作为报销联。　(　　)
8. 原始凭证金额有错误的,可由开出单位画线更正,并在更正处加盖出具单位印章。
　　　　　　　　　　　　　　　　　　　　　　　　　　　　　　　　　　(　　)
9. 在填制原始凭证时,阿拉伯数字角位是"0",但分位不是"0"时,中文大写金额"元"后面应写"零"字。　　　　　　　　　　　　　　　　　　　　　　(　　)
10. 各种凭证要连续编号,以便查考。对于事先印制了编号的重要凭证,如填错作废时,

应加盖"作废"戳记，全部联次完整保管，不得撕毁。（   ）
11. "￥425.06"的大写金额可写为"人民币肆贰拾伍元陆分"。（   ）
12. 一张原始凭证所列支出需要几个单位共同负担的，应当将其他单位负担的部分用复印件提供给其他单位。（   ）
13. 对于不真实、不合法的原始凭证，会计人员应退回给有关经办人员，由其更正后，方可办理正式会计手续。（   ）
14. 原始凭证有错误的，应当由出具单位重开或更正，并在更正处加盖出具单位印章。（   ）
15. 任何会计凭证都必须经过有关人员的严格审核，确认无误后，才能作为记账的依据。（   ）
16. 只要是真实的原始凭证就可以作为收付财物和记账的依据。（   ）
17. 从外单位取得的原始凭证应盖有填制单位的公章，但有些特殊原始凭证例外。（   ）
18. 从个人取得原始凭证，必须有填制人员的签章。（   ）

四、简答题

1. 什么是原始凭证？原始凭证具备的要素有哪些？
2. 原始凭证的审核包括哪些内容？对原始凭证审核的不同结果如何处理？

学习情境三

掌握记账的基本方法

任务一 单式记账法

单元引言：我们通过情境二"取得或填制原始凭证"的学习，仅仅知道了经济业务发生或完成时应当取得或填制哪些原始凭证，以及怎样审核原始凭证，这仅仅是会计核算工作的起步和开始。至于如何对取得或填制、审核的原始凭证进行记录，就必须采用一定的记账方法。记账方法是按照从简单记录到单式记账法再到复式记账法的轨迹逐渐发展起来的。

任务描述：了解记账方法的产生和发展，明确简单记录和单式记账法的局限性，熟悉单式记账法的特点，为进一步学习复式记账法做好铺垫。

任务分析：经济业务发生后，必然会引起某些项目发生增减变动，这种变动需要在账户中加以记录，就涉及记账的方法问题，开始时是简单的、不完整的简单记录，然后发展到单式记账法。通过对简单记录、单式记账法的具体记录过程的学习，学生应深刻理解记账方法从简单记录到单式记账法的发展过程，明白简单记录和单式记账法的局限性。

记账方法是根据一定的原理和原则，以货币为主要计量单位，利用文字和数字来记录经济业务的专门方法。

一、记账方法的产生与发展

在原始社会，由于生产力水平低下，人们对于生产过程的管理，起初只是凭头脑记忆；当生产活动增多，单凭记忆已不敷应用时，人们又创造出利用简单符号记录的方法。我国上古时期尚无文字，原始人最初采用的计量、记录方法就是"简单刻记"、"结绳记事"、"刻木记数"。

中国古代会计记录方法的发展在经历了原始计量记录方法阶段之后，伴随着文字的出现，开始进入文字叙述式记录方法阶段。

春秋战国时代是我国古代会计记录方法的变革时代，是从文字叙述式的会计记录转变为定式简明会计记录的过渡时期。这种会计记账方法越来越简单，一般采取流水账的形式。

自春秋战国到秦代，用竹简木牍刻写的"籍书"或"簿书"已出现，用"入"、"出"作为记账符号来反映各种经济事项，"籍书"或"簿书"应用的专业化至西汉时代取得了显著进展。早期的记录方法是比较简单的，只是对财产物资的收支活动进行实物数量的记录和计算，与统计和其他核算是混在一起的。

从秦代起，中国古代记账方法得到了全面发展，"入"、"出"作为会计记录符号并得到通用。

唐代是我国单式记账法发展的完善时期。它比较全面地总结了以前单式记账法的基本特点，并在原有的基础上加以发挥，使之趋于完善。唐代官厅仍然以"入"、"出"作为记账符号，但对记账符号的具体运用，已能够根据会计事项的具体内容而较灵活地加以掌握。

宋代的官厅会计核算中，以"入"、"出"作为记账符号仍然占统治地位。宋代记账方法的重大发明是"四柱清册"。所谓"四柱清册"，就是封建官府办理钱粮报销或移交手续时所登记的账册。它分为旧管（上期结存）、新收（本期收入）、开除（本期支出）和实在（本期结存）四部分，这四部分称为"四柱"，所以这种账册叫"四柱清册"。"四柱"之间的平衡关系是：旧管+新收-开除=实在。"四柱清册"是我国古代会计的一个杰出成就，为我国的收付记账法奠定了理论基础。

明、清两代，人们又在"四柱结算法"原理的启发下，设计了"龙门账"的记账方法。它把全部经济业务划分为"进"、"缴"、"存"、"该"四大类。所谓"进"指全部收入，"缴"指全部支出，"存"指全部资产，"该"指全部负债。四者之间的关系表示为"进-缴=存-该"。每届年终结账时，一方面可以根据有关"进"与"缴"两类账目的记录编制"进缴表"，计算差额，决定盈亏；另一方面还应根据有关"存"与"该"两类账目的记录编制"存该表"，计算差额，决定盈亏。两方面计算决定的盈亏数额应该相等。这种双轨计算盈亏并核对账目的方法人们称为"合龙门"，"龙门账"因此而得名。"龙门账"中的"进缴表"相当于近代会计中的"损益表"，"存该表"相当于近代会计中的"资产负债表"。随后，商品货币经济又有了进一步的发展，资本主义经济关系开始萌芽，在民间商业界出现了"四脚账"，又称"天地合"。这种记账方法要求对日常发生的一切账项，既要登记它的来账方面，又要登记它的去账方面，借以全面反映同一账项的来龙去脉，这表明中国的记账方法已由单式记账法向复式记账法过渡。我国的记账方法一度在世界上处于领先地位，但由于几千年的封建社会中，自给自足的自然经济始终占主导地位，阻碍了生产力的发展，也使记账方法的发展滞后，并逐渐落后于西方资本主义国家。

在西方，会计的发展也经历了几次变革，从原始计量记录时代发展到单式簿记运用时代，随着资本主义经济的产生，又演进到复式簿记运用时代。早在12、13世纪，意大利的热那亚和威尼斯等城市专做贷金业的经纪人就采用借贷复式记账法记账，称为"威尼斯簿记法"。1494年意大利数学家卢卡·帕乔利（Luca Pacioli）著《算术、几何、比及比例概要》一书，其中包括著名的"簿记论"。该书比较系统地介绍了"威尼斯簿记法"，并结合数学原理从理论上加以概括，被公认为复式簿记最早形成文字的记载，也是会计发展史上的一个重要里程碑，标志着近代会计的最终形成。随后，借贷复式记账法便相继传至世界各国，并在实践中不断发展和完善，直至今日仍为世界绝大多数国家所采用。

二、单式记账法

每个人在社会经济生活中，都有自己的劳动收入和消费支出，如果对这些活动进行记载，就是一种简单的记录行为。学习、了解、掌握会计的记账方法，我们需要对个人的简单记录行为进行分析，并在此基础上深刻理解记账方法的由来和演变。

（一）记账方法的实质是一种记录

一个刚刚上大学的学生在报到时，其父母要求把每学期的开支记录清楚，便于父母了解、掌握他的开支情况。下面就是这个大学生甲对2013年10月14—31日的真实记录：

10月14日　早餐1.5元，午餐4元，晚餐3.5元，零食2元，文具5.5元
10月15日　早餐2元，午餐4元，晚餐13元，买东西21元
10月16日　早餐1元，午餐2元，晚餐2.5元，水2.5元，公交2元，捐款5元
10月17日　早餐1元，午餐4元，晚餐2.5元，公交2元，买东西40元
10月18日　早餐2元，午餐4.5元，晚餐2.5元
10月19日　早餐1.5元，午餐4元，晚餐2.5元
10月20日　早餐1元，午餐4元，晚餐2.5元，水果4元，捐款7元
10月21日　早餐1元，午餐5元，晚餐2.5元
10月22日　早餐1.6元，午餐4元，晚餐3.5元，澡票2.5元
10月23日　午餐2元，晚餐3.5元，购物28元，党课费30元
10月24日　早餐1元，午餐9元，晚餐3.5元，其他20元，公交2元，鞋子19元
10月25日　早餐2元，午餐3.5元，晚餐1元
10月26日　早餐1元，午餐4元，晚餐2.5元，零食2元
10月27日　早餐2元，午餐3.5元，晚餐3.5元，水2.5元
10月28日　早餐1元，午餐5元，晚餐2.5元
10月29日　早餐3元，蛋糕58元，其他30元，路费12.5元，公交2元
10月30日　（在家）买菜20元，药20元，话费20元
10月31日　（在家）水杯25元，车费25元，公交2元

这种记载就是大学生甲的简单记录行为。从这种记录来看，管理者（他的父母）和他个人只是了解了钱花在哪些方面，而且是零星的、分散的。如果是大量的记录，就是花在哪些方面也看不出来。如果有遗漏，这种记录就毫无意义。这就是一种典型的"记录"活动。这种记录就是把所有项目全部记下来，存在以下缺陷：

第一，记录的每一个具体项目是零星的、分散的，并且某一方面的项目如学习费用、生活费用、招待费用、通信费用、娱乐费用也看不出来。

第二，钱的来龙去脉不清楚。我们只是了解了钱花在哪些方面，但这个学生在上学时父母给了多少钱，还余多少钱，我们既看不出来，也不清楚。那么，为什么这个学生会有

这种记录呢？关键是管理者（他的父母）清楚自己给了孩子多少钱，学生自己也知道要了多少钱，还余多少钱。

第三，这种记录没有记录格式，还不是我们所说的"流水账"。

（二）单式记账法的特征是一种流水账

下面是另一个大学生乙的记录，如表3-1-1所示。

表3-1-1　　　　　　　　2013年第一学期"现金"收支记录表　　　　　　　　单位：元

日　期	摘　要	收　入	支　出	余　额
9月3日	开学初现金	6 800		6 800
9月4日	交学费		5 025	1 775
9月5日	饭卡充值		300	1 475
9月6日	电话卡		50	1 425
9月7日	上网卡		20	1 405
9月8日	书籍		18	1 387
	洗发水		20	1 367
9月10日	洗澡		2	1 365
9月18日	买衣服		200	1 165
	球鞋		100	1 065
	交通费		2	1 063
9月20日	上网卡		20	1 043
9月25日	复印身份证		1	1 042
9月28日	英语补课费		250	792
9月30日	回家路费		18	774
10月8日	从家带现金	4 050		4 824
	回校路费		18	4 806
	饭卡充值		400	4 406
10月15日	交自考本科学费		3 250	1 156
	爱心捐款		5	1 151
	买饮料		2.5	1 148.5
10月16日	电话卡		50	1 098.5
10月20日	交班费		20	1 078.5
10月22日	配眼镜		100	978.5
	交通费		2	976.5
10月27日	聚餐		20	956.5
10月31日	社团费		25	931.5

续表

日　期	摘　要	收　入	支　出	余　额
11月1日	从家要现金	500		1 431.5
	饭卡充值		400	1 031.5
	电话卡		50	981.5
11月8日	买日用品		120	861.5
11月12日	上网卡		30	831.5
11月15日	同学生日聚会		20	811.5
11月16日	买棉服		317	494.5
11月23日	洗衣卡		50	444.5
11月26日	社团聚会		20	424.5
11月28日	买饮料		2.5	422
12月1日	从家要现金	500		922
12月5日	饭卡充值		400	522
	电话卡		30	492
12月14日	买零食		12	480
12月20日	给朋友买生日礼物		50	430
12月25日	圣诞聚餐		30	400
12月29日	澡票费		20	380
	复印复习资料		20	360
12月31日	给父母带礼物		130	230
	回家路费		18	212
合　　计		11 850	11 638	212

　　这种记录就是我们通常所讲的"流水账"。这种记录与前面的记录相比有了较大的进步：

　　第一，专门设计了记录格式，分别设计了"日期"、"摘要"、"收入"、"支出"和"余额"栏目。

　　第二，解决了第一种记录的一个缺陷，就是钱的来龙去脉看得比较清楚。通过这种记录，我们可以看出，这个学生本学期父母给了多少钱，这些钱花在哪些方面，还余多少钱。

　　但这种记录仍然存在与第一种记录相同的缺陷，就是记录的每一个具体项目是零星的、分散的，并且某一方面的项目如学习费用、生活费用、招待费用、通信费用、娱乐费用看不出来。

为什么会出现这种情况呢？这种记录对一个学生来讲应该是很全面了，父母也感到满意，觉得孩子没有乱花钱，钱用在了该用的地方。这里，我们需要提醒大家特别注意，关键是管理者（学生父母）在对孩子的要求上存在一个模糊管理的思想，知道"大体"、"大概"的情况就够了，如果管理者（学生父母）根本不作记账方面的要求，孩子就可以不记账了。同时，对于一个学生来讲，收支项目简单，并且量少，父母一看就知道大概的情况，满足了父母的管理要求。因此，这种"流水账"是适合学生使用的！

如果管理者（学生父母）不仅要求把账记好，而且还要把某一方面共花了多少钱都说清楚，这种"流水账"就满足不了这种要求了。比如，管理者（学生父母）要求学生把本学期某一方面的项目如"生活费用"花了多少说清楚，学生该怎么办呢？学生唯一的办法就是在"流水账"中把涉及"生活费用"的事项重新进行汇总，然后才能说清楚生活费用是多少。这里又涉及四个问题：

第一，生活费用的内涵是什么？包括哪些内容？如何界定？由于管理者（学生父母）要求不是太严，也不存在汇总和比较，所以给了学生较大的自由度。但是，对于一个企业或者政府机构来讲，仅仅停留在这个层次就不行了，我们必须把每一个项目的内涵搞清楚才行，否则，各行其是，就乱套了！

第二，对"生活费用"的事项重新进行汇总，是一种临时汇总行为，这种临时行为很可能出现差错，如遗漏、重记、错记等，并且也无法验证。

第三，按照这种"流水账"的要求进行记录，我们只能掌握一个情况，就是期初给了多少钱，期末还余多少钱，这个"钱"就是我们所讲的记账账户。"钱"的表述太通俗了，我们最好把它称为"现金"，这个"现金"就包含两个方面的内容：一是学生身上的现金；二是学生存在银行的存款。

第四，如果发生的事项"量"非常大，对有关现金的其他方面如"学习费用"、"生活费用"、"招待费用"、"通信费用"等进行临时汇总就无法实现，也不可能。对一个企业来讲，每天要发生几十笔甚至上百笔业务，这种流水账的记录就不能满足经济管理的需要了。

（三）单式记账法的特点

通过上面的分析，我们可以看出，所谓单式记账法就是对发生的经济业务一般只在一个账户中记录，而与此相联系的另一方面不予反映的记账方法。这是一种原始的、简单的、不完整的记账方法。单式记账法只着重考虑库存现金、银行存款的收支，债权、债务、应付款项的结算。除了对有关人欠、欠人的现金收付业务在两个或两个以上有关账户中登记外，对于其他经济业务，只在一个账户中登记或不予登记。例如，用现金购买材料，只在库存现金账户中登记因购买材料而支付的金额，至于材料的增加则不予单独记录。单式记账法是会计方法演进的必经阶段，是人类共同运用过的一种记账方法。它适用于自然经济占主导地位的社会，可以反映和监督比较简单的经济活动过程。这种方法的特点是：

（1）只反映一部分经济业务。通常只登记库存现金、银行存款的收付业务，以及应收、应付的结算业务，而对其他经济业务一概不予反映。

（2）只反映经济业务的一个方面。例如，用现金支付费用，仅反映现金方面的减少，而对费用就不予反映，因为没有设置"费用"账户。

（3）账户设置不完整，没有完整的账户体系。一般只设有债权、债务账户以及库存现金账户，其他账户都不设置。

（4）不能进行试算平衡。因为它没有反映所有经济业务，反映的业务也往往只反映一个方面，每笔经济业务的记录不是都能平衡。因此，一定时期的全部经济业务的会计记录，就不可能进行全面的试算平衡。

由于单式记账法只设置几种账户，所以它只能反映与这几个账户有关的部分经济业务，不能全面、系统地反映经济业务的来龙去脉，也不便于检查账户记录的正确性，不能适应复杂的商品生产和交换的需要，单式记账法逐渐被复式记账法所取代。

任务二　复式记账法

单元引言： 简单记录和单式记账法是一种不完整的、简单的记账方法，具有明显的局限性。要对企业千变万化的复杂的经济业务进行全面、系统、完整的反映，借以全面反映资金的来龙去脉，就必须采用复式记账方法。理解和掌握复式记账的基本原理，是学好会计专业，掌握会计核算方法的基础和关键。

任务描述： 通过对单式记账到复式记账的具体记录过程的操作，分析复式记账法的演变，掌握复式记账的基本原理，初步认识会计科目与账户的基本含义，深刻理解复式记账法的特点。

任务分析： 我们通过对一个大学生在一个学期的会计行为的分析，将其记录的一个学期的各种开支进行归类、汇总。归类的过程实际上就是初步认识会计科目的意义和作用的过程，同时，要搞清楚"管理上的要求"对会计科目的设置具有重要的意义，然后通过记录，初步了解复式记账的记录过程，而这种过程还是有缺陷的，要分析这种缺陷，找出解决缺陷的办法。同时，要深刻理解复式记账法的特点，为真正掌握会计核算的核心技能打下坚实的基础。

一、复式记账法的演变

在前面的分析中，我们已经发现"记录"和"流水账"存在一个共同的缺陷：每一个具体项目是零星的、分散的，并且某一方面的项目如学习费用、生活费用、服装费用、通信费用、娱乐费用、其他费用看不出来。为了解决这个问题，我们不仅要把"现金"的收支情况记录清楚，同时还必须把与此相联系的所有方面如生活费用、服装费用、学习费用、通信费用、娱乐费用、其他费用等全部记录清楚。

在记录之前，我们必须明确每一个项目应该包含哪些内容，以及怎样进行界定。不同的人，由于理解的不同或者是从其他方面考虑，在具体界定某一项目的内容时可能不一样。在这个学生的流水账中，我们只要划分得大致相同就可以了，没有必要苛求完全一致。但在单位记账中，必须划分清楚，并且严格执行，否则就无法进行汇总、比较、分析，不利于税收的征收，不利于行业管理、地区管理乃至国民经济管理！

我们这样认定："学习费用"包括学费、书籍、资料费、复印费、补课费等；"生活费用"包括饭卡费、零食、交通费等;"服装费用"包括衣服、鞋、帽等费用;"娱乐费用"包括上网费、聚餐费等;"通信费用"包括电话费、邮寄费等;"其他费用"是指上面几项没有包括的其他支出的内容。

下面,我们根据前述"流水账"的记录,将大学生乙所涉及的所有项目重新进行记录。记录的结果如表 3-2-1、表 3-2-2、表 3-2-3、表 3-2-4、表 3-2-5、表 3-2-6 所示(前面的流水账实际上就是一个有关"现金"的收支记录表,我们不再重复记录)。

表 3-2-1　　　　　　　　　2013 年第一学期"学习费用"记录表　　　　　　　单位:元

日　期	摘　要	增　加	减　少	余　额
9 月 4 日	交学费	5 025		
9 月 8 日	书籍	18		
9 月 28 日	英语补课费	250		
10 月 15 日	交自考本科学费	3 250		
10 月 20 日	交班费	20		
10 月 31 日	社团费	25		
12 月 29 日	复印复习资料	20		
合　计		8 608		

表 3-2-2　　　　　　　　　2013 年第一学期"生活费用"记录表　　　　　　　单位:元

日　期	摘　要	增　加	减　少	余　额
9 月 5 日	饭卡充值	300		
9 月 8 日	洗发水	20		
9 月 10 日	洗澡	2		
9 月 18 日	交通费	2		
10 月 8 日	饭卡充值	400		
10 月 15 日	买饮料	2.5		
10 月 22 日	交通费	2		
11 月 1 日	饭卡充值	400		
11 月 8 日	买日用品	120		
11 月 23 日	洗衣卡	50		
11 月 28 日	买饮料	2.5		
12 月 5 日	饭卡充值	400		
12 月 14 日	买零食	12		
12 月 29 日	澡票费	20		
合　计		1 733		

表 3-2-3　　　　　　　　**2013 年第一学期"服装费用"记录表**　　　　　　　　单位：元

日　期	摘　要	增　加	减　少	余　额
9 月 18 日	买衣服	200		
	球鞋	100		
10 月 22 日	配眼镜	100		
11 月 16 日	买棉服	317		
合　计		717		

表 3-2-4　　　　　　　　**2013 年第一学期"娱乐费用"记录表**　　　　　　　　单位：元

日　期	摘　要	增　加	减　少	余　额
9 月 7 日	上网卡	20		
9 月 20 日	上网卡	20		
10 月 27 日	聚餐	20		
11 月 12 日	上网卡	30		
11 月 15 日	同学生日聚会	20		
11 月 26 日	社团聚会	20		
12 月 25 日	圣诞聚餐	30		
合　计		160		

表 3-2-5　　　　　　　　**2013 年第一学期"通信费用"记录表**　　　　　　　　单位：元

日　期	摘　要	增　加	减　少	余　额
9 月 6 日	电话卡	50		
10 月 16 日	电话卡	50		
11 月 1 日	电话卡	50		
12 月 5 日	电话卡	30		
合　计		180		

表 3-2-6　　　　　　　　　2013 年第一学期"其他费用"记录表　　　　　　　　单位：元

日　　期	摘　　要	增　加	减　少	余　额
9 月 25 日	复印身份证	1		
9 月 30 日	回家路费	18		
10 月 8 日	回校路费	18		
10 月 15 日	爱心捐款	5		
12 月 20 日	给朋友买生日礼物	50		
12 月 31 日	给父母带礼物	130		
	回家路费	18		
合　　计		240		

通过上面的记录，我们不仅掌握了大学生乙用了多少钱，而且对这些钱用在哪些方面也非常清楚，并且我们还可以对有关记录进行核对，以验证上面记录的正确性。在上面的记录中，我们可以从两个方面来验证：第一，将表 3-2-1、表 3-2-2、表 3-2-3、表 3-2-4、表 3-2-5、表 3-2-6 的增加记录进行相加，将相加的结果与表 3-1-1 的减少合计数核对，如果相符，说明记录没有错误；如果不相符，说明记录有错误，即 8 608+1 733+717+160+180+240＝11 638。第二，将表 3-1-1 中的期初数与本期增加数相加减去表 3-2-1、表 3-2-2、表 3-2-3、表 3-2-4、表 3-2-5、表 3-2-6 的增加记录合计数，得出的结果与表 3-1-1 的期末余额数进行核对，如果相符，说明记录没有错误；如果不相符，说明记录有错误，即 6 800+5 050−11 638＝212。

二、初步认识会计科目与账户

从上面的分析中，我们已经开始接触一些会计专业术语了，为了满足初学者的需要，便于大家理解，符合初学者的认知规律，我们没有使用专业术语表述。比如：上述记录中我们使用的"现金"、"学习费用"、"生活费用"、"服装费用"、"通信费用"、"娱乐费用"、"其他费用"等，分析时我们使用的"项目"的概念，对此大家可能比较好理解，实际上，这就是我们会计上所说的"会计科目"。所谓"会计科目"就是进行分类核算和监督的具体项目。在我们具体的记录过程中，我们已经感觉到"会计科目"的重要性了，对于应该设置哪些会计科目，每一个会计科目具体包括哪些内容，我们必须搞准确，否则，就会出现"记录"的不一致！同时，大家也应该能够感觉到，只有在确定了会计科目并且明确其内涵后，我们才能进行具体的记录。

某一项目也就是会计科目确定好以后，在具体的记录过程中，应该怎样进行记录呢？首先，我们应该记录某一会计科目的增加数、减少数和结余数，这是最基本的，否则记账就没有意义了。其次，为了满足管理的需要，还要记录每一个项目发生的具体时间，每一个项目是做什么的，即业务内容的简要说明。最后，为了今后汇总、查找的需要，还要进行业务编号。根据上述三个方面的要求，我们进行格式设计。一般格式如表 3-2-7 所示。

表 3-2-7　　　　　　　　　　　××××账户记录表　　　　　　　　　　单位：元

日　期	凭证编号	摘　要	增　加	减　少	余　额

然后，将"现金"、"学习费用"、"生活费用"等项目（强调一点，这里我们完全可以使用"会计科目"的概念了，以后均使用此概念）放在上面设计的表格中进行记录。这就是我们会计上所讲的"账户"了。所谓账户就是根据会计科目开设的，采用一定的结构形式，用来序时、分类、连续地记录经济业务，反映某一项目增减变动及其结果的一种载体；或者说是一种手段、一种工具都可以。

在前面对大学生乙的所有活动进行记录的过程中，我们根据需要分别设置了"现金"、"学习费用"、"生活费用"、"服装费用"、"通信费用"、"娱乐费用"、"其他费用"等账户，这些账户的设置满足了对一个大学生的各种活动进行核算和监督的需要，并且这些账户自成体系。

有些同学认为，这些账户设置还不科学，我的招待费用比较大，设置一个"招待费用"账户行不行？完全可以！这样，我们在进行记录的过程中，招待费用就不在"娱乐费用"中记录了，而是放在"招待费用"账户中进行记录。从这个角度讲，大家一定要记住：会计科目的设置首先要满足"管理"的需要，同时，也具有一定的灵活性。

从上面的记录我们可以看出，账户是根据会计科目来设置的，并按照会计科目命名，也就是说会计科目是账户的名称，两者完全一致，因而在实际工作中，会计科目与账户常作为同义语来理解，互相通用，不加区别。

三、复式记账法的特点

我们回忆一下对"流水账"所涉及的所有项目重新进行记录的过程（大家可能感觉很繁琐，但如果不这样做，有些信息就无法获取。在量大的情况下，临时获取信息不仅不可能，还可能出错，也无法验证），这种记录过程不仅把"现金"的收支记录记载得清清楚楚，同时也把与现金收支有关的所有项目如"学习费用"、"生活费用"、"服装费用"、

"通信费用"、"娱乐费用"、"其他费用"等也记载得清清楚楚,并且可以验证记录的正确性。这就是我们所讲的复式记账法。

通过前面的记录过程,我们只是对复式记账有了一个初步的认识,在实际工作中还有很多技术要领,留待以后学习。由于大学生需要记录的项目比较简单,加上又不需要原始凭证,给大家的感觉是:第一,只要业务发生了,就可以直接记入账户;第二,不需要记账的原始依据。大家想一想,在企业经济活动中,如果采取直接记入账户的做法行不行?为什么?

首先,我们在对所有项目进行记录的过程中,有一个"环节"大家可能忽略了,实际上我们做了,只是大家没有认真思考这个问题。例如,10月15日交自考本科学费这笔业务,一方面引起"现金"减少3 250元,所以,我们在"现金"账户中进行了记录;另一方面引起"学习费用"增加3 250元,所以,我们在"学习费用"账户中进行了记录。换句话说,经济业务发生后,我们首先要做的是对经济业务发生后引起了哪些项目即会计科目的增减变动进行确认,然后再记入有关账户,这个思考过程非常重要,只有确认记入哪个项目或者会计科目,才能记入相应的账户。

其次,这种直接记入账户的做法有两个前提:一是确保记入的项目即会计科目分析正确;二是记录过程中不会出现差错。只有这样,才能保证记录的正确性。在实际工作中,这两个前提是不能保证的,只有通过一定的技术方法才能解决这个问题。

再次,在经济业务量大的情况下,这种记账过程及工作量是无法想象的,也是行不通的。因此,我们只有将"确认"与"记账"这两个过程区分开来,单独进行,才能符合企业经济业务核算的要求。这就是我们以后要学习的会计分录的编制和记账凭证的填制。

最后,在企业经济活动中,我们只有依据真实的合法原始凭证才能确认经济业务的发生,否则,是不能作为记账的原始依据的。

所谓复式记账法,是指对每一项经济业务都必须以相等的金额在两个或两个以上相互联系的账户中进行登记,借以全面反映其来龙去脉的一种记账方法。这种方法的特点是:

(1) 必须设置完整的账户体系,以全面反映经济业务所引起的资金增减变化。

(2) 必须对每一笔经济业务进行反映,不能有遗漏。

(3) 对每一笔经济业务,都必须在两个或两个以上相互联系的账户中进行记录,借以反映资金运动的起点和终点以及来龙去脉等动态状况。

(4) 可以对一定时期所发生的全部经济业务的会计记录进行全面的综合试算。这一特点是上述三个特点的必然结果。因为所有经济业务都在各个账户中进行了反映,而每一笔经济业务又能平衡,所以,一定时期的全部经济业务必然能进行全面的综合试算。

任务三 会计要素和会计账户

单元引言:经济单位的经济活动内容复杂,经济业务千差万别,我们必须按照统一的会计语言——复式记账法,对经济活动过程进行全面、连续、系统的核算和监督,向有关各方提供真实、准确的会计信息。

任务描述：经济单位的资金运动过程和结果就是会计要进行核算和监督的内容。分析资金运动规律，科学地设置会计科目和账户，在此基础上，掌握具体的会计核算方法。

任务分析：将会计对象划分成不同的会计要素，进行初步的分类，以满足会计信息报告的需要，然后在会计要素的基础上进行再分类——划分会计科目，并据以设置会计账户，以便分门别类地核算具体的会计业务，满足会计核算的需要，在此基础上，按照借贷记账法的记账原理对经济业务进行记录，实现会计工作目的。

从上面的记录过程看，同学们是不是觉得复式记账法比较简单？其实不然，关键是这个案例是从同学们的记录行为来讲的，而同学们的收支活动内容非常简单，只有"要钱"、"花钱"这两个方面，所以我们记录的过程也比较简单。对于一个企业或单位来讲，就不是这回事了，在单位经济活动中，经济业务的复杂程度要比这个大学生的收支活动高得多，如涉及采购物资、实施生产、计算成本、销售产品、对外投资，等等。不同的经济单位，由于经济活动内容不同和资金运动规律不同，会计科目的设置和账户体系也不完全相同。

一、会计要素与会计等式

（一）会计要素

会计要素是对会计对象进行的基本分类，是构成会计报表的基本成分。我们所讲的会计要素是特指的大类，会计报表所列示的具体事项则称为项目。对会计要素的进一步具体分类，则是会计科目，这一部分内容我们将在下面讲述。

我国颁布实施的《企业会计准则》、《小企业会计准则》，将会计要素划分为六个，即资产、负债、所有者权益、收入、费用和利润。

1. 资产

资产，是指过去的交易、事项形成并由企业拥有或者控制的资源，该资源预期会给企业带来经济利益。控制一定数量的资产，是企业进行生产经营活动的前提条件。资产包括各种财产、债权和其他权利。

（1）资产的特征主要包括：

① 资产是一种经济资源，即可以作为要素投入到生产经营中去。这就把资产同一些不能再投入作为生产经营要素的耗费项目区分开来。

② 资产是由过去的交易、事项所形成的。也就是说，资产必须是企业现时存在的、占有的财产物资，是过去已经发生的经济活动或交易的结果，而不是未来的经济活动或交易可能产生的结果，预期的资产不能作为资产确认。

③ 资产是企业拥有或控制的。一项资源要确认为企业的资产，一般企业要拥有其所有权，企业可以任意调度使用。企业中可能有一部分以特殊方式形成的资产，虽然企业不拥有其所有权，但能够实际控制，如融资租入固定资产，也应作为企业的资产

予以确认。

④ 资产能够给企业带来未来的经济利益。这是资产的本质特征。在企业的生产经营活动中，凡是能够给企业提供未来经济利益的资源都可以称为资产。资产必须具有使用价值和交换价值。没有使用价值，不能给企业带来效益的物品，不能确认为资产。

（2）资产的分类主要包括：

① 资产按其存在形态分为有形资产和无形资产。前者是指有实物形态的资产，如原材料、固定资产等；后者则是不具有实物形态的资产，如商标权、专利技术等。

② 资产按其是否表现为货币形态可分为货币资产和非货币资产。现金和银行存款等属于货币资产，货币资产以外的资产则是非货币资产，如原材料、产成品等。

③ 资产按其流动性可以分为流动资产和非流动资产两大类。具体可分为流动资产、长期债券投资、长期股权投资、固定资产、生产性生物资产、无形资产和其他非流动资产等类别。

流动资产，是指预计在一年或超过一年的一个营业周期内变现、出售或耗用的资产。小企业的流动资产包括：库存现金、银行存款、短期投资、应收及预付款项、存货等。

短期投资，是指企业购入的能随时变现并且持有时间不准备超过1年（含1年）的投资，如企业以赚取差价为目的从二级市场购入的股票、债券、基金等。

应收及预付款项，是指企业在日常生产经营过程中发生的各项债权，包括：应收票据、应收账款、其他应收款等应收款项和预付款项。

存货，是指企业在日常生产经营过程中持有以备出售的产成品或商品、处在生产过程中的在产品、在生产过程或提供劳务过程中耗用的材料和物料等，以及农业小企业为出售而持有的或在将来收获为农产品的消耗性生物资产，包括：原材料、在产品、半成品、产成品、商品、包装物、低值易耗品、消耗性生物资产等。

长期债券投资，是指企业购入的在1年内（不含1年）不能变现或不准备随时变现的债券投资。

长期股权投资，是指企业准备长期（通常在1年以上）持有的权益性投资。

固定资产，是指企业为生产商品、提供劳务、出租或经营管理而持有的，使用寿命超过一个会计年度的有形资产。企业的固定资产包括：房屋、建筑物、机器、机械、运输工具以及其他与生产经营有关的设备、器具、工具等。

生产性生物资产，是指农业小企业为生产农产品、提供劳务或出租等目的而持有的生物资产，包括经济林、薪炭林、产畜和役畜等。

无形资产，是指企业拥有或者控制的没有实物形态的可辨认的非货币资产，包括：土地使用权、专利权、商标权、著作权、非专利技术等。

（3）资产的确认条件。将一项资源确认为资产，需要符合资产的定义，还应当同时满足以下两个条件：

① 与该资源有关的经济利益很可能流入企业；

② 该资源的成本或者价值能够可靠地计量。

2. 负债

负债，是指企业过去的交易或者事项形成的，预期会导致经济利益流出企业的现时义务。企业生产经营所需资金，除投资者投入以外，向银行或金融机构借入资金也是一个重要来源。另外，企业在生产经营活动中由于购买材料、接受劳务而应付给供应单位的款项，由于接受投资者投入资金而应付给投资者的利润以及应交纳的税费、应付职工薪酬等都属于企业的负债。

（1）负债的特征主要包括：

① 负债是由企业过去发生的交易或事项引起的目前存在的债务，通常是企业为取得所需要的材料、货物或劳务而形成的，如从银行借款或赊购商品等。企业预期在将来要发生的交易或事项可能产生的债务，不能确认为负债。

② 负债是要在将来支付的经济责任。负债的本质是经济责任。负债是现时存在的，由过去的经济活动所形成的当前的经济责任。这种责任将来必须用交付资产或提供劳务等方式来偿还，从而引起未来经济利益流出。不应由企业承担的，不能列为企业的负债，如企业的投资者以借款向企业投资，借款虽然是负债，但由于不应由企业承担，所以不能属于企业的负债，而应由投资者承担。

③ 负债必须在规定日期偿还，有确切的收款人和偿还日期。负债是在约定时间必须偿还的债务，其偿还日期、收款人及具体金额在发生或形成之时就已由合同、法规等所规定或制约，即有确切的收款人、偿还期限和具体金额。企业将来可能发生的交易或事项形成的经济责任，其金额、偿还日期都难以确定，因此不能将其列入负债。

（2）负债的分类。负债按照其偿还速度或偿还时间的长短，可分为流动负债和非流动负债。

流动负债，是指预计在1年或者超过1年的一个正常营业周期内清偿的债务，具体包括：短期借款、应付及预收款项、应付职工薪酬、应交税费、应付利息等。

流动负债的共同特点，一是偿还期短（不超过1年或一个营业周期），故又称短期负债；二是到期必须用流动资产或新的流动负债偿付；三是它们主要因企业的营业活动而产生，如在生产经营过程中赊购存货而产生应付账款、应付票据，销售商品或提供劳务前预收的货款，各种应交税费，企业内部结算形成的应付职工薪酬等。小部分流动负债，如短期借款、应付利润，则随企业的融资及利润分配活动而形成。

流动负债以外的负债应当归类为非流动负债，具体包括：长期借款、长期应付款等。

（3）负债的确认条件。将一项现时义务确认为负债，需要符合负债的定义，还应当同时满足以下两个条件：

① 与该义务有关的经济利益很可能流出企业。

② 未来流出的经济利益的金额能够可靠地计量。

3. 所有者权益

所有者权益，是指企业资产扣除负债后由所有者享有的剩余权益，具体包括：实收资本（或股本）、资本公积、盈余公积和未分配利润。

（1）所有者权益的特征主要包括：

① 所有者权益表明了企业的产权关系。所有者对企业的投资，形成了企业资产的主要来源，从而为企业的生产经营提供了资金方面的保证。同时因为投资者拥有所有权（或者产权），说明企业是归投资者所有的，由此派生出投资者参与或委托管理权以及利

润的分配权等相应的权益。

② 所有者权益在企业的生产经营期间不需要归还。企业清算时，只有在清偿所有的负债后，所有者权益才返还给所有者。这是所有者权益与负债的一个主要区别。负债是企业对外所承担的经济责任，企业负有到期偿还的义务；而所有者权益除了在企业减资、清算时，一般情况下不需要归还投资者。

③ 所有者权益在日常的使用过程中不需要支付费用，但在会计期末要参与企业的利润分配，表现为投资报酬，而负债不能参与利润分配，只能按照预先约定的条件取得利息收入。

（2）所有者权益的分类。所有者权益包括实收资本、资本公积、盈余公积和未分配利润四部分。

对于不同的企业组织形式，所有者权益也有不同的叫法，股份公司称为股东权益，独资企业则为业主权益。就公司制企业而言，所有者权益的内容主要表现为两个方面：一是投资者对企业的出资额，会计上称为实收资本（股份公司称为"股本"）；二是企业运用资本从事生产经营活动产生的盈余，会计上称为留存利润，包括盈余公积和未分配利润。

① 实收资本（或股本）。实收资本（或股本），是指企业按照合同、协议约定或相关规定，接受投资者投入企业的资本。投资者应按企业章程规定向企业投入资本，其具体的出资额、出资方式及出资期限由各方共同商议，并在企业章程中载明。各投资者的出资额构成企业的资本总额，经工商行政管理部门认可后即为注册资本。实收资本是指企业实际收到的各投资者以现金、实物、无形资产等形式投入企业的各项财产物资总额。如果投资者一次足额缴付资本，企业的实收资本与注册资本一致；有时，投资者按企业生产经营不同阶段的需要分期投入资本，在这种情况下，实收资本一般小于注册资本。我国目前实行注册资本金制度，要求企业的实收资本与注册资本相一致。除国家另有规定外，企业实收资本比原注册资本数额增减超过20%时，应持验资证明向原登记的工商行政管理机关办理变更登记。如果抽逃资金，要受到相应的处罚。

② 资本公积。资本公积是指企业收到投资者出资额超过其在注册资本中所占份额的部分。

③ 盈余公积。投资者投入企业的资金，通过企业的生产经营活动不仅要保值，而且要力求增值，即产生利润。企业利润扣除应交的所得税，称为税后利润或净利润。按照规定，净利润可在企业所有者之间进行分配，形成各自的投资收益；也可留在企业不作分配，用于企业的经营发展与后备。这部分留在企业的净利润虽然不是所有者投入的资本，但它是企业生产经营活动产生的资本增值，性质上与所有者的投入资本相同，均归属于所有者，会计上称为留存利润，包括盈余公积和未分配利润。

盈余公积，是指企业按照法律规定在税后利润中提取的法定公积金和任意公积金。盈余公积是一种具有专门用途的留存利润，一般不得用于向投资者分配利润。《中华人民共和国公司法》（以下简称《公司法》）规定企业提取盈余公积，实质上是对企业当年实现净利润中用于向投资者分配利润数额的一种限制。目的是防止企业的短期行为，增强企业实力及抵御风险的能力，同时保护企业投资者和债权人的利益。

④ 未分配利润。未分配利润，是指企业实现的净利润经过弥补亏损、提取法定公积金和任意公积金、向投资者分配利润后留存在企业的、历年结存的利润。相对于其他所有者权益项目来说，未分配利润的使用和分配具有较大的灵活性和自主权。

（3）所有者权益与负债的区别。所有者权益和负债共同构成企业的权益，是企业资产的资金来源，但二者有本质的区别，主要表现在：

① 对象不同。所有者权益属于出资人的权益，是企业对出资人承担的经济责任；负债属于债权人的权益，是企业对债权人承担的经济责任。

② 性质不同。所有者权益是投资人对投入资本以及企业运用投入资本所产生的盈余（或亏损）享有的权利，数量上等于资产总额减去负债总额后的余额。不管企业资产来源如何，偿债后的剩余资产全部归出资人所有。负债是企业在经营或其他事项中产生的债务，债权人对企业资产的权利仅限其债权数额。

③ 偿还期不同。所有者权益无需偿还，其中实收资本是投资者对企业的永久性投资，除非企业清算，一般不予退还；盈余公积、资本公积可按既定用途使用，而这并不影响所有者权益总额；未分配利润在必要时可作为投资报酬向投资人分配。负债则不然，一般有确切的偿还期，到期必须偿还。此外，企业解散清算时，支付破产费用后，应优先偿还债权人的债务，如有剩余财产才能退还给投资者。

④ 享受的权利、承担的风险不同。出资人可按出资比例分享利润、承担风险，获利或分担风险的多少一般与企业的盈亏成正比；可参与企业管理，或委托他人管理企业，因而承担的风险大。作为债权人，只能按照约定取得利息、收回本金，无权参与企业利润分配，无权管理企业，也不承担企业的任何经营风险，他所关心的是到期能否收回债权并取得利息，故风险小。

（4）所有者权益的确认条件。所有者权益体现的是所有者在企业中的剩余权益，因此，所有者权益的确认主要依赖于其他会计要素，尤其是资产和负债的确认；所有者权益金额的确定也主要取决于资产和负债的计量。

4. 收入

收入，是指企业在日常活动中形成的、会导致所有者权益增加的、与所有者投入资本无关的经济利益的总流入，通常包括销售商品收入和提供劳务收入。

（1）收入的特征主要包括：

① 收入是在企业日常活动中产生的，而不是从偶发的交易或事项中产生的，如企业销售产品、提供劳务的收入等。有些交易或事项也能为企业带来经济利益，但不属于企业的日常活动，其流入的经济利益是利得，而不是收入。例如，出售固定资产取得的收益就不作为收入，这是因为固定资产是为使用而不是为了出售而购入的，出售固定资产不是企业的经营目标，也不属于企业的日常活动。

② 收入可表现为企业资产的增加，如现金、银行存款、应收账款增加；也可能表现为企业负债的减少，如以商品或劳务抵偿债务；还可以表现为二者兼有，例如，销售产品货款部分抵债、部分收取现金或银行存款等。

③ 收入能导致所有者权益增加。由于收入能使资产增加或负债减少或两者兼有，企业取得收入一定能导致所有者权益增加。

④ 收入只包括本企业经济利益的流入，不包括为第三方或客户代收的款项，如增值税、代收利息等。

（2）收入的分类。收入有不同的分类，按性质可分为商品销售收入、提供劳务收入和让渡资产使用权等取得的收入；按其重要性，可分为基本业务收入与其他业务收入两类。基本业务收入是企业主体业务活动产生的收入，又称主营业务收入，如制造企业的产品销售收入、流通企业的商品销售收入、服务企业的营业收入等。基本业务收入在企业的营业收入中占有较大比重，对企业经济效益的高低有较大影响。其他业务收入是指除主营业务活动以外的其他经营活动实现的收入，包括出租固定资产、出租无形资产、出租包装物和商品、销售材料等实现的收入。

（3）收入的确认条件。一般而言，收入只有在经济利益很可能流入企业从而导致企业资产增加或者负债减少、经济利益的流入额能够可靠计量时才能予以确认，即收入的确认至少应当符合以下条件：

① 与收入相关的经济利益应当很可能流入企业；
② 经济利益流入企业的结果会导致资产的增加或者负债的减少；
③ 经济利益的流入额能够可靠计量。

5．费用

费用，是指企业在日常活动中发生的、会导致所有者权益减少的、与向所有者分配利润无关的经济利益的总流出。企业的费用包括：主营业务成本、其他业务成本、营业税金及附加、销售费用、财务费用、管理费用等。

（1）费用的特征主要包括：

① 费用是过去的日常经营活动所产生的各种耗费，如企业因销售商品、提供劳务等引起的经济利益流出。对于那些不是在日常交易或事项中产生的经济利益的流出，虽然也导致企业经济利益的流出，但不属于企业的日常经济活动，因而不是费用。如企业对外投资、购买固定资产，发生了经济利益的流出，甚至是大额的流出，但此类流出并不是在企业日常经济活动中产生的，企业进行该类交易或事项的目的是为了在将来获得经济利益，至少在经济利益流出的当期，不会产生经济利益的流入，所以，不作为费用处理，而是作为资本性支出，计入资产的成本；与销售商品、提供劳务或他人使用本企业资产等日常经营活动无关的支出如营业外支出，也不属于费用要素。

② 费用会引起企业经济利益的流出，具体表现为资产的减少或负债的增加。企业要进行生产经营活动必然发生一定的费用，费用是经营成果的扣除要素，收入扣除相应费用后形成一定期间的利润。

（2）费用的分类。费用包括直接费用、间接费用和期间费用。直接费用是指直接为生产商品和提供劳务等发生的费用，包括直接材料、直接人工、商品进价和其他直接费用。这些费用发生时，直接计入生产经营成本。间接费用是指企业各个生产单位（分厂、车间）为组织和管理生产经营活动而发生的费用，如车间管理人员的工资、车间固定资产的折旧费用和修理费用等。这些费用发生时，先按一定的方式进行归集，然后再选择一定的标准分配计入生产经营成本。期间费用是指企业行政管理部门为组织和管理生产经营活动而发生的各项费用,包括销售费用、管理费用和财务费用。这些费用发生时,不能计入生产经营成本,而在发生的会计期间直接计入当期损益。

6. 利润

利润,是指企业在一定会计期间的经营成果,包括营业利润、利润总额和净利润。

营业利润,是指营业收入减去营业成本、营业税金及附加、销售费用、财务费用、管理费用,加上投资收益(减去投资损失)后的金额。

利润总额,是指营业利润加上营业外收入,减去营业外支出后的金额。企业的营业外收入包括:非流动资产处置净收益、政府补助、捐赠收益、盘盈收益等。企业的营业外支出包括:非流动资产处置损失、非常损失等。

净利润,是指利润总额减去所得税费用后的金额。

利润的特征是:

(1) 利润表示一定期间最终的财务成果,是由收入与费用的差额确定的,与收入和费用要素密切相关。

(2) 利润确认是依据权责发生制和配比原则。

在上述六项会计要素中,资产、负债和所有者权益是存量要素,反映企业在一定日期拥有的经济资源及应承担的经济责任,是直接关系到企业财务状况计量的因素。它们与资产负债表有密切关系,是资产负债表的重要项目,因此也称为资产负债表要素。收入、费用和利润是增量要素,反映企业一定时期内的经营成果和盈利状况,是直接关系到企业利润计量的要素。它们与利润表有密切联系,是利润表的重要项目,也称为利润表要素。

(二) 会计等式

会计等式是会计要素之间内在经济联系的数学表达式,也称会计方程式。它揭示了会计的基本要素之间本质的内在联系,是设置账户、复式记账和编制会计报表的理论依据,对于理解和掌握会计核算的基本方法,有着相当重要的意义。

1. 会计等式的提出

在中世纪的意大利,由于合伙经营兴起,生产和贸易"失去纯粹个人的性质",使会计不仅要记载财产价值,而且要记载财产产权。例如,某一合伙经营企业的财产和产权如下:

财　　产		产　　权	
①营业场所	50 000	①甲商人资本	40 000
②商　　品	40 000	②乙商人资本	40 000
③现　　款	10 000	③向其他人借款	20 000
合　　计	100 000	合　　计	100 000

会计是以货币来计量财产和产权的,存在的财产必然有其产权归宿,所以二者在货币数额上必须保持等量关系,因而出现了最原始的会计方程式,即:

财产=产权　　(财产有多少——产权属于谁)

合伙经营逐渐趋于稳定,具有持续不断经营的特征,如果每经营一次都要盘点财产,收回投资，计算盈亏，既无必要，又有诸多不便。于是通过长期实践，逐步把财产的耗费单独列为费用，把财产的收回单独列为收入，并据此计算净收益。投资者只需要对净收益进行分配，不必对总收入进行分配。这种反映净收益的计算公式为：

$$收入-费用=净收益$$

随着生产经营社会化程度的提高，合伙经营规模不断扩大，出现了股份制经营企业。"财产"这一概念已转变为能带来经济利益的"资产"概念；又因为银行信贷业的发展，企业负债投资增加，从原有的"产权"概念中分离出具有到期偿还性质的"负债"和不具有到期偿还性质的"所有者权益"（旧称业主权益，股份公司称股东权益）这两个概念。这样，形成了沿用至今的会计方程式，即：

$$资产=负债+所有者权益$$

当企业发生经营收入和费用时，上述会计方程式可扩展为：

$$资产+新增资产（收入-费用）=负债+所有者权益+净收益（收入-费用）$$

当新增资产被认定为资产，净收益被认定为所有者权益时，上述会计方程式又恢复为开始状态，即：

$$资产=负债+所有者权益$$

2．会计等式的实质

从马克思主义哲学观点的角度来看，将资产、负债、所有者权益的变化都抽象为资金的变化，那么，资产的变化只是资金这一事物的一个方面的变化，而负债和所有者权益则是资金另一个方面的变化，是同一事物的两个不同方面，不存在没有负债或所有者权益的资产，同时也不存在没有资产的负债或所有者权益。会计对同一事物（资金）的两个方面同时用货币计量，必然存在等量关系，即：

$$资产=权益$$

或

$$资产=债权人权益+所有者权益$$

或

$$资产=负债+所有者权益$$

3．经济业务的发生，不会破坏会计等式的平衡关系

经济业务是引起资产、负债和所有者权益发生增加或减少变化，并需要会计予以反映的事项。企业单位在生产经营过程中将不断从事各种各样的经济活动。有些经济活动能客观地用货币进行计量，并使会计要素的有关项目发生增减变化，如借款的取得与归还，材料的购进与领用，费用的发生与支付，产品的生产与销售等。有些经济活动则不能客观地用货币进行计量，并且不会使会计要素的有关项目发生增减变化，如下达生产任务，与某单位签订购销合同等。有些经济活动虽能用货币表现其量的多少，但不影响会计要素任何项目发生增减变化。凡能客观地用货币进行计价，并使会计要素的有关项目发生增减变化的具体经济活动，在会计上称为经济业务，如从银行提取现金，支付某项费用等。

现举例说明如下：

假设某企业20××年1月1日资产总额551 000元，负债总额151 000元，所有者权

益总额400 000元,存在等量关系。

1月发生以下经济业务:

① 某投资者投入资本金10 000元,款项存入银行。

这项经济业务的发生,使投入资本这种所有者权益增加了10 000元,同时,企业银行存款这种资产也增加了10 000元,即:

$$资产增加额10\,000 = 所有者权益增加额10\,000$$

② 企业以银行存款50 000元,归还某单位的长期借款。

这项经济业务的发生,使银行存款这种资产减少了50 000元,同时长期借款这种负债也减少了50 000元,即:

$$资产减少额50\,000 = 负债减少额50\,000$$

③ 以银行存款4 000元购进商品一批,已验收入库。

这项经济业务的发生,使银行存款这种资产减少了4 000元,同时库存商品这种资产则增加了4 000元,即:

$$某项资产减少额4\,000 = 另一项资产增加额4\,000$$

④ 向银行借入短期借款30 000元,直接偿还某单位的货款。

这项经济业务的发生,使短期借款这种负债增加了30 000元,同时应付账款这种负债则减少了30 000元,即:

$$某项负债增加额30\,000 = 另一项负债减少额30\,000$$

下面我们根据会计方程式进行综合计算:

		资产 =	负债 +	所有者权益
1月1日		551 000	551 000	
经济业务	①	+10 000		+10 000
	②	−50 000	−50 000	
	③	−4 000		
		+4 000		
	④		+30 000	
			−30 000	
计算结果:		511 000 =	511 000	

通过上述举例,我们进一步认识到,资产与负债和所有者权益的变化,不外乎如下4个类型:

① 资产与负债或所有者权益同时增加相同数额。

② 资产与负债或所有者权益同时减少相同数额。

③ 资产内部增加与减少数额相等,负债和所有者权益不变。

④ 所有者权益和负债内部增加和减少数额相等,资产不变。

以上四种类型的经济业务对会计基本等式的影响如图3-3-1所示。

总之,前两种类型引起会计方程式两边同时增加或者同时减少相同金额,虽然会计方程式两边金额发生变更,但左右两边仍然保持等量关系。后两种类型只引起会计方程式某一边一个项目增加和另一个项目减少,在计算时,增加金额与减少金额互相抵消,同样也

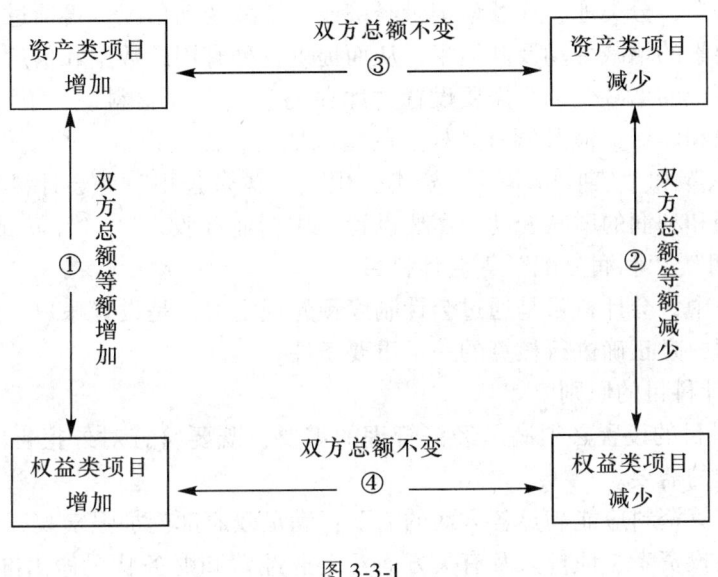

图 3-3-1

不会破坏会计方程式的等量关系。

二、企业会计科目与账户

在实际工作中,为了全面、完整地核算和监督经济单位的资金运动过程和结果,系统、连续地记录经济业务的增减变动情况,必须对其分门别类地加以记录,这种记录是通过设置会计科目和账户来进行的。

(一) 会计科目

1. 设置会计科目的意义

前面我们已经初步了解了会计科目与账户的含义。通过对会计对象、会计要素的分析,我们可以规范地表述为:会计科目就是按照经济管理的要求,对会计要素进行分类核算和监督的项目。也可表述为会计科目就是按照经济管理的要求,对会计要素所作的具体分类。

会计要素是对会计对象进行的第一次分类,也是最基本的分类,并且是特指的大类,其目的是满足"报告"的需要,其提供的会计信息特征具有"概括性"。例如,想要了解一个企业拥有或控制的经济资源有多少,承担多少债务,投资人的权益是多少,以及一定时期内企业取得多少收入,发生多少耗费,实现多少利润等资料,我们可以通过会计要素的分类提供来满足有关信息使用者的需要。然而,会计信息使用者在决策过程中,除了需要上述的概括性资料外,往往还需要详细的资料。例如,在掌握了企业拥有多少资产后,还需要知道都是些什么资产,企业的债务构成如何,所有者权益又是怎样组成的,等等。这样,按照会计要素分类提供的资料,满足不了会计信息使用者的需要。于是,就需要在会计要素的基础上进行再分类,以便分门别类地进行核算,提供所需的会计信息。会计科目就是在会计对象划分为会计要素的基础上，按照会计要素的具体内容进一步分类，并以此为依据设置账户，分类地、连续地记录经济业务增减变动情况，再通过整理和汇总等方法，反映会计要素的增减变动及其结果，从而提供各种有用的数据和信息。例如，为了反映和监督各项资产的增减变动，需要设置"库存现金"、"原材料"、"固定资产"等会计科目；为了反映和监督负债及所有者权益的增减变动，需要设置"短期借款"、"应付账款"、"长期借款"和"实收资本"、"资本公积"、"盈余公积"等会计科目；为了核算和监督收入、费用和利润的增减变动，需要设置"主营业务收入"、"生产成本"、"管理费用"、"本年利润"、"利润分配"等会计科目。

在实际工作中，会计科目是通过会计制度预先规定的，是设置账户、处理账务必须遵循的规则和依据，是正确进行核算的一个重要条件。

2. 设置会计科目的原则

（1）会计科目的设置必须满足经济管理的需要，既要符合对外报告的要求，又要满足内部经营管理的需要。

企业会计核算资料应能满足各方面的需要：满足政府部门加强宏观调控、制定方针政策的需要；满足投资者、债权人及有关方面对企业经营和财务状况做出准确判断的需要；满足企业内部加强经营管理的需要。因此，在设置会计科目时要兼顾对外报告和企业内部经营管理的需要，并根据需要数据的详细程度，分设总分类科目和明细分类科目。总分类科目（亦称一级科目）是对会计对象具体内容进行总括分类核算的科目，如"固定资产"、"实收资本"等科目。它提供的是总括性指标，这些指标基本上能满足企业外部有关方面的需要。明细分类科目（包括二级科目、明细科目）是对总分类科目的进一步分类，如在"固定资产"总分类科目下按照固定资产的类别分设的二级科目和明细科目，它提供的明细核算资料主要为企业内部管理服务。

（2）会计科目的设置必须结合会计要素的特点，全面反映会计要素的内容。

会计科目作为对会计对象具体内容即会计要素进行分类核算的项目，其设置应能保证全面、系统地反映会计要素的全部内容，不能有任何遗漏。同时，会计科目的设置还必须反映会计要素的特点。各会计主体除了需要设置各行各业的共性会计科目外，还应根据本单位经营活动的特点，设置相应的会计科目。例如，制造企业的主要经营活动是制造产品，因而需要设置反映生产耗费的会计科目。"生产成本"、"制造费用"等科目，就是为适应这一特点而设置的。

（3）会计科目的设置既要适应经济业务发展需要，又要保持相对稳定。

会计科目的设置，要适应社会经济环境的变化和本单位业务发展的需要。例如，随着商业信用的发展，为了核算和监督商品交易中的延期交货或提前付款而形成的债权债务关系，核算中应单独设置"预收账款"和"预付账款"科目，即把预收、预付货款的核算从"应收账款"和"应付账款"科目中分离出来。再如，随着技术市场的形成和专利法、商标法的实施，对企业拥有的专有技术、专利权、商标权等无形资产的价值及其变动情况，有必要专设"无形资产"科目予以反映。但是，会计科目的设置应保持相对稳定，以便在一定范围内综合汇总和在不同时期对比分析其所提供的核算指标。

（4）会计科目的设置应做到统一性与灵活性相结合。

所谓统一性，是指在设置会计科目时，应根据提供会计信息的要求，按照《企业会计制度》对一些主要会计科目的设置及其核算内容所作的统一规定，保证会计核算指标在一个部门，乃至全国范围内综合汇总，分析利用。所谓灵活性，是指在保证提供统一核算指标的前提下，各会计主体可以根据本单位的具体情况和经济管理要求，对统一规定的会计科目作必要的增补或合并。例如，统一规定的会计科目未设置"废品损失"和"停工损失"科目，企业如果需要单独核算废品损失和停工损失，可以增设"废品损失"和"停工损失"科目。

（5）会计科目的设置要简明、适用。

每一个会计科目都应有特定的核算内容，各科目之间既有联系，又要有明确的界限，不能含糊不清。所以，在设置会计科目时，对每一个科目的特定核算内容必须严格地、明确地界定。会计科目的名称应与其核算的内容相一致，并要含义明确，通俗易懂。科目的数量和粗细程度应根据企业规模的大小、业务的繁简和管理的需要而定。

3．会计科目的内容和级次

（1）会计科目的内容。我国会计科目及核算内容是由财政部统一规定的。现将财政部2006年颁布的《企业会计准则》和2012年1月1日执行的《小企业会计准则》规定的会计科目列示如表3-3-1所示。

表3-3-1　　　　　　　　小企业会计准则与企业会计准则会计科目转换表

小企业会计准则会计科目			企业会计准则会计科目			转换说明
顺序号	编号	会计科目名称	顺序号	编号	会计科目名称	
		一、资产类			一、资产类	
1	1001	库存现金	1	1001	库存现金	
2	1002	银行存款	2	1002	银行存款	
3	1012	其他货币资金	3	1012	其他货币资金	
4	1101	短期投资	8	1101	交易性金融资产	
5	1121	应收票据	10	1121	应收票据	
6	1122	应收账款	11	1122	应收账款	
7	1123	预付账款	12	1123	预付账款	
8	1131	应收股利	13	1131	应收股利	
9	1132	应收利息	14	1132	应收利息	
10	1221	其他应收款	18	1221	其他应收款	
			19	1231	坏账准备	
11	1401	材料采购	26	1401	材料采购	

续表

小企业会计准则会计科目			企业会计准则会计科目			转换说明
顺序号	编号	会计科目名称	顺序号	编号	会计科目名称	
12	1402	在途物资	27	1402	在途物资	
13	1403	原材料	28	1403	原材料	
14	1404	材料成本差异	29	1404	材料成本差异	
15	1405	库存商品	30	1405	库存商品	
			31	1406	发出商品	
16	1407	商品进销差价	32	1407	商品进销差价	
17	1408	委托加工物资	33	1408	委托加工物资	
18	1411	周转材料	34	1411	周转材料	
19	1421	消耗性生物资产	35	1421	消耗性生物资产	
			40	1471	存货跌价准备	
20	1501	长期债券投资	41	1501	持有至到期投资	
			42	1502	持有至到期投资减值准备	
			43	1503	可供出售金融资产	
21	1511	长期股权投资	44	1511	长期股权投资	
			46	1521	投资性房地产	
22	1601	固定资产	50	1601	固定资产	
23	1602	累计折旧	51	1602	累计折旧	
			52	1603	固定资产减值准备	
24	1604	在建工程	53	1604	在建工程	
25	1605	工程物资	54	1605	工程物资	
26	1606	固定资产清理	55	1606	固定资产清理	
27	1621	生产性生物资产	57	1621	生产性生物资产	
28	1622	生产性生物资产累计折旧	58	1622	生产性生物资产累计折旧	
29	1701	无形资产	62	1701	无形资产	
30	1702	累计摊销	63	1702	累计摊销	
			64	1703	无形资产减值准备	
31	1801	长期待摊费用	66	1801	长期待摊费用	
			67	1811	递延所得税资产	
32	1901	待处理财产损溢	69	1901	待处理财产损溢	
		二、负债类			二、负债类	

续表

小企业会计准则会计科目			企业会计准则会计科目			转换说明
顺序号	编号	会计科目名称	顺序号	编号	会计科目名称	
33	2001	短期借款	70	2001	短期借款	
34	2201	应付票据	76	2201	应付票据	
35	2202	应付账款	80	2202	应付账款	
36	2203	预收账款	81	2203	预收账款	
37	2211	应付职工薪酬	82	2211	应付职工薪酬	
38	2221	应交税费	83	2221	应交税费	
39	2231	应付利息	84	2231	应付利息	
40	2232	应付利润	85	2232	应付股利	
41	2241	其他应付款	86	2241	其他应付款	
42	2401	递延收益	93	2401	递延收益	
43	2501	长期借款	94	2501	长期借款	
44	2701	长期应付款	96	2701	长期应付款	
			104	2901	递延所得税负债	
		三、所有者权益类			三、所有者权益类	
45	3001	实收资本	110	4001	实收资本（或股本）	
46	3002	资本公积	111	4002	资本公积	
47	3101	盈余公积	112	4101	盈余公积	
48	3103	本年利润	114	4103	本年利润	
49	3104	利润分配	115	4104	利润分配	
		四、成本类			四、成本类	
50	4001	生产成本（劳务成本）	117	5001	生产成本	
			119	5201	劳务成本	
51	4101	制造费用	118	5101	制造费用	
52	4301	研发支出	120	5301	研发支出	
53	4401	工程施工	121	5401	工程施工	
54	4403	机械作业	123	5403	机械作业	
		五、损益类			五、损益类	
55	5001	主营业务收入	124	6001	主营业务收入	
56	5051	其他业务收入	129	6051	其他业务收入	
57	5111	投资收益	132	6111	投资收益	

续表

小企业会计准则会计科目			企业会计准则会计科目			转换说明
顺序号	编号	会计科目名称	顺序号	编号	会计科目名称	
58	5301	营业外收入	136	6301	营业外收入	
59	5401	主营业务成本	137	6401	主营业务成本	
60	5402	其他业务成本	138	6402	其他业务成本	
61	5403	营业税金及附加	139	6403	营业税金及附加	
62	5601	销售费用	149	6601	销售费用	
63	5602	管理费用	150	6602	管理费用	
64	5603	财务费用	151	6603	财务费用	
65	5711	营业外支出	154	6711	营业外支出	
66	5801	所得税费用	155	6801	所得税费用	

（2）会计科目的级次。各个会计科目并不是彼此孤立的，而是相互联系、相互补充地组成了一个完整的会计科目体系。通过会计科目，我们可以全面、系统、分类地反映和监督会计要素的增减变动情况及其结果，为经济管理提供所需要的一系列核算指标。在生产经营过程中，由于经济管理的要求不同，所需要的核算指标的详细程度也就不同。根据经济管理的要求，既需要设置提供总括核算资料的一级科目，又需要设置提供详细核算资料的二级科目和三级科目。

① 一级科目。一级科目即总分类科目，也称总账科目，是指对会计要素的具体内容进行总括分类的会计科目，是进行总分类核算的依据。为了满足国家宏观经济管理的需要，一级科目原则上由国家统一规定。

② 二级科目。二级科目即二级明细分类科目，也称子目，是指在一级科目的基础上，对一级科目所反映的经济内容进行较为详细分类的会计科目。有些二级科目原则上也是由国家统一规定的，例如，"应交税费"一级科目下应设的二级科目；有些二级科目是企业根据经营管理需要自行设置的，例如，在"原材料"科目下，按原材料类别开设"原料及主要材料"、"辅助材料"、"燃料"等二级科目。

③ 三级科目。三级科目即明细科目，也称细目，是指在二级科目的基础上，对二级科目所反映的经济内容进行进一步详细分类的会计科目。例如，在"原料及主要材料"二级科目下，按原材料的品种、规格开设明细科目。大多数的明细科目由企业依据国家统一规定的会计科目和要求，根据经营管理的需要自行设置，但也有的明细科目是国家统一规定的，例如，"应交税费"是一级科目，下设的"应交增值税"是二级科目，二级科目下还规定了应该设置的三级科目。

综上所述，一级科目是最高层次的会计科目，控制或统驭着二级科目和明细科目；二级科目是对一级科目的补充说明，控制或统驭着明细科目，是介于一级科目和明细科目之间起沟通作用的会计科目；明细科目是对二级科目或一级科目更为详细的补充说明。应当说明的是，并不是所有的一级科目都需分设二级和三级科目，根据信息使用者所需不同信息的详细程度，有些只需设一级科目，有些只需设一级科目和明细科目，而不需要设置二级科目。

以某企业为例，会计科目按其提供信息详细程度分类如表3-3-2所示。

表3-3-2　　　　　　　　　　　一级科目、子目、细目相互关系表

总分类科目（一级科目）	二级科目（子目）	明细科目（细目）
原材料	原料及主要材料	甲材料　乙材料
	辅助材料	润滑油　防锈剂
	燃料	汽油　柴油
固定资产	房屋及建筑物	厂房　食堂　仓库
	机器设备	刨床　铣床
库存商品	皮鞋	男鞋　女鞋　童鞋
	服装	男装　女装　童装
	化妆品	男士霜　女士霜　儿童霜
	电器	彩电　冰箱　空调

（3）会计科目的编号。为了便于会计账务处理，适应会计信息电算化的需要，加快会计核算速度，提高会计信息的质量，每个会计科目都要编制固定号码。

会计科目的编号要讲究科学性，一方面能够起区分会计科目的作用；另一方面要便于专业人员识别和计算机输入。会计科目的编号可以采用"四位数制"。千位数数码代表会计科目按会计要素区分的类别，一般分为六个数码："1"为资产类、"2"为负债类、"3"为共同类、"4"为所有者权益类、"5"为成本类、"6"为损益类；百位数数码代表每大类会计科目下的较为详细的类别，可根据实际需要取数；十位和个位上的数码一般代表会计科目的顺序号，为便于会计科目增减，在顺序号中一般都要留有间隔。

会计科目的编号在会计制度中有明确的规定。需要说明的是，在手工系统下，会计人员进行账务处理时，不得只有编号而无会计科目名称。在会计电算化系统中，应按会计制度的规定，在开始时设计"会计科目名称及编号表"，以便对电算化的会计处理进行审查和监督。

（二）账户

1. 开设账户的意义

设置会计科目，只是规定了对会计要素具体内容进行分类核算的项目。为了序时、连续、系统地记录由于经济业务的发生而引起的会计要素的增减变动，提供各种会计信息，还必须根据规定的会计科目在账簿中开设账户。

账户是根据会计科目开设的，用来序时、分类、连续地记录经济业务，反映会计要素增减变动及其结果的一种工具。设置账户是会计核算的一种专门方法。前面，我们已经提

到，在实际工作中，会计科目与账户是被作为同义语来理解的，因此，互相通用，不加区别。

正确地设置会计科目和运用账户，可以将各种经济业务的发生情况，以及由此而引起的资产、负债、所有者权益、收入、费用和利润各要素的变化，系统地、分门别类地进行反映和监督，进而向会计信息使用者提供各种会计信息，这对加强宏观、微观经济管理具有重要意义。

2. 账户的基本结构

账户是用来记录经济业务，反映会计要素的具体内容增减变化及其结果的。经济业务所引起的资金运动变化是复杂的，但是，从其数量方面看，总不外乎增加和减少两种状态。因此，每一账户必须反映特定资金某一方面增加数和减少数两个部分，同时，为了反映增减变动后的结果，账户还必须反映结余数。

在不同的记账方法下，账户的结构是不同的，即使采用同种记账方法，账户的性质不同，其结构也是不同的。但是，不管采用何种性质的账户，其基本结构总是相同的。账户的基本结构就是增加数、减少数和结余数三个部分。

当然对于一个完整的账户而言，除了必须反映增加数、减少数和结余数外，还应包括其他栏目，以反映其他相关内容，即一个完整的账户结构应包括：（1）账户名称即会计科目；（2）记录经济业务的日期；（3）摘要即经济业务的简要说明；（4）凭证编号即表明账户记录的依据；（5）增加额、减少额和余额。账户结构如表 3-3-3 所示。

表 3-3-3   账户名称（会计科目）

年		凭证编号	摘要	增加额	减少额	余额
月	日					

每个账户一般有四个金额要素，即期初余额、本期增加发生额、本期减少发生额和期末余额。账户如有期初余额，首先应当在余额栏进行登记（同学们一定要注意：余额一定要直接登记在余额栏，不能记录在增加额栏，也不能记录在减少额栏，否则，就会出现记录错误，以后也无法进行试算平衡），会计事项发生后，要将增减内容记录在相应的栏内。一定期间记到账户增加方的数额合计，称为增方发生额；记录到账户减少方的数额合计，称为减方发生额。正常情况下，账户四个数额之间的关系如下：

账户期末余额 = 账户期初余额 + 本期增加发生额 − 本期减少发生额

账户本期的期末余额转入下期，即为下期的期初余额。每个账户的本期发生额反映的是该类经济内容在本期内变动的情况，而期末余额则反映变动的结果。

为了说明问题和学习的方便，会计教学中，我们通常用一条水平线及其一条平分的垂直线来表示账户，称为 T 形账户（也称丁字账户）。其格式如图 3-3-2 所示。

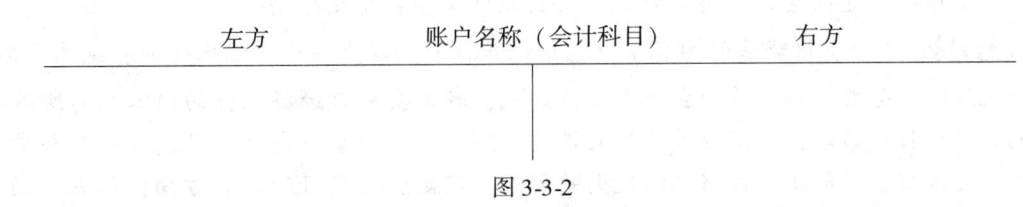

图 3-3-2

在 T 形账户下，账户分为左右两方，一方登记增加，一方登记减少，至于哪一方登记增加，哪一方登记减少，取决于所记录经济业务内容和账户的性质。

（三）会计对象、会计要素与会计科目的关系

会计对象、会计要素与会计科目之间有一种天然的、内在的、必然的联系。

我们研究会计，就必须研究会计对象，抽象地讲就是"资金及其运动"，这说明会计对象不同于业务对象，也不同于统计对象或者其他学科研究的对象。仅仅停留在这个层次，只能说明会计学科的性质，还不能满足会计确认、计量、记录、报告的需要。因此，需要对会计对象进行初次分类，或者叫第一次分类。对会计对象进行的第一次分类，称为会计要素。"要素"的本义是指"构成、项目"，会计科目虽符合"要素"本义，但不是我们所讲的"会计要素"。会计要素在这里是特指的大类，仅仅包括资产、负债、所有者权益、收入、费用和利润六项，具有高度的概括性，是构成会计报表的基本成分。

我们研究会计对象，就必须研究会计要素。仅仅停留在这个层次，只能了解和掌握宏观会计信息，满足大类的报告，但还不能满足会计确认、计量、记录的需要。如以银行存款 10 万元购买原材料这笔经济业务，不能记录为：资产增加 10 万元，资产减少 10 万元。这种核算（记录）毫无意义。因此，需要在第一次分类的基础上，对会计要素进行分类（也可以称为第二次分类），我们称为会计科目。

我们研究会计要素，就必须研究会计科目。有了会计科目，就可以科学地、系统地对经济业务进行核算和监督。因为会计科目指明了具体的核算对象，明确了具体的核算内容。这样，我们就可以进行会计确认、计量、记录和报告了。上例中我们可以这样记录：原材料增加 10 万元，银行存款减少 10 万元。如果没有第二次分类，就无法进行会计核算，无法登记会计账簿。

总之，会计对象说明了会计学科的性质，会计要素满足了"会计报告"的需要，会计科目满足了"会计核算"的需要。

任务四　借贷记账法

单元引言： 会计既然要全面反映与揭示经济单位的资金运动，在记账方法上就必须充分体现资金运动的本质要求，防止和减少记账差错，有利于分析经济业务，加强经济管理。

学习情境三　掌握记账的基本方法

任务描述：借贷记账法是目前世界各国普遍采用的记账方法，1993年7月1日我国颁布实施的《企业会计准则》规定，会计记账采用借贷记账法。

任务分析：借贷记账法的内容主要包括记账符号、账户结构、记账规则和试算平衡。一笔经济业务发生后，作为会计人员，第一，我们要分析经济业务的内容及其所涉及的会计科目；第二，确定会计科目的性质；第三，判断某一会计科目在具体业务中是增加还是减少；第四，按照记账规则的要求，确定会计科目的记账方向；第五，期末进行试算平衡，检查记账的正确性。

世界各国普遍使用的复式记账法为借贷记账法。我国曾经使用过的复式记账法还有收付记账法和增减记账法。1993年7月1日实施的《企业会计准则》规定企业统一使用借贷记账法，因此，本书只介绍借贷记账法。

一、借贷记账法的产生及发展

借贷记账法大约起源于13世纪的意大利。当时，意大利的商品经济，特别是沿海城市的海上贸易，已有了很大的发展。在商品交换中，为了适应商业资本和借贷资本经营者管理的需要，逐步形成了这种记账方法。"借"、"贷"两字的含义，最初是从借贷资本家的角度来解释的，借贷资本家以经营货币的借入和贷出为主要业务，对于借进的款项，记在贷主（creditor）名下，表示自身的债务增加；对于贷出的款项，则记在借主（debtor）名下，表示自身的债权增加，这样，"借"、"贷"两字分别表示债权（应收款）、债务（应付款）的变化。随着商品经济的发展，经济活动的内容日趋复杂化，记录的经济业务也不再仅限于货币资金的借贷业务，而逐渐扩展到财产物资、经营损益和经营资本等的增减变化。这时，为了求得记账的一致，对于非货币资金借贷业务，也利用"借"、"贷"两字说明经济业务的变化情况。因此，"借"、"贷"逐渐失去了原来的字面含义，转化为记账符号，变成会计上的专门术语。到15世纪，借贷记账法逐渐完备，被用来反映资本的存在形态和所有者权益的增减变化。与此同时，资本主义国家的会计学者提出了借贷记账法的理论依据，即"资产=负债+所有者权益"的平衡公式（亦称会计方程式），根据这个理论确立了借贷记账法的记账规则，使借贷记账法成为一种科学的记账方法，并被世界上许多国家广泛采用。

借贷记账法是以"借"和"贷"作为记账符号，以"有借必有贷，借贷必相等"作为记账规则，全面记录会计要素增减变动情况和结果的一种复式记账法。世界各国普遍采用借贷记账法，使得会计成为一种国际商业语言。

二、借贷记账法的理论依据和基本内容

会计恒等式是借贷记账法的理论基础。

借贷记账法的对象是会计要素的增减变化及其结果。在前面讲述的会计要素中，资产、负债、所有者权益三大会计要素之间存在着恒等关系，即会计恒等式：

$$资产=负债+所有者权益$$

这个恒等式就是借贷记账法的理论依据。当会计要素的一个项目发生变化时，另一个或两个会计要素的项目也随着发生变化，但无论作何变化，都保持会计要素之间的平衡，即保持项目之间的恒等关系。只有保持会计要素之间的平衡关系，在相关的账户中进行等额登记，才能保证记录经济业务的完整性。

借贷记账法的基本内容主要包括记账符号、记账规则、账户结构和试算平衡。

（一）记账符号

借贷记账法以"借"、"贷"作为记账符号，用"借"表示资产、费用的增加，负债、所有者权益、收入的减少；用"贷"表示负债、所有者权益、收入的增加，资产、费用的减少。

记账符号在借贷记账法产生时期有其直接含义，并局限于反映债权、债务关系，"借"表示"人欠"（债权），"贷"表示"欠人"（债务）。随着商品经济的发展，借贷记账法的应用更为广泛，从反映债权、债务关系扩展到反映财产、物资、收益的增减变化，这时"借"和"贷"表示各种经济业务引起的各会计要素的增减变化。因此，这时的"借"、"贷"二字逐渐脱离了其自身的含义，成为单纯的记账符号。

（二）账户结构

借贷记账法的账户的基本结构是：每一个账户都分为"借方"、"贷方"和"余额"，在教学和学习时，一般采用丁字账户，规定账户的左方为"借方"，账户的右方为"贷方"。借贷记账法必须结合账户加以运用。在借贷记账法下，其账户按会计要素分为六大类，即资产类、负债类、所有者权益类、收入类、费用类和利润类。

1. 资产类账户的结构

资产类账户的结构是：账户的借方记录资产的增加额，贷方记录资产的减少额。在一个会计期间内（年、季、月），借方记录的合计数额称为借方发生额，贷方记录的合计数额称为贷方发生额，在每一会计期间的期末将借贷方发生额相比较，其差额称作期末余额。由于资产的减少额不可能大于它的期初余额与本期增加额之和，所以，这类账户期末如有余额，一般在借方。用公式表示为：

资产类账户借方期末余额 = 借方期初余额 + 借方本期发生额 − 贷方本期发生额

资产类账户结构用丁字账户表示如图 3-4-1 所示。

借方	资产类账户	贷方
期初余额		
增加数额	减少数额	
本期增加数额合计	本期减少数额合计	
期末余额		

图 3-4-1

2. 负债及所有者权益类账户的结构

负债及所有者权益类账户的基本结构是：账户的贷方记录各项负债及所有者权益的增加额，借方记录各项负债及所有者权益的减少额，在同一会计期间内各项负债及所有者权益的贷方发生额与借方发生额相抵后为期末余额，期末余额一般在贷方。用公式表示为：

$$\text{负债及所有者权益类账户贷方期末余额} = \text{贷方期初余额} + \text{贷方本期发生额} - \text{借方本期发生额}$$

负债及所有者权益类账户结构用丁字账户表示如图 3-4-2 所示。

借方	负债及所有者权益类账户	贷方
		期初余额
减少数额		增加数额
本期减少数额合计		本期增加数额合计
		期末余额

图 3-4-2

3. 收入类账户的结构

收入类账户的结构与负债及所有者权益类账户相类似，其基本结构是：账户的贷方登记收入的增加额，借方登记收入的减少（转出）额。由于贷方登记的收入增加额一般要通过借方转出，所以这类账户通常没有期末余额。收入类账户结构用丁字账户表示如图 3-4-3 所示。

借方	收入类账户	贷方
减少数额		增加数额
本期减少（转出）数额合计		本期增加数额合计

图 3-4-3

4. 费用类账户的结构

企业在生产经营中所发生的各种耗费，在抵消收入之前，可将其视为一种资产。所以，费用类账户的结构与资产类账户基本相同，账户的借方登记费用的增加额，贷方登记费用的减少（转出）额；由于借方登记的费用增加额一般都要通过贷方转出，所以该类账户通常没有期末余额。费用类账户结构用丁字账户表示如图 3-4-4 所示。

借方	费用类账户	贷方
增加数额		减少数额
本期增加数额合计		本期减少（转出）数额合计

图 3-4-4

5. 利润类账户的结构

利润类账户的结构也与负债及所有者权益类账户大致相同，账户的贷方登记利润的增加额，借方登记利润的减少额，期末如有余额在贷方（年终该账户无余额）。利润类账户结构用丁字账户表示如图3-4-5所示。

借方	利润类账户	贷方
	期初余额	
减少数额	增加数额	
本期减少数额合计	本期增加数额合计	
	期末余额	

图 3-4-5

借贷记账法下各类账户的期末余额都在记录增加额的一方，如资产类账户的期末余额在借方，负债及所有者权益类账户的期末余额在贷方。由此，我们可以得出一个结论：根据账户余额所在的方向，也可判断账户的性质。即账户若是借方余额，则为资产类账户；账户若是贷方余额，则为负债或所有者权益类账户。借贷记账法的这一特点，决定了它可以设置双重性质的账户。

所谓双重性质账户，是指既可以用来核算资产、费用，又可以用来核算负债、所有者权益和收入的账户，如"其他往来"、"待处理财产损溢"、"投资收益"等。任何一个双重性质账户都是把原来的两个有关账户合并在一起，并具有合并前两个账户的功能。设置双重性质账户，有利于简化会计核算手续，这也是借贷记账法的一个重要特点。

（三）记账规则

记账规则是记账方法的核心，它体现不同记账方法的本质特征。借贷记账法的记账规则是：根据复式记账原理及借贷记账法下账户结构的特点，每一笔经济业务都以相等的金额，按借贷相反的方向，在两个或两个以上账户中登记，即一个账户记借方，同时另一个（或几个）账户记贷方；或者一个账户记贷方，同时另一个（或几个）账户记借方。其借贷金额相等，方向相反。借贷记账法的记账规则可以概括为：有借必有贷，借贷必相等。

在借贷记账法记账规则的实际运用中，分为如下两个步骤：第一步，分析经济业务的内容，确定它所涉及的会计科目或账户是增加还是减少，是资产的变化，还是负债或所有者权益的变化；哪些账户增加，哪些账户减少，或者都是增加、都是减少等。第二步，根据上述分析，确定该业务应记入相关账户的借方或贷方，以及各账户应记金额。凡是涉及资产及费用的增加，负债及所有者权益的减少，收入的减少转销，都应该记入各该类账户的借方；凡是涉及资产及费用的减少转销，负债及所有者权益的增加，收入的增加，都应该记入各该类账户的贷方。

下面举例说明借贷记账法的运用。

【例3-4-1】 三佳公司20××年3月8日用银行存款180 000元购入一台机器设备。

这笔经济业务使企业的固定资产增加180 000元,同时使企业的银行存款减少180 000元,它涉及"固定资产"和"银行存款"这两个资产类账户。固定资产的增加是资产的增加,应记入"固定资产"账户的借方;银行存款的减少是资产的减少,应记入"银行存款"账户的贷方。这项经济业务在账户中登记的结果如下:

借方	固定资产	贷方		借方	银行存款	贷方
期初余额 1 800 000				期初余额 695 000		
(1) 180 000						(1) 180 000

【例3-4-2】 3月10日,以银行存款10 000元偿还应付账款。

这笔经济业务使企业的银行存款减少10 000元,同时使企业应付供货单位的账款减少10 000元,它涉及"银行存款"和"应付账款"这两个账户。银行存款的减少是资产的减少,应记入"银行存款"账户的贷方;应付账款的减少是负债的减少,应记入"应付账款"账户的借方。这项经济业务在账户中登记的结果如下:

借方	银行存款	贷方		借方	应付账款	贷方
期初余额 695 000						期初余额 200 000
		(1) 180 000		(2) 10 000		
		(2) 10 000				

【例3-4-3】 3月15日,收到甲公司前欠货款10 000元,款项存入银行。

这笔经济业务使企业的银行存款增加10 000元,同时使企业的债权应收账款减少10 000元,它涉及"银行存款"和"应收账款"这两个资产类账户。银行存款的增加是资产的增加,应记入"银行存款"账户的借方;应收账款的减少是资产的减少,应记入"应收账款"账户的贷方。这项经济业务在账户中登记的结果如下:

借方	银行存款	贷方		借方	应收账款	贷方
期初余额 695 000				期初余额 100 000		
(3) 100 000		(1) 180 000				(3) 100 000
		(2) 10 000				

【例3-4-4】 3月18日,购进原材料80 000元,其中50 000元以银行存款支付,其余30 000元货款尚未支付(本例不考虑增值税)。

这笔经济业务使企业原材料增加80 000元,同时使企业的银行存款减少50 000元,应付账款增加30 000元。它涉及"原材料"、"银行存款"这两个资产类账户和"应付账款"这个负债类账户。原材料的增加是资产的增加,应记入"原材料"账户的借方;银行存款的减少是资产的减少,应记入"银行存款"账户的贷方;应付账款的增加是负债的增加,应记入"应付账款"账户的贷方。这项经济业务在账户中登记的结果如下:

借方	银行存款		贷方	借方	原材料	贷方
期初余额	695 000			期初余额	200 000	
(3)	100 000	(1)	180 000	(4)	80 000	
		(2)	10 000			
		(4)	50 000			

借方	应付账款		贷方
		期初余额	200 000
(2)	10 000	(4)	30 000

【例 3-4-5】 3 月 20 日,以银行存款 38 000 元交纳所得税。

这笔经济业务使企业的银行存款减少 38 000 元,同时使企业的应交税费减少 38 000 元,涉及"银行存款"资产类账户和"应交税费"负债类账户。银行存款的减少应记入"银行存款"账户的贷方,应交税费的减少应记入"应交税费"账户的借方。这项经济业务在账户中登记的结果如下:

借方	银行存款		贷方	借方	应交税费	贷方
期初余额	695 000					期初余额 50 000
(3)	100 000	(1)	180 000	(5)	38 000	
		(2)	10 000			
		(4)	50 000			
		(5)	38 000			

【例 3-4-6】 3 月 22 日,销售产品一批,取得收入 300 000 元,款项已存入银行。

这笔经济业务使企业的银行存款增加 300 000 元,同时使企业的主营业务收入增加 300 000 元。银行存款的增加应记入"银行存款"账户的借方,收入的增加应记入"主营业务收入"账户的贷方。这项经济业务在账户中登记的结果如下:

借方	银行存款		贷方	借方	主营业务收入	贷方
期初余额	695 000					(6) 300 000
(3)	100 000	(1)	180 000			
(6)	300 000	(2)	10 000			
		(4)	50 000			
		(5)	38 000			

学习情境三 掌握记账的基本方法

【例 3-4-7】 3 月 28 日,用现金支付办公费 800 元。

这笔经济业务使企业的现金减少 800 元,同时使企业的管理费用增加 800 元。现金减少应记入"库存现金"账户的贷方,管理费用的增加应记入"管理费用"账户的借方。这项经济业务在账户中登记的结果如下:

从以上例子可以看出,不论经济业务的类型如何,在运用借贷记账法时,每一项经济业务发生后,都要在两个或两个以上账户中进行登记,而且要按照相等的金额登记在一个账户的借方和另一个账户的贷方。

根据以上所列举的经济业务,借贷记账法的记账规则如图 3-4-6 所示。

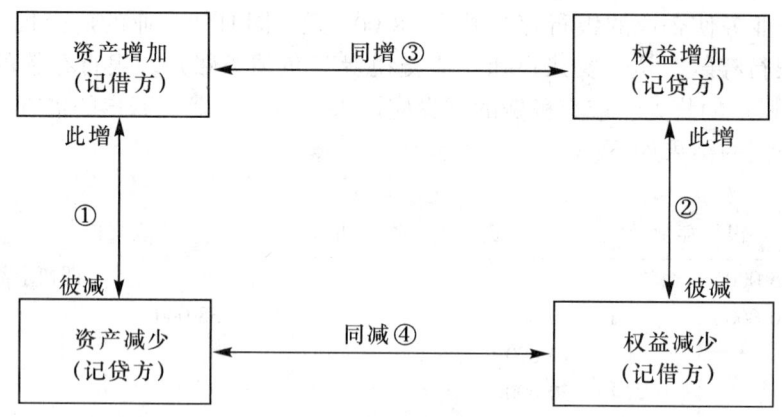

图 3-4-6 借贷记账法的记账规则

(四) 账户的对应关系、对应账户和会计分录

在运用复式记账法处理经济业务时,一笔经济业务所涉及的几个账户之间必然存在着某种相互依存的对应关系。采用借贷记账法时,总会在有关账户之间形成应借、应贷的关系。我们把账户之间这种应借、应贷的相互关系,叫做账户的对应关系,存在对应关系的账户,叫做对应账户。例如,用现金支付办公费这笔经济业务,要分别在"库存现金"账户的贷方和"管理费用"账户的借方进行登记。"库存现金"和"管理费用"这两个账户之间就发生了相互对应关系,这两个账户就互为对应账户。

账户的对应关系反映了每项经济业务的内容,以及由此而引起的资金运动的来龙去脉,因此,在采用借贷记账法登记某项经济业务时,应先通过编制会计分录来确定其所涉及的账户及其对应关系,从而保证账户记录的正确性。

会计分录是对每项经济业务指出其应登记的账户(名称)、方向(应借、应贷)和金额这三要素的一种记录。会计分录简称分录,它是会计语言的表达方式。

编制会计分录是会计工作的初始阶段，在实际工作中是根据每项经济业务的原始凭证，通过编制记账凭证来确定的。编制会计分录，就意味着对经济业务作会计确认，为经济业务数据记入账户提供依据，所以，为了确保账户记录的真实性和正确性，就必须严格把好会计分录这一关。

会计分录的编制一般是"上借下贷，左右错开"。现将前面所列举的七笔经济业务的会计分录列示如下：

① 借：固定资产　　　　　　　　　　　　　　180 000
　　　贷：银行存款　　　　　　　　　　　　　　180 000
② 借：应付账款　　　　　　　　　　　　　　 10 000
　　　贷：银行存款　　　　　　　　　　　　　　 10 000
③ 借：银行存款　　　　　　　　　　　　　　 10 000
　　　贷：应收账款　　　　　　　　　　　　　　 10 000
④ 借：原材料　　　　　　　　　　　　　　　 80 000
　　　贷：银行存款　　　　　　　　　　　　　　 50 000
　　　　　应付账款　　　　　　　　　　　　　　 30 000
⑤ 借：应交税费　　　　　　　　　　　　　　 38 000
　　　贷：银行存款　　　　　　　　　　　　　　 38 000
⑥ 借：银行存款　　　　　　　　　　　　　　300 000
　　　贷：主营业务收入　　　　　　　　　　　　300 000
⑦ 借：管理费用　　　　　　　　　　　　　　　　800
　　　贷：库存现金　　　　　　　　　　　　　　　　800

会计分录有简单会计分录和复合会计分录。简单会计分录，是指由一个账户的借方与另一个账户的贷方相对应所组成的会计分录，以上所列举的会计分录①至③及⑤至⑦都是简单会计分录。复合会计分录，是指由一个账户的借方与两个以上账户的贷方相对应，或者一个账户的贷方与两个以上账户的借方相对应所组成的会计分录，以上所列举的会计分录④是复合会计分录。

应当指出，为了使账户对应关系清楚，在借贷记账法下，只应编制一"借"一"贷"、一"借"多"贷"和一"贷"多"借"的会计分录，一般不编制多"借"多"贷"的会计分录。这是由于多"借"多"贷"的会计分录容易使账户之间的对应关系模糊不清，难以据此分析经济业务的实际情况。

（五）试算平衡

在借贷记账法下，对每项经济业务都是按照记账规则编制会计分录，根据会计分录登记入账的。为了检查账户记录是否正确，到了一定时期（如一个月）的期末，在各项经济业务的会计分录全部登记入账后，应进行试算平衡。

试算平衡是指根据会计等式的平衡原理，按照记账规律的要求，通过汇总计算和比较，来检查账户记录的正确性、完整性的一种方法。

由于借贷记账法的记账规则是"有借必有贷，借贷必相等"，按照这个记账规则编制会计分录，每笔会计分录借贷两方的发生额必然相等，从而将一定时期内各项经济业务的会计分录全部登记入账后，所有账户的借方本期发生额合计数与贷方本期发生额合计数必然相等；在期末结出各账户期末余额后，所有账户的借方期末余额合计数与贷方期末余额合计数也必然相等。因此，在借贷记账法下，可以采用发生额平衡法或余额平衡法进行试算平衡，即：

所有账户借方期初余额合计数＝所有账户贷方期初余额合计数

所有账户借方本期发生额合计数＝所有账户贷方本期发生额合计数

所有账户借方期末余额合计数＝所有账户贷方期末余额合计数

以上三个等式可用来检验账户记录的正确性，如果等式两边不相等，说明有的账户存在漏记、多记或少记的情况。按照上述三个公式来检验账户记录工作，通常称为总分类账的试算平衡。

试算平衡工作一般是在月末结出各个账户的本月发生额和月末余额后，通过编制试算平衡表来进行。试算平衡表分两种：一种是将本期发生额和期末余额分别列表进行试算平衡，另一种是将本期发生额和期末余额合并在一张表上进行试算平衡。在实际工作中，为方便起见，一般采用第二种方法。现仅就以上举例编制总分类账户本期发生额及余额试算平衡表，如表 3-4-1 所示。

表 3-4-1　　　　　　　　　　总分类账户发生额及余额试算平衡表

20××年 3 月 31 日　　　　　　　　　　单位：元

账户名称	期初余额		本期发生额		期末余额	
	借方	贷方	借方	贷方	借方	贷方
库存现金	5 000			800	4 200	
银行存款	69 500		310 000	278 000	101 500	
应收账款	100 000			10 000	90 000	
原材料	200 000		80 000		280 000	
固定资产	1 800 000		180 000		1 980 000	
管理费用			800		800	
短期借款		254 500				254 500
应付账款		200 000	10 000	30 000		220 000
应交税费		50 000	38 000			12 000
实收资本		1 670 000				1 670 000
主营业务收入				300 000		300 000
合　　计	2 174 500	2 174 500	618 800	618 800	2 456 500	2 456 500

编制时，先将各个账户的期初余额和本期发生额抄录在试算平衡表有关栏目，然后用期末余额计算公式计算出每个账户的期末余额，写在期末余额的有关栏目，最后按各栏目所列数字加计合计数，可得期初余额合计数、本期发生额合计数和期末余额合计数。如果

期初余额合计数、本期发生额合计数，或者期末余额合计数的借方金额与贷方金额不相等，则要查找分录编制、记账或编表过程中的差错，最后达到各项借方金额与贷方金额相等的目的。

通过试算平衡表来检查账簿记录是否正确并不是绝对的，如果借贷不平衡，就可以肯定账户的记录或计算有错误。但是如果借贷平衡，却不能肯定记账没有错误，因为有些错误并不影响借贷双方平衡。如果在有关账户中重记或漏记某些经济业务，或者将借贷记账方向弄反，会计科目使用错误，就不能通过试算平衡发现错误。

任务五　账户和复式记账法的运用

单元引言：制造企业的生产经营过程主要包括供、产、销三个阶段，这三个阶段所包括的经济业务内容具有典型性和普适性，分析制造企业在会计核算中所使用的账户及所采用的复式记账方法，可以起到举一反三、融会贯通的作用。

任务描述：为了全面、连续、系统地核算和监督制造企业的生产经营活动过程和结果，必须根据各项经济业务的具体内容和管理上的要求，相应地设置不同的账户，对发生的各项经济业务进行核算和监督，以提供管理上所需要的各种会计信息。

任务分析：分析制造企业的主要生产经营过程及其资金运动规律，是对制造企业进行会计核算的前提。在此基础上，按照权责发生制的要求，运用借贷复式记账原理，对制造企业的基本经济业务进行账务处理。

一、会计处理基础

（一）会计确认的概念

会计核算从一定意义上讲，就是会计确认、计量、记录、报告的循环往复。在实际工作中，必须正确地理解和把握会计确认的含义，明确会计确认的基础和内容，划清会计确认的时间界限，选择适当的确认方法，注意法律法规对会计确认的限制等。

什么是会计确认？美国财务会计准则委员会在 1984 年 12 月发表的《企业财务报表项目的确认和计量》中提出："确认是将某一项目，作为一项资产、负债、营业收入、费用之类正式地记入或列入某一个体财务报表的过程。它包括同时用文字和数字描述某一项目，其金额包括在报表总计之中。对于一笔资产或负债，确认不仅要记录该项目的取得或发生，还要记录其后发生的变动，包括从财务报表中予以消除的变动。"

会计确认，从会计信息系统的角度讲，就是对会计信息的识别、判断、选择和分类的过程。第一，会计确认是解决对某一会计事项定性的问题，即确定该事项是属于资产、负债、所有者权益、收入、费用、利润等会计要素中的哪个要素。第二，确认的方式是既用文字又用数字来描述一个项目。第三，会计确认的时间标准问题，即确认何时能进入会计信息系统。在市场经济条件下，由于各种原因，经济业务发生的时间与相应的现金收支行为发生的时间不一致，往往会发生应收未收、应付未付等经济事项，因而在选择确认的时间基础时，就有以下两种基础可供选择：权责发生制和收付实现制。为了准确地考核企业各期间的经营业绩和经济效益，企业的会计确认一般选择权责发生制作为时间确认的基础。

（二）会计处理基础

会计处理基础是指会计确认的时间基础。企业的生产经营活动在时间上是持续不断的，不断地取得收入，不断地发生各种费用，将收入和相关的费用相配比，就可以计算和确定企业生产经营活动中所产生的利润（或亏损）。由于企业的生产经营活动是连续的，而会计期间是人为划分的，所以难免有一部分收入和费用出现收支期间和应归属期间不相一致的情况。为了真实地反映企业的财务状况和经营成果，正确地核算成本，在处理这类经济业务时，应正确选择合适的会计处理基础。可供选择的基础包括权责发生制和收付实现制两种。

1. 收付实现制

收付实现制亦称现收现付制，也叫现金制。它以款项是否实际收到或付出作为确定本期收入和费用的标准。凡是本期实际收到款项的收入和付出款项的费用，不论其是否归属本期，都作为本期的收入和费用处理；反之，凡本期没有实际收到款项的收入和付出款项的费用，即使应归属本期，也不作为本期的收入和费用处理。由于款项的收付实际上以现金收付为准，所以一般称为现金制。举例说明如下：

① 企业于5月8日销售商品一批，5月23日收到货款，存入银行，应作为5月的收入记账；

② 企业于5月16日销售商品一批，6月17日收到货款，存入银行，应作为6月的收入记账；

③ 企业于5月20日收到对方购货单位一笔货款，存入银行，但按合同规定于8月交付商品，应作为5月的收入记账；

④ 企业于12月30日预付第二年全年的保险费，应作为12月的费用记账；

⑤ 企业于12月30日购入办公用品一批，但款项在第二年的5月支付，应作为第二年5月的费用记账；

⑥ 企业于12月30日用银行存款支付本月水电费，应作为12月的费用记账。

从上面的举例可以看出，无论收入的权利和支出的义务归属哪一期，只要款项的收付在本期，就应确认为本期的收入和费用，不考虑预收收入和预付费用，以及应计收入和应计费用的存在。到会计期末根据账簿记录确定本期的收入和费用，因为实际收到和付出的款项必然已经登记入账，所以不存在对账簿记录于期末进行调整的问题。这种方法核算手续简单，但强调财务状况的切实性，不同时期缺乏可比性，所以这种方法主要适用于不需核算盈亏的行政事业单位。

2. 权责发生制

权责发生制亦称应收应付制，也叫应计制，是指企业按收入的权利和支出的义务是否归属本期来确认收入、费用，而不是按款项的实际收支是否在本期发生，也就是以应收应付为标准。在权责发生制下，凡是属于本期实现的收入和发生的费用，不论款项是否实际收到或实际付出，都应作为本期的收入和费用入账；凡是不属于本期的收入和费用，即使款项在本期收到或付出，也不作为本期的收入和费用处理。由于它不管款项的收付，而以收入和费用是否归属本期为准，所以称为应计制。

权责发生制是根据经济业务的发生与否来确认本期收入和费用，因此会形成应计、预收、预付、摊销等会计事项。应计，是指不论款项是否实际收到或付出，只要其权责属于本期，就应对收入和费用予以确认，具体包括应计收入和应计费用两个方面；预收，是指款项已经实际收到，但与此相应的义务尚未履行（如尚未交付产品或提供劳务等），该笔收入就不能作为已实现的收入予以确认，只有在以后期间，企业已实际履行了相应的义务时，才能作为收入正式予以确认，如企业预收货款业务，在预收时只能作为负债项目记录，在企业交付产品后，再把已确认的负债冲转，并作为一项收入来确认；预付，是指款项已实际支付，但与此相应的费用尚未发生，则该笔现金流出就不能作为费用来确认，如年初预付全年租金、年初支付全年报刊费等；摊销，是指处理预付项目和递延项目的分配程序，对预付项目，如果企业已经受益，就应按实际受益期限对预付项目进行分期摊销，同理，对递延项目（包括递延收入和递延费用）也应按实际情况，把应属于各期间的收入和费用在各期间予以确认。以上面所举例子说明如下：

在权责发生制下，上述的经济业务①和经济业务⑥的收入与费用的归属期和款项的实际收付同属相同的会计期间，确认的收入和费用与收付实现制相同。

经济业务②应作为5月的收入，因为收入的权利在5月就实现了，尽管货款在6月收到。

经济业务③应作为8月的收入，因为5月只是预收到款项，并没有实现收入的权利。

经济业务④应作为第二年的费用，因为支出的义务应在第二年。

经济业务⑤应作为12月的费用，因为12月已经发生支出的义务了。

与收付实现制相反，权责发生制下，必须考虑预收、预付、应收、应付。由于企业日常的账簿记录不能完全地反映本期的收入和费用，需要在会计期末对账簿记录进行调整，使未收到款项的应计收入和未付出款项的应付费用，以及收到款项而不完全属于本期的收入和付出款项而不完全属于本期的费用，归属相应的会计期间，以便正确地计算本期的经营成果。采用权责发生制虽然核算比较复杂，但对正确反映企业的经营成果具有重要意义，而且可以极大地提高会计信息的决策有用性。因此，企业会计一般都以权责发生制作为会计确认的时间基础。我国《企业会计准则》对此也进行了明确的规定。

二、供应过程的核算

供应过程是生产的准备阶段。在这个过程中，企业用货币资金购买各种材料物资，作为生产的储备，用来保证生产的需要。材料是制造企业在生产经营过程中为耗用而储存的流动资产。

材料是指直接用于制造产品并构成产品的实体，或有助于产品形成但不构成产品实体的物品。材料作为生产过程必不可少的物质要素，其特点是，一经投入生产后，经过加工而改变其原有的实物形态，并构成产品的实体，或被消耗而有助于生产的进行、产品的形成，与此同时，其价值就一次全部地转移到产品中去，成为产品成本的重要组成部分。

学习情境三 掌握记账的基本方法

企业储备的材料，通常都是向外单位采购的。在材料采购过程中，一方面企业要从供应方购进各种材料，并计算购进材料的采购成本；另一方面企业要按照合同和约定的结算方式支付材料的买价和各种采购费用，并与供应方发生货款结算关系。同时，还涉及增值税进项税额的计算与处理问题。

（一）设置和运用的主要账户

1．"在途物资"账户

"在途物资"账户是用来核算企业外购材料的买价和各种采购费用，据以计算确定购入材料的实际采购成本的账户。该账户的性质属于资产类，其借方登记购入材料的买价和采购费用（实际采购成本），贷方登记结转完成采购过程、验收入库材料的实际采购成本，期末余额在借方，表示尚未运达企业或者已经运达企业但尚未验收入库的在途材料的成本。"在途物资"账户可按照供应单位和购入材料的品种或种类设置明细账，进行明细分类核算。"在途物资"账户的结构如图3-5-1所示。

借方	在途物资	贷方
购入材料的买价和采购费用		结转验收入库材料的实际采购成本
期末余额： 在途材料成本		

图 3-5-1

2．"原材料"账户

"原材料"账户是用来核算企业库存的各种材料（包括原料及主要材料、辅助材料、外购半产品、修理用备件、包装材料、燃料等）实际成本的增减变动及其结存情况的账户。该账户的性质属于资产类，其借方登记已验收入库材料实际成本的增加，贷方登记发出材料的实际成本（即库存材料成本的减少），期末余额在借方，表示库存材料实际成本的期末结余。"原材料"账户应按照材料的保管地点（仓库）、材料的类别、品种和规格等设置明细账，进行明细分类核算。"原材料"账户的结构如图3-5-2所示。

借方	原材料	贷方
验收入库材料实际成本的增加		生产领用材料的实际成本
期末余额： 库存材料的实际成本		

图 3-5-2

3．"应付账款"账户

"应付账款"账户是用来核算企业因购买材料、商品和接受劳务等经营活动而与供应单位发生的结算债务的增减变动及其结余情况的账户。该账户的性质属于负债类，其贷方登记应付供应单位款项的增加，借方登记应付供应单位款项的减少。期末余额一般在贷方，表示尚未偿还的应付款的结余额，该账户应按照供应单位的名称设置明细账，进行明细分类核算。"应付账款'账户的结构如图3-5-3所示。

借方	应付账款	贷方
应付供应商货款的减少	应付供应商货款的增加	
	期末余额：尚未偿还的应付款	

图 3-5-3

4．"预付账款"账户

"预付账款"账户是用来核算企业按照合同规定向供应单位预付购料款而与供应单位发生的结算债权的增减变动及其结余情况的账户。该账户的性质属于资产类，其借方登记结算债权的增加即预付款的增加，贷方登记收到供应单位提供的材料物资而应冲销的预付款债权（即预付款的减少）。期末余额一般在借方，表示尚未结算的预付款的结余额。该账户应按照供应单位的名称设置明细账，进行明细分类核算。

"预付账款"账户的结构如图 3-5-4 所示。

借方	预付账款	贷方
预付供货商货款的增加	冲销预付供货商的货款	
期末余额：尚未结算的预付款		

图 3-5-4

5．"应付票据"账户

"应付票据"账户是用来核算企业采用商业汇票结算方式购买材料物资等而开出、承兑的商业汇票的增减变动及其结余情况的账户。该账户的性质属于负债类，其贷方登记企业开出、承兑商业汇票的增加，借方登记到期的商业汇票。期末余额在贷方，表示尚未到期的商业汇票的结余额。企业应设置"应付票据备查簿"，详细登记每一票据的种类、签发日期、票面金额、收款人、付款日期等详细资料。应付票据到期付清时，应在备查簿内逐笔注销。"应付票据"账户的结构如图 3-5-5 所示。

借方	应付票据	贷方
到期的应付票据	开出、承兑商业汇票的增加	
	期末余额：尚未到期的商业汇票的结余额	

图 3-5-5

商业汇票是由收款人或付款人（或承兑申请人）签发，由承兑人承兑，并于到期日向收款人或持票人无条件支付款项的票据。商业汇票结算方式适用于企业先发货后收款或者双方约定延期付款的具有真实的交易关系或债权债务关系等款项的结算，同城结算和异地结算均可使用。商业汇票的付款期限由交易双方共同商定，但根据《商业汇票结算办法》的规定，其最长期限不超过 6 个月。持票人如果急需资金，可以持未到期的票据到银行办理贴现。

采用商业汇票结算方式，可以使企业之间的债权债务关系表现为外在的票据，使商业信用票据化，具有较强的约束力，有利于维护和促进社会主义市场经济的发展。对于购货企业来说，由于可以延期付款，可以在资金暂时不足的情况下及时购进材料物资，保证生产经营顺利进行。对于销货企业来说，可以疏通商品渠道，扩大销售，促进生产。

商业汇票按照承兑人的不同可以分为商业承兑汇票和银行承兑汇票两种。

6．"应交税费"账户

"应交税费"账户是用来核算企业按税法规定应交纳的各种税费（印花税等不需要预计税额的税种除外）的计算与实际缴纳情况的账户。该账户的性质属于负债类，其贷方登记计算出的各种应交而未交税费的增加，包括计算出的增值税、消费税、营业税、所得税、资源税、土地增值税、城市维护建设税、房产税、土地使用税、车船使用税、教育费附加、矿产资源补偿费等，借方登记实际交纳的各种税费，包括支付的增值税进项税额。期末余额方向不固定，如果在贷方，表示未交税费的结余额；如果在借方，表示多交的税费。"应交税费"账户应按照税种设置明细账，进行明细分类核算。

在材料采购业务中设置"应交税费"账户主要是核算增值税。

按照我国现行《增值税暂行条例》的规定，制造企业属于增值税纳税企业，在材料采购、产品销售环节应当进行增值税的核算。增值税是对在我国境内销售货物或者提供劳务，以及进口货物的单位和个人，就其取得的货物或应税劳务销售额计算税款，并实行税款抵扣制的一种流转税。增值税是对商品生产或流通各个环节的新增价值或商品附加值进行征税，所以称为增值税。有关增值税的基本规定是：

（1）增值税属于价外税，不包含在商品的价格中。

（2）企业销售商品收到的价款中包括两部分内容：一是商品不含增值税的售价（简称不含税售价）即产品销售收入；二是按照商品不含税售价的17%计算的增值税销项税额。

（3）企业购入应税商品收到供货单位开具的"增值税专用发票"，支付的价款中，以商品的价格计入采购商品的成本，支付的增值税在"应交税费——应交增值税（进项税额）"中反映，待当期实现销售收入后从形成的"应交税费——应交增值税（销项税额）"中抵扣。

$$当期应纳税额 = 当期销项税额 - 当期进项税额$$

其中，销项税额是指纳税人销售货物或提供应税劳务，按照销售额和规定的税率计算并向购买方收取的增值税额：

$$销项税额 = 销售额 \times 增值税税率$$

进项税额是指纳税人购进货物或接受应税劳务所支付或负担的增值税额：

$$进项税额 = 购进货物或劳务价款 \times 增值税税率$$

增值税的进项税额与销项税额是相对应的，销售方的销项税额就是购买方的进项税额。

（4）增值税基准税率一般为17%，优惠税率一般为13%。小规模纳税人按销售额征收的增值税税率一般为3%，不扣抵进项税额。

"应交税费"账户的结构如图3-5-6所示。

借方	应交税费	贷方
实际交纳的各种税费（增值税进项税额）		计算出的应交而未交的各种税费（增值税销项税额）
期末余额：多交的税费		期末余额：未交的税费

图 3-5-6

（二）供应过程核算举例

三佳公司生产A、B两种产品，生产中耗用甲、乙两种材料。该公司被当地税务机关确定为一般纳税人。20××年12月1日各账户余额如表3-5-1所示。

表3-5-1　　　　　　　　　　三佳公司总分类账户余额表
20××年12月1日

账户名称	借方余额	贷方余额
库存现金	1 600	
银行存款	62 400	
短期投资	50 000	
应收账款	102 100	
其他应收款	4 600	
原材料	153 760	
库存商品	126 800	
固定资产	306 480	
累计折旧		126 500
短期借款		50 000
应付账款		32 540
应付职工薪酬		10 830
应交税费		15 000
实收资本		550 000
盈余公积		3 670
本年利润		46 800
利润分配	27 600	
合　计	835 340	835 340

三佳公司 12 月发生经济业务如下：

【例 3-5-1】 2 日，向 101 工厂购入甲材料 200 千克，每千克 130 元，增值税 4 420 元，货款及增值税共计 30 420 元，当即以银行存款支付，材料尚未到达。

分析这笔经济业务，一方面使公司购入甲材料的买价增加 26 000 元，增值税进项税额增加 4 420 元；另一方面使公司的银行存款减少 30 420 元。涉及"在途物资"、"应交税费——应交增值税"、"银行存款"三个账户。材料的买价增加是资产的增加，应记入"在途物资"账户的借方；增值税进项税额的增加是负债的减少，应记入"应交税费——应交增值税"账户的借方；银行存款的减少是资产的减少，应记入"银行存款"账户的贷方。编制会计分录如下：

  借：在途物资——甲材料   26 000
    应交税费——应交增值税(进项税额)   4 420
    贷：银行存款   30 420

【例 3-5-2】 2 日，以现金支付甲材料运杂费 140 元。

分析这笔经济业务，甲材料的运杂费应计入甲材料的采购成本。一方面使公司购入甲材料的采购成本增加 140 元；另一方面使公司的库存现金减少 140 元。涉及"在途物资"、"库存现金"两个账户。在途物资成本的增加是资产的增加，应记入"在途物资"账户的借方；现金的减少是资产的减少，应记入"库存现金"账户的贷方。编制会计分录如下：

  借：在途物资——甲材料   140
    贷：库存现金   140

【例 3-5-3】 5 日，2 日向 101 工厂购入的甲材料 200 千克已验收入库，按其实际成本入账。

分析这笔经济业务，首先计算甲材料的实际采购成本，即买价+采购费用。甲材料的采购成本等于买价 26 000 元+采购费用 140 元，合计为 26 140 元。其次，这笔业务一方面使公司已验收入库的原材料增加 26 140 元；另一方面使公司的材料采购支出结转 26 140 元，涉及"原材料"和"在途物资"两个账户。库存材料实际成本的增加是资产的增加，应记入"原材料"账户的借方；在途物资支出的结转是资产的减少，应记入"在途物资"账户的贷方。编制会计分录如下：

  借：原材料——甲材料   26 140
    贷：在途物资——甲材料   26 140

【例 3-5-4】 6 日，向 102 工厂购入乙材料 200 千克，每千克 100 元，发票注明货款 20 000 元，增值税额 3 400 元(20 000×17%)，102 工厂代本公司垫付材料运杂费 240 元，材料已运达企业并已验收入库。账单、发票已到，但货款、税金及运杂费尚未支付。

分析这笔经济业务，一方面使公司的原材料成本增加 20 240 元，其中买价 20 000 元，运杂费 240 元，增值税进项税额 3 400 元；另一方面使公司的应付供应单位货款增加 23 640 元。涉及"原材料"、"应交税费——应交增值税"和"应付账款"三个账户。编制会计分录如下：

借：原材料——乙材料　　　　　　　　　　　　　　　　　　　　　　20 240
　　应交税费——应交增值税（进项税额）　　　　　　　　　　　　3 400
　　贷：应付账款——102 工厂　　　　　　　　　　　　　　　　　　23 640

【例 3-5-5】 7 日，按照合同规定，用银行存款预付 103 工厂丙材料货款 10 000 元。

分析这笔经济业务，一方面使公司预付的货款增加 10 000 元；另一方面使公司的银行存款减少 10 000 元。涉及"预付账款"和"银行存款"两个账户。预付货款的增加是资产（债权）的增加，应记入"预付账款"账户的借方；银行存款的减少是资产的减少，应记入"银行存款"账户的贷方。编制会计分录如下：

借：预付账款——103 工厂　　　　　　　　　　　　　　　　　　　10 000
　　贷：银行存款　　　　　　　　　　　　　　　　　　　　　　　　10 000

【例 3-5-6】 10 日，该公司向 104 工厂购入丁材料一批，签发承兑期限为 3 个月的商业汇票一张。该批材料的含税总价款是 46 800 元，增值税税率为 17%，材料尚未入库。

分析这笔经济业务，首先应将含税总价款分解为不含税价款和税额两部分：

不含税价款 = 含税价款÷（1+增值税税率）= 46 800÷（1+17%）= 40 000（元）

增值税税额 = 46 800 - 40 000 = 6 800（元）

其次，这笔经济业务一方面使公司的材料采购成本增加 40 000 元，增值税进项税额增加 6 800 元；另一方面使公司的应付票据增加 46 800 元。涉及"在途物资"、"应交税费——应交增值税"、"应付票据"三个账户。在途物资的增加是资产的增加，应记入"在途物资"账户的借方；增值税进项税额的增加是负债的减少，应记入"应交税费——应交增值税"账户的借方；应付票据的增加是负债的增加，应记入"应付票据"账户的贷方。编制会计分录如下：

借：在途物资——丁材料　　　　　　　　　　　　　　　　　　　　40 000
　　应交税费——应交增值税（进项税额）　　　　　　　　　　　　6 800
　　贷：应付票据——104 工厂　　　　　　　　　　　　　　　　　　46 800

【例 3-5-7】 15 日，收到 103 工厂发运来前已预付货款的丙材料，并验收入库。随货物附来的发票注明该批材料的价款 30 000 元，增值税进项税额 5 100 元，代垫运杂费 200 元，冲销原预付款 10 000 元以外，不足款项以银行存款支付。

分析这笔经济业务，应分两步进行处理：第一步要确认计算丙材料的采购成本，同时反映货款的计算情况；第二步，要反映原材料的增减变动情况。

这笔经济业务一方面使公司的原材料成本增加 30 200 元，其中买价 30 000 元，运杂费 200 元，增值税进项税额增加 5 100 元；另一方面使公司的预付账款减少 10 000 元，银行存款减少 25 300 元。涉及"原材料"、"应交税费——应交增值税"、"预付账款"、"银行存款"四个账户。编制会计分录如下：

借：原材料——丙材料　　　　　　　　　　　　　　　　　　　　　30 200
　　应交税费——应交增值税（进项税额）　　　　　　　　　　　　5 100
　　贷：预付账款——103 工厂　　　　　　　　　　　　　　　　　　10 000
　　　　银行存款　　　　　　　　　　　　　　　　　　　　　　　　25 300

注意：借贷记账法一般不编制多借多贷的会计分录，但这笔经济业务所编制的会计分录是多借多贷的会计分录，要结合经济业务内容，深刻理解所涉及的各个账户之间的对应关系。

通过上述举例，我们可以看出，供应过程的核算主要应明确以下几个问题：

第一，应确认、计算材料的采购成本，包括买价和采购费用，通过"在途物资"账户进行反映，同时还要反映增值税进项税额。

第二，反映货款的结算情况。根据具体情况和采用的不同结算方式，应分别通过"应付账款"、"银行存款"、"库存现金"、"应付票据"、"预付账款"账户进行如实反映。

第三，反映原材料的增减变动情况。设置"在途物资"账户主要计算、确认原材料的采购成本，采购成本汇总计算完毕，验收入库，应转入"原材料"账户，以反映原材料的增减变动情况。

（三）物资采购成本的计算

材料物资的采购，不仅要保证生产的需要，同时还要力求降低采购成本，提高储备资金的使用效果。为了分析、考核物资采购成本的形成和升降情况，必须采用一定的成本计算方法，计算各种购入材料的总成本和单位成本。物资采购成本包括材料的买价（不含可以抵扣的增值税）以及物资采购过程中发生的运输、装卸、搬运、包装、仓储等各种费用。

（1）买价，指购货发票所开列的货款金额（不含可以抵扣的增值税）。

（2）运杂费，包括运输费、装卸费、包装费、保险费、仓储费等。

（3）运输途中的合理损耗，指企业与供应或运输部门所签订的合同中规定的合理损耗或必要的自然损耗。

（4）入库前的挑选整理费用，指购入的材料在入库前需要挑选整理而发生的费用，包括挑选过程中所发生的工资、费用支出和必要的损耗，但要扣除下脚料及残料的价值。

物资采购过程中发生的采购费用，有的是专为采购某种材料而发生的，有的是为了采购几种材料发生的。凡是专为采购某种材料而发生的费用，应直接计入该种材料的采购成本。对于不能直接归属某一种材料的采购费用，必须按一定的标准，在有关的几种材料之间进行分配。分配的标准有多种，实际运用时应根据企业的具体情况加以选择，尽可能保持其真实性。例如，运输、装卸等费用一般可按重量或体积的比例分配，其他各种采购费用一般可按材料买价的比例进行分配。

应由各种材料共同分担的采购费用，可以先计算分配率，然后据以计算每种材料应分配的采购费用。计算公式如下：

$$采购费用分配率=\frac{采购费用总额}{某一分配标准总额}$$

某种材料应分配的采购费用=该种材料的分配标准数×分配率

物资采购成本的计算，一般应按购入材料的批别来进行，每购入一批材料，即应计算该批材料的实际成本，以便具体反映物资采购成本的变动情况。

例如，某企业购入甲、乙两种材料，其中：甲材料购入 60 000 千克，单价 25 元/千克；乙材料购入 50 000 千克，单价 20 元/千克。两种材料共耗费运输费 11 000 元。按材料的重量分配该运输费。

运输费的分配率 $=\dfrac{11\ 000}{60\ 000+50\ 000}=0.1$（元/千克）

甲材料应分配的运输费 $=0.1\times 60\ 000=6\ 000$（元）

乙材料应分配的运输费 $=0.1\times 50\ 000=5\ 000$（元）

根据各在途物资有关明细账的资料，可计算各材料的采购成本，如表 3-5-2 所示。

表 3-5-2　　　　　　　　　　　物资采购成本计算表

材料名称	数量（千克）	单价（元/千克）	买价（元）	运输费（元）（分配率：0.1）	总成本（元）	单位成本（元/千克）
甲	60 000	25	1 500 000	6 000	1 506 000	25.1
乙	50 000	20	1 000 000	5 000	1 005 000	20.1
合计	110 000	—	2 500 000	11 000	2 511 000	—

三、生产过程的核算

生产过程是制造企业经营活动的主要过程，同时，又是物化劳动和活劳动的耗费过程。一方面劳动者借助劳动资料对劳动对象进行加工，制造产品，满足社会需要；另一方面，为了制造产品，必然发生各种耗费。生产过程中所发生的各种耗费称为生产费用。生产费用按一定种类和数量的产品进行归集，就形成了产品的制造成本（或称生产成本）。费用与成本有着密切的联系，费用的发生过程也就是成本的形成过程，费用是产品成本形成的基础。但是，费用与成本也有一定的区别，费用是在一定期间为了进行生产经营活动而发生的各项耗费，费用与发生的期间直接相关，因此，费用强调"期间"；而成本则是为生产某一产品或提供某一劳务所消耗的费用，成本与负担者直接相关，因此，成本强调"对象"。

生产费用按其计入产品成本的方式不同，可以分为直接费用和间接费用。直接费用是指企业生产产品过程中实际消耗的直接材料、直接工资和其他直接支出。直接费用发生时，可以直接归集到该产品成本计算对象上去，即直接费用直接计入。间接费用是指企业为生产产品和提供劳务而发生的各项间接支出，也称为制造费用。间接费用发生后，应先按照费用类别综合归集，然后按照一定标准在各产品之间分配，即间接费用分配计入。

直接材料，是指企业在生产产品的过程中所消耗的直接用于产品生产，构成产品实体的各种原材料及主要材料、外购半成品以及有助于产品形成的辅助材料等。

直接人工，是指企业在生产产品的过程中，直接从事产品生产的工人工资、津贴、补贴、福利费等。

制造费用，是指企业各生产车间为组织和管理生产所发生的各项间接费用。包括车间管理人员的工资及福利费、折旧费、修理费、机物料消耗、办公费、水电费、保险费、劳动保护费等。

因此，生产过程的基本业务核算的内容就是生产费用的归集、分配以及产品成本的计算等。企业生产的各种产品的生产费用包括材料费用、人工费用和间接费用三部分。

(一)材料费用的归集与分配

制造企业通过供应过程采购的各种原材料,经过验收入库之后,就形成了生产产品的物资储备,生产部门根据生产计划以及实际的投料情况,从仓库领用材料,就形成了材料费用。领料时,要填制领料凭证,即领料单。仓库凭生产部门填制的符合要求的领料单发放材料,并作必要的登记,然后定期将领料凭证交会计部门。会计部门在对领料凭证进行复核和计价后,应根据领料凭证区分车间、部门和不同用途,按照确定的结果将发出材料的成本分别记入"生产成本"、"制造费用"、"管理费用"等账户和产品生产成本明细账。对于直接用于某种产品生产的材料费,应直接记入该产品生产成本明细账中的直接材料费项目;对于由几种产品共同耗用、应由这些产品共同负担的材料费,应选择适当的标准在各种产品之间进行分配之后,计入各有关成本计算对象;对于为创造生产条件等需要而间接消耗的各种材料费,应先在"制造费用"账户中进行归集,然后再同其他间接费用一起分配计入有关产品成本中。

为了核算和监督产品在生产过程中各项材料费用的发生、归集和分配情况,正确地计算产品生产成本中的材料费用,应设置以下账户:

1. "生产成本"账户

"生产成本"账户是用来归集和分配产品生产过程中所发生的各项生产费用,正确地计算产品生产成本的账户。该账户的性质属于成本类,其借方登记应计入产品生产成本的各项费用,包括直接计入产品生产成本的直接材料、直接人工和其他直接支出,以及期末按照一定的方法分配计入产品生产成本的制造费用;贷方登记结转完工入库产成品的生产成本。期末如有余额在借方,表示尚未完工产品(在产品)的成本即生产资金的占用额。该账户应按产品种类或类别设置明细账,进行明细分类核算。

"生产成本"账户的结构如图3-5-7所示。

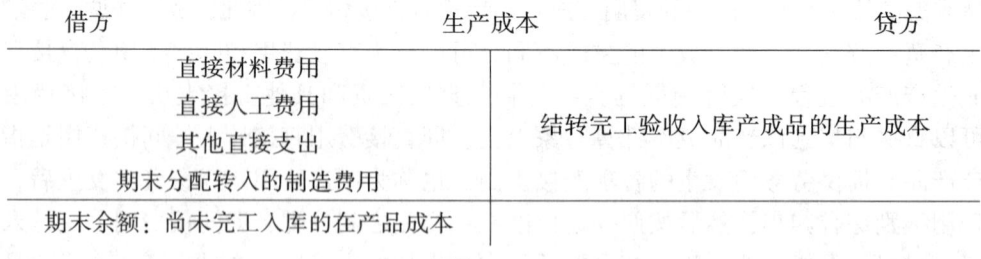

图 3-5-7

2. "制造费用"账户

"制造费用"账户是用来归集和分配企业生产车间(基本生产车间和辅助生产车间)范围内为组织和管理产品的生产活动而发生的各项间接生产费用的账户,包括车间范围内发生的间接工资(车间管理人员的工资)及福利费、折旧费、修理费、办公费、水电费、机物料消耗等。该账户的性质属于成本类,其借方登记实际发生的各项制造费用,贷方登记期末分配转入"生产成本"账户的制造费用。月末,该账户借方归集多少间接费用,都应按照适当的分配标准分配给各有关的成本计算对象，月末一般无余额。该账户应按不同车间设置明细账，并按照费用项目设置专栏，进行明细分类核算。

制造费用账户的结构如图 3-5-8 所示。

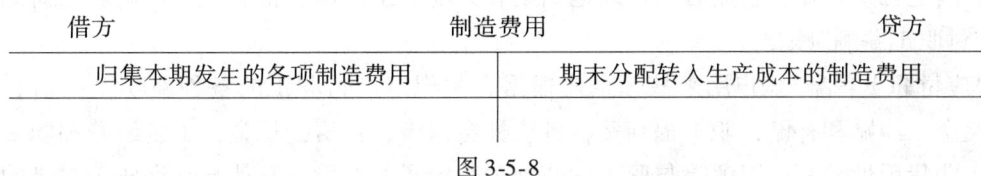

图 3-5-8

下面举例说明材料费用的归集与分配业务的总分类核算。

【例 3-5-8】 月末，仓库发出材料汇总如表 3-5-3 所示。

表 3-5-3　　　　　　　　　　　发出材料汇总表

用途	甲材料		乙材料		丙材料		丁材料		合计
	数量	金额	数量	金额	数量	金额	数量	金额	
制造产品领用	300	39 000	260	26 000	180	7 200			72 200
A 产品领用	100	13 000	60	6 000	80	3 200			22 200
B 产品领用	200	26 000	200	20 000	100	4 000			50 000
车间一般耗用					20	800	30	840	1 640
合　计	300	39 000	260	26 000	200	8 000	30	840	73 840

分析这笔经济业务，一方面使公司生产 A、B 两种产品的直接材料费用增加 72 200 元，间接材料费用增加 1 640 元；另一方面使公司的库存材料减少 73 840 元。涉及"生产成本"、"制造费用"、"原材料"三个账户。生产产品的直接材料费用记入"生产成本"账户的借方，间接材料费用记入"制造费用"账户的借方，库存材料的减少记入"库存材料"账户的贷方。编制会计分录如下：

借：生产成本——A 产品　　　　　　　　　　　　　　　　　　　22 200
　　生产成本——B 产品　　　　　　　　　　　　　　　　　　　50 000
　　制造费用　　　　　　　　　　　　　　　　　　　　　　　　 1 640
　　贷：原材料——甲材料　　　　　　　　　　　　　　　　　　39 000
　　　　原材料——乙材料　　　　　　　　　　　　　　　　　　26 000
　　　　原材料——丙材料　　　　　　　　　　　　　　　　　　 8 000
　　　　原材料——丁材料　　　　　　　　　　　　　　　　　　　 840

（二）人工费用的归集与分配

直接人工成本即直接从事产品生产人员的工资及福利费等，而工资福利费等也称职工薪酬。职工薪酬是指企业为获得职工提供的服务而给予各种形式的报酬以及其他相关支出，包括职工工资、奖金、津贴和补贴，职工福利费，医疗、养老、失业、工伤等社会保险费，住房公积金，工会经费，职工教育经费以及非货币性福利等。为了正确地计算产品成本，确定当期损益，企业必须正确地归集和分配人工费用。企业为了核算职工薪酬应设置"应付职工薪酬"账户。

"应付职工薪酬"账户用来核算企业根据有关规定应付职工的各种薪酬，包括职工工资、奖金、津贴和补贴，职工福利费，各项社会保险，住房公积金，工会经费和职工教育经费，非货币性福利，因解除与职工的劳动关系给予的补偿，其他与获得职工提供的服务相关的支出等。该账户属负债类，用来核算企业应付职工薪酬的提取、结算和使用等情况。账户的借方登记实际发放职工薪酬的数额；贷方登记已分配记入有关成本费用项目的职工薪酬的数额；期末余额一般在贷方，表示企业应付未付的职工薪酬。企业应按"职工工资、奖金、津贴和补贴"、"职工福利费"、"社会保险费"、"住房公积金"、"工会经费和职工教育经费"、"非货币性福利"、"辞退福利"等设置明细账，进行明细分类核算。"应付职工薪酬"账户的结构如图3-5-9所示。

借方	应付职工薪酬	贷方
实际发放的职工薪酬		月末计算结转分配的职工薪酬
		期末余额：应付未付职工薪酬

图 3-5-9

【例3-5-9】 以银行存款40 000元支付职工劳动报酬。

分析这笔经济业务，一方面使公司的银行存款减少了40 000元；另一方面使公司的应付职工薪酬减少了40 000元。涉及"银行存款"和"应付职工薪酬"两个账户。银行存款的减少，应记入"银行存款"账户的贷方；应付职工报酬的减少，应记入"应付职工薪酬"账户的借方。编制会计分录如下：

借：应付职工薪酬——工资　　　　　　　　　　　　　　　　　40 000
　　贷：银行存款　　　　　　　　　　　　　　　　　　　　　　40 000

【例3-5-10】 结算分配本月职工工资40 000元，其中生产A产品工人工资13 800元，生产B产品工人工资15 400元，车间技术、管理人员工资4 800元，行政管理部门人员工资6 000元。

分析这笔经济业务，一方面使公司应付职工薪酬增加40 000元；另一方面使公司的生产费用和期间费用增加了40 000元。涉及"生产成本"、"制造费用"、"管理费用"和"应付职工薪酬"四个账户。生产工人的工资作为直接费用应记入"生产成本"账户的借方，车间技术、管理人员工资作为间接费用应记入"制造费用"账户的借方，行政管理部门人员工资作为期间费用应记入"管理费用"账户的借方。上述工资在结算时可以看作尚未支付，因而形成企业的负债，应记入"应付职工薪酬"账户的贷方。编制会计分录如下：

借：生产成本——A产品　　　　　　　　　　　　　　　　　　　13 800
　　生产成本——B产品　　　　　　　　　　　　　　　　　　　15 400
　　制造费用　　　　　　　　　　　　　　　　　　　　　　　　4 800
　　管理费用　　　　　　　　　　　　　　　　　　　　　　　　6 000
　　贷：应付职工薪酬——工资　　　　　　　　　　　　　　　　40 000

【例3-5-11】　依据职工工资总额的14%提取福利费（实际工作中可以根据需要据实提取）。

A产品生产工人工资：　　　　　　　13 800×14% = 1 932
B产品生产工人工资：　　　　　　　15 400×14% = 2 156
制造费用（车间技术、管理人员工资）：　4 800×14% = 672
管理费用（行政管理部门人员工资）：　6 000×14% = 840
合　　计：　　　　　　　　　　　5 600

分析这笔经济业务，依据职工工资总额的一定比例提取职工福利费时，一方面使公司的有关成本费用增加；另一方面使公司的应付职工薪酬——职工福利费增加。对于有关成本费用应区分不同人员的福利费，在不同的账户中列支。按生产工人的工资提取的福利费，属于产品成本的增加，应记入"生产成本"账户的借方；按车间技术、管理人员的工资提取的福利费，属于间接费用，应记入"制造费用"账户的借方；按行政管理部门人员的工资提取的福利费，属于期间费用，应记入"管理费用"账户的借方。同时企业"应付职工薪酬"增加，应记入"应付职工薪酬——职工福利费"账户的贷方。编制会计分录如下：

借：生产成本——A产品　　　　　　　　　　　　　　　　　　　1 932
　　生产成本——B产品　　　　　　　　　　　　　　　　　　　2 156
　　制造费用　　　　　　　　　　　　　　　　　　　　　　　　672
　　管理费用　　　　　　　　　　　　　　　　　　　　　　　　840
　　贷：应付职工薪酬——职工福利费　　　　　　　　　　　　　5 600

（三）制造费用的归集与分配

制造费用是制造企业为了生产产品和提供劳务而发生的各种间接费用。其主要内容是企业的生产部门（包括基本生产车间和辅助生产车间）为组织和管理生产活动以及为生产活动服务而发生的费用，如车间管理人员的劳动报酬、办公费、水电费等。在生产多种产品的企业，制造费用在发生时一般无法直接判定其应归属的成本核算对象，因而不能直接计入所生产的产品成本中，必须将上述各种费用按照发生的不同空间范围在"制造费用"账户中予以归集汇总，然后选用一定的标准（如生产工人工资、生产工时等），在各种产品之间进行合理的分配，以便准确地确定各种产品应负担的制造费用额。在制造费用的归集过程中，除了应设置"制造费用"账户外，还需设置"累计折旧"账户。

"累计折旧"账户是用来核算企业固定资产已提折旧累计情况的账户。该账户的性质是资产类，其贷方登记按月提取的折旧额即累计折旧的增加，借方登记因减少固定资产而减少的累计折旧。期末余额在贷方，表示已提折旧的累计额。该账户只进行总分类核算，不进行明细分类核算。如果要查明某项固定资产已提折旧的具体情况，可以通过固定资产卡片（台账）来了解。"累计折旧"账户的结构如图3-5-10所示。

借方	累计折旧	贷方
固定资产折旧的减少或注销		按照规定提取的固定资产折旧的增加
		期末余额：现有固定资产的累计折旧

图 3-5-10

固定资产，是指企业使用期限超过一年的房屋、建筑物、机器设备等，在整个使用过程中价值随着使用逐渐地，转移到产品成本和费用中去。所谓固定资产折旧是指固定资产由于磨损和损耗转移到产品成本和费用中去的那一部分价值。计提固定资产折旧，通常是根据固定资产原价和规定的折旧率按月计算提取。

在会计核算中，为了反映固定资产增减变动及其结果，提供管理需要的有用会计信息，除了应设置"固定资产"账户外，还应设置"累计折旧"账户，用来核算固定资产因使用而逐渐减少（损耗）的价值。

设置和运用"固定资产"、"累计折旧"账户，是为了适应固定资产的特点和管理的需要。因为固定资产可供长期使用，一般不改变原来的实物形态，尽管因为使用而发生价值损耗，但其实物未被报废清理前，总有一部分价值相对固定在其实物形态上，固定资产管理要求原始价值应与实物口径相一致，以考核固定资产的原始投资。因此，计提固定资产折旧反映的固定资产价值的损耗，不能直接记入"固定资产"账户的贷方，而需要记入另外设置的"累计折旧"账户的贷方。"累计折旧"账户所反映的固定资产价值的损耗，就是"固定资产"账户原始价值的抵消数，用"固定资产"账户借方余额的原始价值减去"累计折旧"账户贷方余额的累计折旧额，就是固定资产的折余价值，即净值。如果不设置"累计折旧"账户来反映累计损耗，而直接在"固定资产"账户贷方反映其价值损耗，必然会使固定资产的原始价值数字不清，与实物口径不相一致，不利于固定资产的管理。所以，需设置和运用"累计折旧"账户，单独反映固定资产的累计损耗价值。

关于制造费用中的材料费用和人工费用，前已述及。下面再举例说明制造费用的其他内容的账务处理方法。

【例 3-5-12】 月末，计提本月固定资产折旧 3 730 元，其中车间用固定资产折旧 2 450 元，行政管理部门用固定资产折旧 1 280 元。

分析这笔经济业务，一方面表明在生产过程中固定资产的价值发生损耗，损耗的价值转化为费用。其中，车间用固定资产提取的折旧额应记入"制造费用"账户的借方，行政管理部门用固定资产提取的折旧额应记入"管理费用"账户的借方。另一方面，固定资产价值的减少，实际上是固定资产已提折旧额的增加，应记入"累计折旧"账户的贷方。编制会计分录如下：

借：制造费用 2 450
　　管理费用 1 280
　贷：累计折旧 3 730

【例3-5-13】 以银行存款支付生产车间固定资产修理费796元。

分析这笔经济业务，企业发生了一项车间固定资产的修理费。因此，这项经济业务的发生，引起费用增加和资产减少的变化，一方面使制造费用中的修理费增加了796元，另一方面使企业的银行存款减少了796元，涉及"制造费用"和"银行存款"两个账户。车间修理费用的增加应记入"制造费用"账户的借方，银行存款的减少应记入"银行存款"账户的贷方。编制会计分录如下：

    借：制造费用   796
        贷：银行存款   796

【例3-5-14】 以银行存款支付车间用办公用品费用300元。

分析这笔经济业务，企业生产车间的间接费用（办公费）增加。因此，这项经济业务的发生，引起资产和费用两个要素的变化：一方面使银行存款减少了300元，另一方面使制造费用增加了300元。涉及"银行存款"和"制造费用"两个账户。银行存款的减少是资产的减少，应记入"银行存款"账户的贷方；制造费用的增加是费用的增加，应记入"制造费用"账户的借方。编制会计分录如下：

    借：制造费用   300
        贷：银行存款   300

【例3-5-15】 月份终了，公司将本月发生的制造费用10 658元，按A、B两种产品生产工人工资的比例分配计入各种产品的生产成本。A产品应负担制造费用为5 037元，B产品应负担制造费用为5 621元。

分析这笔经济业务，将制造费用总额10 658元在A、B两种产品之间分配，计算确定A、B两种产品各自应负担的制造费用，将制造费用全部转入产品生产成本。这笔经济业务一方面使公司的产品生产成本增加了10 658元，另一方面使制造费用减少了10 658元。涉及"生产成本"和"制造费用"两个账户。生产成本的增加是费用的增加，应记入"生产成本"账户的借方；制造费用的减少是费用的减少，应记入"制造费用"账户的贷方。编制会计分录如下：

    借：生产成本——A产品   5 037
        生产成本——B产品   5 621
        贷：制造费用   10 658

（四）完工产品生产成本的计算与结转

成本计算是会计核算的专门方法之一。进行产品生产成本的计算就是将企业生产过程中为制造产品所发生的各种费用按照所生产产品的品种、类别等（即成本计算对象）进行归集和分配，以便计算各种产品的总成本和单位成本。计算产品生产成本既为入库产成品提供了计价的依据，也是确定各会计期间盈亏的需要。

生产过程中发生的生产费用，凡是能区分属于何种产品的，应当在费用发生时直接计入该种产品的成本；凡是因生产多种产品而共同发生的生产费用，应当按照一定标准在这些产品之间加以分配。对于各种组织和管理生产的费用，应当在发生时根据其发生地点或部门，先记入"制造费用"账户进行归集；月终时，再按照适当的分配标准（如按生产工时、生产工人工资比例等）进行分配，然后将分配数额计入各种产品成本。其计算公式如下：

$$制造费用分配率 = \frac{制造费用总额}{生产工人工资（或生产工时等）总额}$$

$$某产品应分配的制造费用 = 某产品生产工人工资（或生产工时等） \times 制造费用分配率$$

企业应根据本单位的特点选择适合的分配标准，做到科学、合理，使其能够比较确切地体现各承担对象对应分配费用受益的比例关系。如果必须更换，重新选择标准，应加以说明。

现根据[例3-5-15]，说明制造费用的分配过程如下：

第一步：应分配费用数额的计算与确定。"制造费用"账户借方归集的费用总额为10 658元（1 640+4 800+672+2 450+796+300）。

第二步：分配标准的选择与分配标准总量的计算及确定。如将制造费用按A、B两种产品生产工人工资的比例分配计入各种产品的生产成本，根据[例2-5-10]，生产A产品工人工资13 800元，生产B产品工人工资15 400元，合计为29 200元。

第三步：计算制造费用分配率：

$$制造费用分配率 = \frac{制造费用总额}{生产工人工资总额} = \frac{10\ 658}{13\ 800 + 15\ 400} = 0.365$$

第四步：计算各受益对象应分配的费用数额。某受益对象应分配的费用数额就等于该受益对象分配标准量乘以费用分配率。

A产品应负担的制造费用 = 13 800×0.365 = 5 037（元）
B产品应负担的制造费用 = 15 400×0.365 = 5 621（元）

在实际工作中，分配A、B两种产品的制造费用，一般是通过编制"制造费用分配表"进行的，见表3-5-4。

表3-5-4　　　　　　　　　　制造费用分配表

产品名称	分配标准（工资）	分配率	分配金额
A产品	13 800	0.365	5 037
B产品	15 400	0.365	5 621
合计	29 200	—	10 658

企业应设置产品生产成本明细账，用来归集各种产品的生产费用。产品生产成本的计算应在生产成本明细账中进行。如果月末某种产品全部完工，该种产品生产成本明细账所归集的费用总额，就是该种完工产品的总成本，用完工产品总成本除以该种产品的完工总产量即可计算出该种产品的单位成本。如果月末某种产品全部未完工，该种产品生产成本

明细账所归集的费用总额就是该种产品在产品的总成本。如果月末某种产品一部分完工，一部分未完工，这时归集在产品成本明细账中的费用总额还要采取适当的分配方法在完工产品和在产品之间进行分配，然后才能计算出完工产品的总成本和单位成本。

完工产品生产成本=期初在产品成本+本期发生的生产费用−期末在产品成本

为了核算完工产品成本结转及库存商品成本情况，需要设置"库存商品"账户。该账户的性质属于资产类，用来核算企业库存的外购商品、自制产品（产成品）、自制半成品等的实际成本（或计划成本）的增减变动及其结余情况。其借方登记验收入库商品成本的增加，包括外购、自产、委外加工等；贷方登记库存商品成本的减少（发出）。期末余额在借方，表示库存商品成本的期末结余额。"库存商品"账户应按照商品的种类、名称以及存放地点等设置明细账，进行明细分类核算。

"库存商品"账户的结构如图 3-5-11 所示。

借方	库存商品	贷方
完工入库商品的生产成本		发出库存商品的生产成本
期末余额：各种库存商品的实际成本		

图 3-5-11

下面举例说明完工入库商品成本结转的总分类核算。

【例 3-5-16】 月末，本月投入生产的 A 产品 300 件、B 产品 400 件全部完工，结转完工产品的实际生产成本。

分析这笔经济业务，首先必须明确，结转产品的生产成本，就是根据 A、B 两种产品的直接材料、直接工资、其他直接费用和已经分配的制造费用等资料，按成本构成的项目登记生产成本明细账。生产成本明细账见表 3-5-5、表 3-5-6。

表 3-5-5　　　　　　　　　　　　　**生产成本明细账**

产品名称：A 产品　　　　　　　　　　　　　　　　　　　　　　　　　　　单位：元

20××年		摘要	借方（成本项目）					贷方	借或贷	余额
月	日		直接材料	直接工资	其他直接支出	制造费用	合计			
略	略	(8)生产用材料	22 200				22 200		借	22 200
		(10)生产工人工资		13 800			13 800		借	36 000
		(11)提取福利费			1 932		1 932		借	37 932
		(15)分配制造费用				5 037	5 037		借	42 969
		(16)结转完工产品成本						42 969	平	0
		本期发生额及期末余额	22 200	13 800	1 932	5 037	42 969	42 969	平	0

表 3-5-6　　　　　　　　　　　　　　生产成本明细账
产品名称：B 产品　　　　　　　　　　　　　　　　　　　　　　　　　　单位：元

20××年		摘要	借方(成本项目)					贷方	借或贷	余额
月	日		直接材料	直接工资	其他直接支出	制造费用	合计			
略	略	(8)生产用材料	50 000				50 000		借	50 000
		(10)生产工人工资		15 400			15 400		借	65 400
		(11)提取福利费			2 156		2 156		借	67 556
		(15)分配制造费用				5 621	5 621		借	73 177
		(16)结转完工产品成本						73 177	平	0
		本期发生额及期末余额	50 000	15 400	2 156	5 621	73 177	73 177	平	0

其次，根据生产成本明细账编制"产品生产成本计算表"，分别计算 A、B 产品的实际总成本和单位成本，如表 3-5-7 所示。

表 3-5-7　　　　　　　　　　　　　　产品生产成本计算表
20××年 6 月

成本项目	A 产品(300 件)		B 产品(400 件)	
	总成本	单位成本	总成本	单位成本
直接材料	22 200	74	50 000	125
直接工资	13 800	46	15 400	38.5
其他直接支出	1 932	6.44	2 156	5.39
制造费用	5 037	16.79	5 621	14.0525
合　　计	42 969	143.23	73 177	182.9425

最后，将本月已完工的产品成本从"生产成本"账户的贷方转入"库存商品"账户的借方。编制会计分录如下：
　　借：库存商品——A 产品　　　　　　　　　　　　　　　　　　　　42 969
　　　　库存商品——B 产品　　　　　　　　　　　　　　　　　　　　73 177
　　　贷：生产成本——A 产品　　　　　　　　　　　　　　　　　　　42 969
　　　　　生产成本——B 产品　　　　　　　　　　　　　　　　　　　73 177

四、销售过程的核算

销售过程是产品价值的实现过程，也是企业生产经营活动的最后阶段。在这一过程中，一方面企业要将库存商品及时销售给购买单位，另一方面要按照销售价格向购买单位收取货款。这时，企业的经营资金就从成品资金形态转化为货币资金形态，完成资金循环的最后一个环节。

企业销售产品所取得的销货款项，称为主营业务收入。已销产品的生产成本，称为主营业务成本。销售过程中为销售产品而发生的费用，如广告费、包装费、运输费、装卸费、保险费、展览费以及为销售本企业产品而专设的销售机构的职工工资、福利费、业务费等，称为销售费用。另外，企业在销售产品时，还应按照规定，计算交纳各种销售税金（包括消费税、营业税、城市维护建设税、资源税等）和教育费附加，称为主营业务税金及附加。

增值税属于销售环节发生的流转税，按照《增值税征收管理暂行规定》，企业销售货物、加工及修理修配、进口货物，需要计算交纳增值税，但增值税属于价外税，不包含在商品价格之内，不由产品销售收入补偿，而是按照增值税的销项税额与进项税额相抵后的余额向国家交纳。

因此，销售过程业务核算的任务，主要是确定和记录企业销售商品的收入，因销售商品而发生的实际成本、销售费用，计算企业日常活动应负担的税金及附加，以及营业利润或亏损的发生情况；反映企业与购货单位所发生的货款结算关系；考核销售计划的执行情况等。

(一) 设置和运用的主要账户

1. "主营业务收入"账户

"主营业务收入"账户是用来核算企业销售产品（包括产成品、自制半成品）、提供工业性劳务等所取得的收入的账户。该账户的性质属于损益类，其贷方登记本期销售产品而实现的销售收入数额，借方登记发生销售退回、销售折让时应冲减本期主营业务收入的数额和期末转入"本年利润"账户的结转数额，结转后期末无余额。为了具体反映各种产品的销售收入情况，该账户需要按已销产品类别设置明细账，进行明细分类核算。

"主营业务收入"账户的结构如图3-5-12所示。

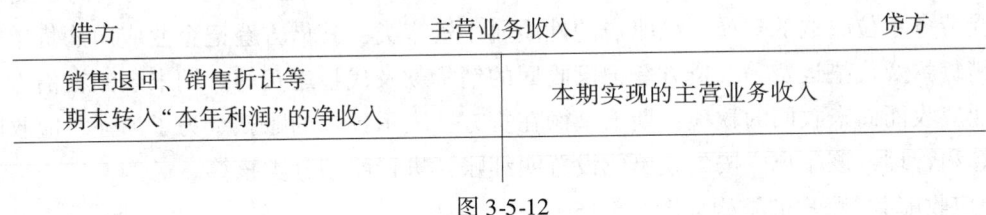

图 3-5-12

2. "主营业务成本"账户

"主营业务成本"账户用来核算企业销售产成品、自制半成品和提供工业性劳务等的成本。该账户的性质属于损益类，其借方登记已销售产品的实际成本数额，贷方登记期末转入"本年利润"账户的结转数额，结转后期末无余额。为了加强对产品销售成本的核算和管理，该账户应按照产品类别设置明细账，进行明细分类核算。

"主营业务成本"账户的结构如图3-5-13所示。

借方	主营业务成本	贷方
已销产品的生产成本	期末转入"本年利润"的主营业务成本	

图 3-5-13

3. "营业税金及附加"账户

"营业税金及附加"账户用来核算企业由于销售产品、提供工业性劳务等负担的销售税金及附加,包括营业税、消费税、城市维护建设税、资源税和教育费附加。该账户的性质属于损益类,其借方登记按规定税率计算应交纳的销售税金及附加数额,贷方登记期末转入"本年利润"账户的结转数额,结转后期末无余额。为了具体反映各种产品的税金情况,该账户应按产品类别设置明细账,进行明细分类核算。增值税由纳税人直接转入"应交税费"账户,不通过本账户核算。房产税、车船使用税、土地使用税、印花税在"管理费用"账户中核算。"营业税金及附加"账户的结构如图 3-5-14 所示。

借方	营业税金及附加	贷方
按照计税依据计算的营业税、消费税、城市维护建设税、资源税、教育费附加	期末转入"本年利润"账户的营业税金及附加	

图 3-5-14

4. "应收账款"账户

"应收账款"账户用来核算企业因销售产品、材料,提供劳务等业务,应向购货单位或接受劳务单位收取的款项。该账户的性质属于资产类,其借方登记企业应向购货单位收取的销货款及代垫运费等,贷方登记已收回的销货款及代垫运费等。期末余额在借方,表示企业应收而尚未收回的款项;期末余额在贷方,表示预收的账款。为了加强对应收账款的核算和管理,该账户应按欠款单位设置明细账,进行明细分类核算。

"应收账款"账户的结构如图 3-5-15 所示。

借方	应收账款	贷方
应收账款的增加	收回的应收账款	
期末余额:尚未收回的应收账款	期末余额:预收的账款	

图 3-5-15

5. "应收票据"账户

"应收票据"账户用来核算企业因销售产品等而收到的商业汇票。该账户的性质属于资产类,其借方登记因销售产品等而收到的商业汇票,贷方登记到期收回的票面金额,期末余额在借方,表示尚未收回的商业汇票。该账户不设置明细账,但必须设置"应收票据备查簿"逐笔登记每一应收票据的详细资料。"应收票据"账户的结构如图3-5-16所示。

借方	应收票据	贷方
本期收到的商业汇票		到期收回的票面金额
期末余额:尚未收回的商业汇票		

图 3-5-16

6. "预收账款"账户

"预收账款"账户用来核算企业按照合用的规定预收购买单位订货款的增减变动及其节余情况。该账户的性质属于负债类,其贷方登记预收购买单位订货款的增加,借方登记销售实现时冲减的预收货款。期末余额如在贷方,表示企业预收款的结余额;期末余额如在借方,表示购货单位应补付给本企业的款项。为了加强对预收账款的核算和管理,该账户应按购货单位设置明细账,进行明细分类核算。"预收账款"账户的结构如图3-5-17所示。

借方	预收账款	贷方
用产品或劳务偿付的预收账款的减少		发生的预收账款的增加
期末余额:购货单位应补付的款项		期末余额:预收账款的结余额

图 3-5-17

(二)销售过程核算举例

【例3-5-17】 9日,向202厂销售A产品350件,每件售价240元,计货款84 000元,增值税销项税额14 280元,价税合计98 280元,款已收到存入银行。

分析这笔经济业务,一方面使公司的银行存款增加98 280元,另一方面使公司的主营业务收入增加84 000元,应交增值税销项税额增加14 280元。涉及"银行存款"、"主营业务收入"、"应交税费——应交增值税"三个账户。银行存款的增加是资产的增加,应记入"银行存款"账户的借方;主营业务收入的增加是收入的实现,应记入"主营业务收入"账户的贷方;增值税销项税额的增加是负债的增加,应记入"应交税费——应交增值税"账户的贷方。编制会计分录如下:

借:银行存款　　　　　　　　　　　　　　　　　　　　　　　98 280
　　贷:主营业务收入——A产品　　　　　　　　　　　　　　　84 000
　　　　应交税费——应交增值税(销项税额)　　　　　　　　　14 280

【例3-5-18】 11日，向204厂销售B产品80件，每件售价430元，计货款34 400元，增值税销项税额5 848元，商品已经发出，并收到购货单位开出承兑的商业汇票一张，金额为40 248元。

分析这笔经济业务，一方面使公司的应收票据增加了40 248元，另一方面使公司的主营业务收入增加了34 400元，应交增值税销项税额增加5 848元。涉及"应收票据"、"主营业务收入"、"应交税费——应交增值税"三个账户。应收票据的增加是资产的增加，应记入"应收票据"账户的借方；主营业务收入的增加是收入的实现，应记入"主营业务收入"账户的贷方；增值税销项税额的增加是负债的增加，应记入"应交税费——应交增值税"账户的贷方。编制会计分录如下：

借：应收票据——204工厂　　　　　　　　　　　　　　　　　　40 248
　　贷：主营业务收入——B产品　　　　　　　　　　　　　　　　34 400
　　　　应交税费——应交增值税（销项税额）　　　　　　　　　　5 848

【例3-5-19】 12日，根据合同规定，预收207工厂购买B产品货款80 000元。

分析这笔经济业务，一方面使公司的银行存款增加80 000元，另一方面使公司的预收账款增加了80 000元。涉及"银行存款"、和"预收账款"两个账户。银行存款的增加是资产的增加，应记入"银行存款"账户的借方；预收账款的增加是负债的增加，应记入"预收账款"账户的贷方。编制会计分录如下：

借：银行存款　　　　　　　　　　　　　　　　　　　　　　　80 000
　　贷：预收账款——207工厂　　　　　　　　　　　　　　　　　80 000

【例3-5-20】 16日，向208工厂销售A产品200件，每件售价240元，计货款48 000元，增值税销项税额8 160元，款项尚未收到。

分析这笔经济业务，一方面使公司的应收账款增加了56 160元，另一方面使公司的主营业务收入增加了48 000元，应交增值税销项税额增加了8 160元。涉及"应收账款"、"主营业务收入"、"应交税费——应交增值税"三个账户。应收账款的增加是资产的增加，应记入"应收账款"账户的借方。主营业务收入的增加是收入的实现，应记入"主营业务收入"账户的贷方。增值税销项税额的增加是负债的增加，应记入"应交税费——应交增值税"账户的贷方。编制会计分录如下：

借：应收账款——208工厂　　　　　　　　　　　　　　　　　　56 160
　　贷：主营业务收入——A产品　　　　　　　　　　　　　　　　48 000
　　　　应交税费——应交增值税（销项税额）　　　　　　　　　　8 160

【例3-5-21】 20日，本月预收207厂购买B产品220件货款，现已发货，发票注明的价款为94 600元，增值税销项税额16 082元，原预收款不足，其差额部分当即收到存入银行。

分析这笔经济业务，首先要明确不足款项的差额，即94 600+16 082-80 000=30 682；其次，这笔经济业务一方面使公司的预收款减少了80 000元，银行存款增加了30 682元；另一方面使公司的主营业务收入增加了94 600元，增值税销项税额增加了16 082元。涉及"预收账款"、"银行存款"、"主营业务收入"和"应交税费——应交增值税"四个账户。预收账款的减少是负债的减少,应记入"预收账款"账户的借方。银行存款的增加记借方,主营业务收入的增加记贷方,增值税销项税额的增加记贷方。编制会计分录如下:

借:预收账款——207 厂　　　　　　　　　　　　　　　　80 000
　　银行存款　　　　　　　　　　　　　　　　　　　　　30 682
　　　贷:主营业务收入——B 产品　　　　　　　　　　　　94 600
　　　　　应交税费——应交增值税(销项税额)　　　　　　16 082

【例 3-5-22】 本公司销售的 A、B 两种商品属于应征收消费税的商品,按规定,计算本月应交消费税 10 700 元。

分析这笔经济业务,一方面使公司的营业税金及附加增加 10 700 元,另一方面使公司的应交税费增加了 10 700 元。涉及"营业税金及附加"、"应交税费"两个账户。营业税金及附加的增加是费用的增加,记借方;应交税费的增加是负债的增加,记贷方。编制会计分录如下:

借:营业税金及附加　　　　　　　　　　　　　　　　　10 700
　　　贷:应交税费——应交消费税　　　　　　　　　　　　10 700

【例 3-5-23】 月末,结转本月已售出产品的生产成本,其中 A 产品每件成本为 143.23 元,B 产品每件成本为 182.9425 元。

分析这笔经济业务,首先应计算已销售 A、B 产品的销售成本。其中 A 产品销售 550 件(350+200),销售成本为 78 776.50 元;B 产品销售 300 件(80+220),销售成本为 54 882.75元。其次,这笔经济业务一方面使公司的主营业务成本增加了 133 659.25 元,另一方面使公司的库存商品减少了 133 659.25 元。涉及"主营业务成本"和"库存商品"两个账户。主营业务成本的增加是费用的增加,记借方;库存商品的减少是资产的减少,记贷方。编制会计分录如下:

借:主营业务成本　　　　　　　　　　　　　　　　　　133 659.25
　　　贷:库存商品——A 产品　　　　　　　　　　　　　　78 776.50
　　　　　库存商品——B 产品　　　　　　　　　　　　　　54 882.75

五、财务成果的核算

财务成果是企业在一定期间的经营活动的最终成果,即利润或亏损。由于利润是一个综合指标,它反映了企业在经营过程中的所费与所得,所以,对于利润的确认与计量,是以企业生产经营过程中所实现的收入和所发生的费用相配比为基础,同时,还包括其他经营活动如材料销售、技术转让、固定资产出租、运输等非工业性劳务供应等所取得的收入与发生的费用相配比所产生的利润,投资活动获得的投资收益,以及一些与生产经营活动没有直接关系的营业外收支等。按照我国企业会计准则和小企业会计准则的规定,制造企业的利润一般包括:营业利润、利润总额和净利润。有关利润的计算可按下列公式进行:

$$\text{营业利润} = \text{营业收入} - \text{营业成本} + \text{投资收益} - \text{销售费用} - \text{管理费用} - \text{财务费用} - \text{营业税金及附加}$$

营业收入=主营业务收入+其他业务收入

营业成本=主营业务成本+其他业务成本

利润总额=营业利润+营业外收入-营业外支出
净利润=利润总额-所得税费用

其中：
"其他业务收入"是指产品销售以外的其他销售或其他业务取得的收入，如材料销售、技术转让、固定资产出租、包装物出租，以及运输等非工业性劳务取得的收入。

"其他业务成本"是指产品销售以外的其他销售或其他业务发生的支出，包括销售材料、提供劳务等发生的相关成本、费用。

"营业外收入"是指企业发生的与企业生产经营无直接关系的各项收入，主要包括处理非流动资产收益、政府补助收入、捐赠收益等。

"营业外支出"是指企业发生的与企业生产经营无直接关系的各项支出，主要包括处置非流动资产损失、公益性捐赠支出等。

"投资收益"是指企业对外投资取得的收益或发生的损失。

"所得税费用"是指企业应计入当期损益的所得税费用。它是企业按照税法规定，就其生产经营所得和其他所得计算并缴纳的一种税金。

企业实现的利润，应按规定向国家交纳所得税，余下的部分为税后净利润。净利润要按照有关制度规定进行分配：弥补以前年度亏损、提取法定盈余公积金和公益金、向投资者分配等。

因此，确定企业实现的净利润和对净利润进行分配就构成了企业财务成果核算的主要内容。

（一）其他业务收支的核算

其他业务是企业在经营过程中发生的一些零星的收支业务。由于其他业务不属于企业主要经营的业务，根据重要性原则，对其他业务的核算采取比较简单的方法。

1. 设置和运用的主要账户

（1）"其他业务收入"账户。"其他业务收入"账户是用来核算企业除主营业务收入以外的其他销售或其他业务的收入实现及其结转情况的账户。该账户属于损益类，其贷方登记企业实现的其他业务收入，借方登记期末转入"本年利润"账户贷方的本期其他业务收入，结转后无余额。该账户应按其他业务的种类设置明细账，进行明细分类核算。

"其他业务收入"账户的结构如图3-5-18所示。

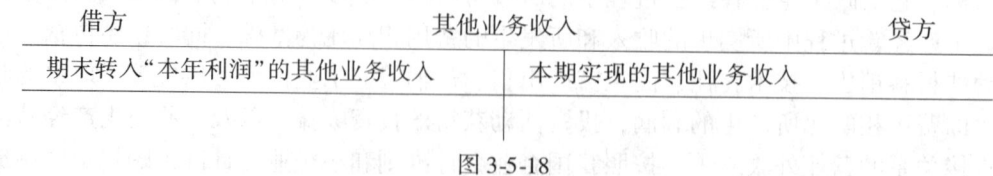

图3-5-18

（2）"其他业务成本"账户。"其他业务支出"账户是用来核算企业除主营业务成本以外的其他销售或其他业务所发生的支出，包括销售材料、提供劳务等发生的相关成本、费用。该账户属于损益类，其借方登记企业发生的各项其他业务成本，贷方登记期末转入"本年利润"账户借方的本期其他业务成本，结转后无余额。该账户应按其他业务的种类设置明细账，进行明细分类核算。"其他业务成本"账户的结构如图3-5-19所示。

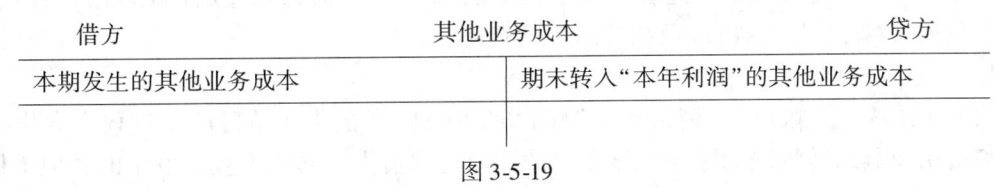

图3-5-19

2. 核算举例

【例3-5-24】 销售甲材料100千克，价款16 000元，增值税销项税额2 720元，款项收到存入银行。

分析这笔经济业务，按企业会计制度规定，销售材料的收入属其他业务收入。这笔经济业务一方面使公司的银行存款增加了18 720元，另一方面使公司的其他业务收入增加了16 000元，增值税销项税额增加了2 720元。涉及"银行存款"、"其他业务收入"、"应交税费——应交增值税"三个账户。银行存款的增加记借方，其他业务收入的增加记贷方，应交增值税销项税额的增加记贷方。编制会计分录如下：

 借：银行存款　　　　　　　　　　　　　　　　　　　　　　　　　18 720
  贷：其他业务收入　　　　　　　　　　　　　　　　　　　　　　16 000
   应交税费——应交增值税（销项税额）　　　　　　　　　　　　2 720

【例3-5-25】 月末结转本月销售甲材料成本13 000元。

分析这笔经济业务，一方面使公司的其他业务成本增加了13 000元，另一方面使公司的库存材料减少了13 000元。涉及"其他业务成本"和"原材料"两个账户，其他业务成本的增加记借方，原材料的减少记贷方。编制会计分录如下：

 借：其他业务成本　　　　　　　　　　　　　　　　　　　　　　　13 000
  贷：原材料——甲材料　　　　　　　　　　　　　　　　　　　　13 000

（二）期间费用的核算

期间费用是指不能直接归属某个特定的产品成本，而应直接计入当期损益的各种费用。它是企业在经营过程中随着时间的推移而不断地发生、与产品生产活动的管理和销售有一定的关系，但与产品的制造过程没有直接关系的各种费用。一般来说，我们能够很容易地确定期间费用应归属的会计期间，但难以确定其应归属的产品，也就是说，难以确定其直接的负担者，所以，期间费用不计入产品制造成本，而是从当期损益中予以扣除。

期间费用包括为管理企业的生产经营活动而发生的管理费用、为筹集资金而发生的财务费用、为销售产品等而发生的销售费用等。

管理费用是指企业行政管理部门为组织和管理企业的生产经营活动而发生的各种费用，包括行政管理部门发生的管理人员薪酬、办公费、水电费、机器设备修理费、折旧费、报刊费、待业保险费、业务招待费、差旅费、董事会费、咨询费、诉讼费等。

销售费用是指企业在销售产品、提供劳务等日常经营过程中发生的各项费用以及专设销售机构（含销售网点、售后服务网点等）的各项经费，包括产品自销发生的运输费、装卸费、包装费、保险费，产品促销发生的展览费、广告费、租赁费，以及为销售本企业产品而专设的销售机构的职工薪酬、业务招待费等经常性费用。

　　财务费用是指企业在筹资过程中发生的各种费用，包括利息支出（减利息收入）、佣金、汇兑损失（减汇兑收益）以及相关的手续费等。

1．设置和运用的主要账户

（1）"销售费用"账户。"销售费用"账户是用来核算企业在销售产品过程中发生的各项销售费用及其结转情况的账户。该账户的性质是损益类，其借方登记发生的各项销售费用，贷方登记期末转入"本年利润"账户的销售费用额，结转后，期末没有余额。该账户应按照费用项目设置明细账，进行明细分类核算。

"销售费用"账户的结构如图3-5-20所示。

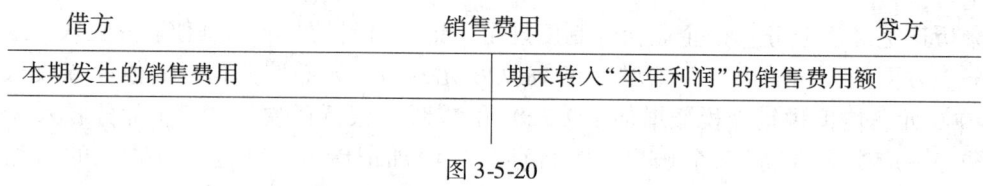

图 3-5-20

（2）"管理费用"账户。"管理费用"账户是用来核算企业行政管理部门为组织和管理企业的生产经营活动而发生的各项费用的账户。该账户的性质是损益类，其借方登记发生的各项管理费用，贷方登记期末转入"本年利润"账户的管理费用额，结转后，期末没有余额。该账户应按照费用项目设置明细账，进行明细分类核算。

"管理费用"账户的结构如图3-5-21所示。

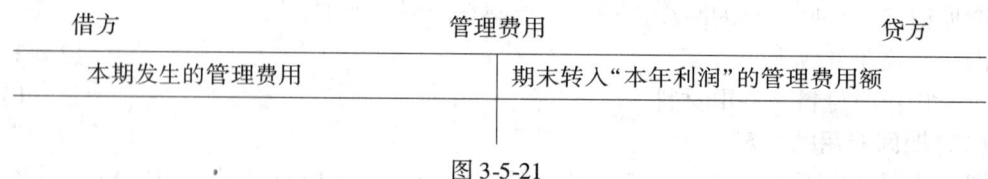

图 3-5-21

（3）"财务费用"账户。"财务费用"账户是用来核算企业为筹集生产经营所需资金而发生的各种费用的账户。该账户的性质是损益类，其借方登记企业发生的各种财务费用，贷方登记期末转入"本年利润"账户的财务费用额，结转后，期末没有余额。该账户应按照费用项目设置明细账，进行明细分类核算。"财务费用"账户的结构如图3-5-22所示。

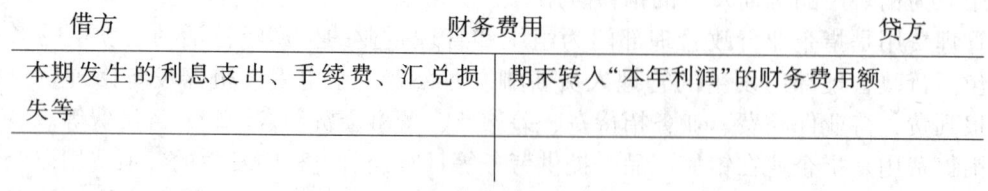

图 3-5-22

2. 核算举例

【例 3-5-26】 从银行提取现金 2 000 元备用。编制会计分录如下：

借：库存现金　　　　　　　　　　　　　　　　　　　　　　2 000
　　贷：银行存款　　　　　　　　　　　　　　　　　　　　　　2 000

【例 3-5-27】 以现金支付销售 A 产品运杂费 170 元，B 产品运杂费 120 元。

分析这笔经济业务，一方面使公司的销售费用增加了 290 元，另一方面使公司的现金减少了 290 元。涉及"销售费用"和"库存现金"两个账户。销售费用的增加记借方，现金的减少记贷方。编制会计分录如下：

借：销售费用　　　　　　　　　　　　　　　　　　　　　　290
　　贷：库存现金　　　　　　　　　　　　　　　　　　　　　　290

【例 3-5-28】 以银行存款支付报社商品广告费 800 元。

分析这笔经济业务，一方面使公司的销售费用增加 800 元，另一方面使公司的银行存款减少了 800 元。涉及"销售费用"和"银行存款"两个账户。销售费用的增加记借方，银行存款的减少记贷方。编制会计分录如下：

借：销售费用　　　　　　　　　　　　　　　　　　　　　　800
　　贷：银行存款　　　　　　　　　　　　　　　　　　　　　　800

【例 3-5-29】 以银行存款购买公司行政管理部门用办公用品 300 元。

分析这笔经济业务，管理部门用办公用品属于公司的管理费用，一方面使公司的管理费用增加了 300 元，另一方面使公司的银行存款减少了 300 元。涉及"管理费用"和"银行存款"两个账户。管理费用的增加记借方，银行存款的减少记贷方。编制会计分录如下：

借：管理费用　　　　　　　　　　　　　　　　　　　　　　300
　　贷：银行存款　　　　　　　　　　　　　　　　　　　　　　300

【例 3-5-30】 李明外出开会回厂报销差旅费 800 元，退回现金 200 元，查李明原借支款为 1 000 元。

分析这笔经济业务，职工出差借款时，应借记"其他应收款"账户，贷记"库存现金"或"银行存款"账户。回公司报销时，差旅费属于公司的期间费用，在"管理费用"账户核算。这笔经济业务一方面使公司的管理费用增加了 800 元，现金增加了 200 元；另一方面使公司的其他应收款减少了 1 000 元。涉及"管理费用"、"库存现金"、"其他应收款"三个账户。管理费用的增加记借方，库存现金的增加记借方，其他应收款的减少记贷方。编制会计分录如下：

借：管理费用——差旅费　　　　　　　　　　　　　　　　　　800
　　库存现金　　　　　　　　　　　　　　　　　　　　　　　　200
　　贷：其他应收款——李明　　　　　　　　　　　　　　　　　1 000

【例 3-5-31】 月末，计提本月应负担的短期借款利息 467 元。

分析这笔经济业务，一方面使公司的财务费用增加了 467 元，另一方面使公司的应付利息增加了 467 元。涉及"财务费用"和"应付利息"两个账户。财务费用的增加是费用的增加，记借方；应付利息的增加是负债的增加，记贷方。编制会计分录如下：

借：财务费用　　　　　　　　　　　　　　　　　　　　　　　　467
　　贷：应付利息　　　　　　　　　　　　　　　　　　　　　　　　467

【例3-5-32】 以银行存款支付银行承兑汇票手续费150元。

分析这笔经济业务，银行承兑汇票手续费属于财务费用，一方面使公司的财务费用增加了150元，另一方面使公司的银行存款减少了150元。涉及"财务费用"和"银行存款"两个账户。财务费用的增加记借方，银行存款的减少记贷方。编制会计分录如下：

借：财务费用　　　　　　　　　　　　　　　　　　　　　　　　150
　　贷：银行存款　　　　　　　　　　　　　　　　　　　　　　　　150

(三) 投资收益的核算

企业为了合理有效地利用资金以获取更多的经济利益，除了进行正常的生产经营活动外，还可以将资金投资于债券、股票或其他财产等，形成企业的对外投资。

1. 设置和运用的主要账户

为了核算投资损益的情况，需要设置"投资收益"账户，该账户的性质是损益类，用来核算企业对外投资所获得收益的实现或损失的发生及其结转情况。其贷方登记实现的投资收益和期末转入"本年利润"账户的投资净损失，借方登记发生的投资损失和期末转入"本年利润"账户的投资净收益。经过结转之后该账户期末没有余额。"投资收益"账户应按照投资的种类设置明细账，进行明细分类核算。

"投资收益"账户的结构如图3-5-23所示。

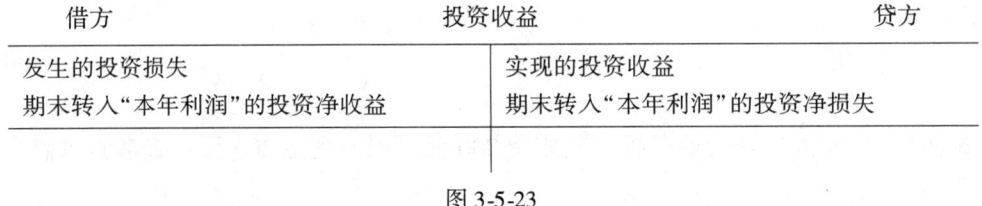

图3-5-23

2. 核算举例

【例3-5-33】 公司因急需资金，将持有的面值50 000元、期限为1年的有价证券，现以51 000元的价格转让，所得款项存入银行(假设没有提取短期投资跌价准备)。

分析这笔经济业务，期限为1年的有价证券属于短期投资，出售价格与面值即投资初始成本之间的差额，应确认为企业的投资收益。这笔经济业务一方面使公司的银行存款增加了51 000元，另一方面使公司的短期投资减少了50 000元，投资收益增加了1 000元。涉及"银行存款"、"短期投资"和"投资收益"三个账户。银行存款的增加记借方，短期投资的减少记贷方，投资收益的增加记贷方。编制会计分录如下：

借：银行存款　　　　　　　　　　　　　　　　　　　　　　　　51 000
　　贷：短期投资　　　　　　　　　　　　　　　　　　　　　　　　50 000
　　　　投资收益　　　　　　　　　　　　　　　　　　　　　　　　 1 000

(四)营业外收支的核算

企业的营业外收支是指与企业正常的生产经营业务没有直接关系的各项收入和支出,包括营业外收入和营业外支出。营业外收入是指与企业正常的生产经营活动没有直接关系的各种收入。这种收入不是由企业经营资金耗费所产生的,一般不需要企业付出代价,因而无法与有关的费用支出相配比。营业外收入包括:固定资产盘盈收入、处置固定资产净收益、处置无形资产净收益、罚款收入等。营业外支出是指与企业正常的生产经营活动没有直接关系的各项支出。这种支出不属于企业的生产经营费用。营业外支出包括:固定资产盘亏支出、处置固定资产净损失、处置无形资产净损失、非常损失、罚款支出、债务重组损失、捐赠支出等。

营业外收支虽然与企业正常的生产经营活动没有直接关系,但从企业主体考虑,营业外收支同样能够增加或减少企业的利润,对利润或亏损总额以及净利润会产生一定的影响。在会计核算过程中,一般按照营业外收支具体项目发生的时间,按其实际数额在当期作为利润的加项或减项分别予以确认和计量。营业外收入减去营业外支出后的余额即为企业的营业外收支净额。净额如为正数,则增加当期的利润总额;如为负数,则减少当期的利润总额。

1. 设置和运用的主要账户

(1)"营业外收入"账户。"营业外收入"账户是用来核算企业各项营业外收入的实现及其结转情况的账户。该账户的性质是损益类,其贷方登记营业外收入的实现即营业外收入的增加,借方登记会计期末转入"本年利润"账户的营业外收入额,结转后,该账户期末没有余额。营业外收入账户应按照收入的具体项目设置明细账,进行明细分类核算。

"营业外收入"账户的结构如图 3-5-24 所示。

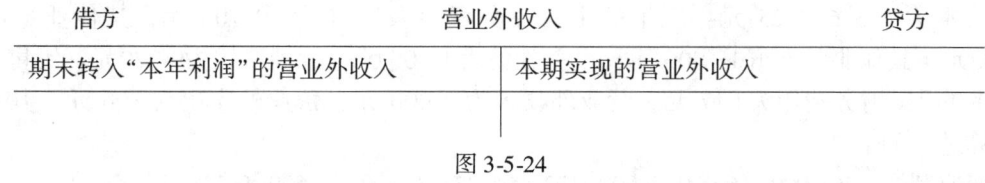

图 3-5-24

(2)"营业外支出"账户。"营业外支出"账户是用来核算企业各项营业外支出的发生及其结转情况的账户。该账户的性质是损益类,其借方登记营业外支出的发生即营业外支出的增加,贷方登记期末转入"本年利润"账户的营业外支出额,结转后,该账户期末没有余额。营业外支出账户应按照支出的具体项目设置明细账,进行明细分类核算。

"营业外支出"账户的结构如图 3-5-25 所示。

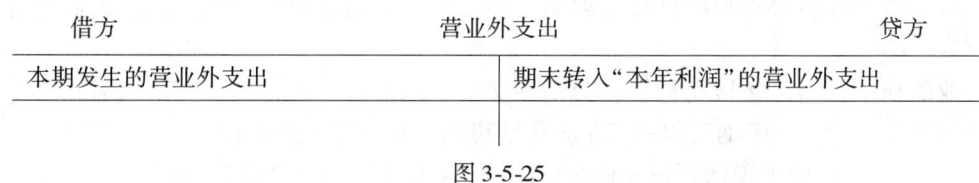

图 3-5-25

2. 核算举例

【例 3-5-34】 公司收到某单位的违约款 2 000 元，存入银行。

分析这笔经济业务，违约款收入属于公司的营业外收入，一方面使公司的银行存款增加了 2 000 元，另一方面使公司的营业外收入增加了 2 000 元。涉及"银行存款"、"营业外收入"两个账户。银行存款的增加记借方，营业外收入的增加记贷方。编制会计分录如下：

借：银行存款　　　　　　　　　　　　　　　　　　　　　　　2 000
　　贷：营业外收入　　　　　　　　　　　　　　　　　　　　　　2 000

【例 3-5-35】 以银行存款 800 元支付非常损失。

分析这笔经济业务，公司的非常损失属于营业外支出，一方面使公司的营业外支出增加了 800 元，另一方面使公司的银行存款减少了 800 元。涉及"营业外支出"、"银行存款"两个账户。营业外支出的增加记借方，银行存款的减少记贷方。编制会计分录如下：

借：营业外支出　　　　　　　　　　　　　　　　　　　　　　　 800
　　贷：银行存款　　　　　　　　　　　　　　　　　　　　　　　　800

(五) 利润形成的核算

企业的净利润是由利润总额减去所得税计算而得的。在利润总额的基础上，进行适当的调整，结合税率就可以计算所得税，进而计算确定净利润。

1. 利润总额的计算

利润总额是企业在一定时期内所实现的经营成果，由营业利润、营业外收支净额等构成。下面，根据前面所举经济业务实例计算如下：

12 月，三佳公司通过销售 A、B 产品等，实现主营业务收入 261 000 元，结转的主营业务成本为 133 659.25 元，发生的主营业务税金及附加为 10 700 元，其他业务收入 16 000 元，其他业务支出 13 000 元，投资收益为 1 000 元，管理费用为 9 220 元，销售费用为 1 090 元，财务费用为 617 元，营业外收入为 2 000 元，营业外支出为 800 元。其利润的计算过程如下：

营业利润 = 261 000 + 16 000 + 1 000 − 133 659.25 − 10 700 − 13 000 − 9 220 − 1 090 − 617
　　　　 = 109 713.75(元)

利润总额 = 109 713.75 + 2 000 − 800 = 110 913.75(元)

利润总额计算出来以后，形成了企业在一定会计期间的所得，针对这个所得按照税法规定计算缴纳所得税。

2. 所得税的核算

所得税是企业按照国家税法的有关规定，对企业某一经营年度实现的经营所得和其他所得，按照规定的所得税税率计算缴纳的一种税金，它是企业的一项支出。企业所得税税率通常为 25%。

企业的所得税通常是按年计算，分期预交，年末汇算清缴，其计算公式为：

应纳所得税税额 = 应纳税所得额 × 所得税税率

应纳税所得额 = 利润总额 + 所得税前利润的调整项目

公式中的所得税前利润的调整项目包括纳税调整增加项目和纳税调整减少项目两部

分,纳税调整增加项目主要包括税法规定允许扣除项目,企业已计入当期费用但超过税法规定扣除标准的金额,如超过税法规定标准的业务招待费支出、税收罚款滞纳金、捐赠支出等;纳税调整减少项目主要包括按税法规定允许弥补的亏损和准予免税的项目,如五年内未弥补完的亏损、国债的利息收入等。这部分内容我们将在专业会计中详细讲述,在此为了简化核算,我们一般假设纳税调整项目为零。

各期预交所得税的计算公式为:

当前期累计应纳所得税税额=当前期累计应纳税所得额×所得税税率

当前期应纳所得税税额=当前期累计应纳所得税税额-上期累计已纳所得税税额

(1)设置和运用的主要账户。为了核算所得税的发生情况,需要设置"所得税费用"账户,该账户的性质是损益类,用来核算企业按照有关规定应在当期损益中扣除的所得税。其借方登记按照应纳税所得额计算出的所得税费用额,贷方登记期末转入"本年利润"账户的所得税费用额,结转后,该账户期末没有余额。

"所得税费用"账户的结构如图 3-5-26 所示。

借方	所得税费用	贷方
计算出的所得税费用额		期末转入"本年利润"的所得税费用额

图 3-5-26

(2)核算举例。

【例3-5-36】 根据前面计算,三佳公司本期实现利润总额为 110 913.75 元,按 25% 的税率计算本期的所得税(假设没有纳税调整项目)。

分析这笔经济业务,首先要计算确定应纳所得税额:

应纳所得税额=应纳税所得额×所得税税率=110 913.75×25%

=27 728.4375(元)≈27 728(元)

其次,这笔经济业务一方面使公司的所得税费用增加 27 728 元,另一方面使公司的应交税费增加 27 728 元。涉及"所得税费用"和"应交税费"两个账户。所得税费用的增加记借方,应交税费的增加记贷方。编制会计分录如下:

借:所得税费用　　　　　　　　　　　　　　　　　　　　27 728
　　贷:应交税费——应交所得税　　　　　　　　　　　　　　　27 728

3. 净利润形成的核算

当期实现的净利润是企业的最终财务成果,是将当期企业经营业务与非经营业务所取得的全部收入抵减全部支出后的差额,因此,企业净利润形成的核算,就是将企业各项收入账户的发生数总额与当期发生的各项支出数总额从各自相应的"收入"和"支出"账户中转入"本年利润"账户,从而形成各期的最终财务成果。

(1)设置和运用的主要账户。为了核算企业一定时期内财务成果的具体形成情况,需设置"本年利润"账户,该账户的性质是所有者权益类,用来核算企业一定时期内净利润的形成或亏损的发生情况。其贷方登记会计期末转入的各项收入，包括主营业务收入、其他业务收入、营业外收入和投资净收益等；借方登记会计期末转入的各项支出，包括主营业务成本、营业税金及附加、其他业务成本、管理费用、财务费用、销售费用、营业外支出、投资净损失和所得税费用等。该账户期末余额如果在贷方，表示实现的累计净利润；如果在借方，表示累计发生的亏损。年末应将该账户的余额转入"利润分配"账户（如果是净利润，应自该账户的借方转入"利润分配"账户的贷方；如果是亏损，应自该账户的贷方转入"利润分配"账户的借方），结转之后，该账户年末没有余额。

"本年利润"账户的结构如图3-5-27所示。

借方	本年利润	贷方
期末转入的各项支出： 　主营业务成本 　营业税金及附加 　其他业务成本 　管理费用 　财务费用 　销售费用 　投资净损失 　营业外支出 　所得税费用		期末转入的各项收入： 　主营业务收入 　其他业务收入 　投资净收益 　营业外收入
期末余额：累计亏损		期末余额：累计净利润

图3-5-27

(2)核算举例。

【例3-5-37】 期末，将"主营业务收入"贷方余额261 000元、"其他业务收入"贷方余额16 000元、"营业外收入"贷方余额2 000元、"投资收益"贷方余额1 000元，转入"本年利润"账户的贷方。

分析这笔经济业务，一方面使公司的有关损益类账户所记录的各种收入减少了，另一方面使公司的本年利润增加了。涉及"主营业务收入"、"其他业务收入"、"营业外收入"、"投资收益"和"本年利润"五个账户。各项收入的结转是收入的减少，记借方；本年利润的增加是所有者权益的增加，记贷方。编制会计分录如下：

借：主营业务收入　　　　　　　　　　　　　　　　261 000
　　其他业务收入　　　　　　　　　　　　　　　　 16 000
　　营业外收入　　　　　　　　　　　　　　　　　 2 000
　　投资收益　　　　　　　　　　　　　　　　　　 1 000
　　贷：本年利润　　　　　　　　　　　　　　　　280 000

【例3-5-38】 期末，将"主营业务成本"借方余额133 659.25元、"营业税金及附加"借方余额10 700元、"其他业务成本"借方余额13 000元、"管理费用"借方余额9 220元、"销售费用"借方余额1 090元、"财务费用"借方余额617元、"营业外支出"借方余额800元转入"本年利润"账户的借方，计算本期应交所得税，将"所得税费用"借方余额27 728元，转入"本年利润"账户的借方。

分析这笔经济业务，一方面将记录在有关损益类账户中的各项支出予以转销，另一方面使公司的本年利润减少了。涉及"主营业务成本"、"营业税金及附加"、"其他业务成本"、"管理费用"、"销售费用"、"财务费用"、"营业外支出"、"所得税费用"和"本年利润"9个账户。各项支出的结转记贷方，本年利润的减少记借方。编制会计分录如下：

  借：本年利润   169 086.25
    贷：主营业务成本   133 659.25
      营业税金及附加   10 700
      其他业务成本   13 000
      管理费用   9 220
      销售费用   1 090
      财务费用   617
      营业外支出   800
  借：本年利润   27 728
    贷：所得税费用   27 728

（六）利润分配的核算

按照《公司法》和《企业会计制度》的规定，企业实现了税后净利润后，要在企业与所有者之间分配。它关系到企业的长期稳定发展和能否使投资者或股东的权益得到保障。所以，企业必须严格按照国家的法规、制度和公司的章程、决议的规定，及时、合法地做好利润分配工作，正确地进行利润分配的核算。

利润分配一般在年度终了进行，企业实现的净利润，加上年初未分配利润（或减去年初未弥补亏损）和其他转入后的余额，为可供分配的利润。可供分配的利润，按下列顺序分配：

第一，提取法定盈余公积。法定盈余公积应按照本年实现净利润的一定比例提取，《公司法》规定公司制企业按净利润的10%提取；其他企业可以根据需要确定提取比例，但不得低于10%。企业提取的法定盈余公积金累计额超过注册资本50%以上的，可以不再提取。

第二，提取任意盈余公积，任意盈余公积一般按照股东大会决议提取。

第三，向投资者分配利润。

可供分配的利润，经过上述分配之后，为企业的未分配利润（或未弥补亏损），未分配利润可留待以后年度进行分配。企业如发生亏损，可以按规定由以后年度利润进行弥补。

1. 设置和运用的主要账户

（1）"利润分配"账户。"利润分配"账户是用来核算企业一定时期净利润的分配或亏损的弥补以及历年结存的未分配利润(或未弥补亏损)情况的账户。该账户的性质是所有者权益类,其借方登记实际分配的利润额,包括提取的盈余公积金和分配给投资人的利润以及年末从"本年利润"账户转入的全年累计亏损额;贷方登记用盈余公积金弥补的亏损额等其他转入数以及年末从"本年利润"账户转入的全年实现的净利润额。年末余额如果在借方,表示未弥补的亏损额;年末余额如果在贷方,表示未分配利润。"利润分配"账户可按"提取法定盈余公积"、"提取任意盈余公积"、"应付利润"、"未分配利润"等设置明细账,进行明细分类核算。年末,应将"利润分配"账户下其他明细科目的余额转入"未分配利润"明细科目,结转后,除"未分配利润"明细科目有余额外,其他各个明细科目均无余额。"利润分配"账户的结构如图 3-5-28 所示。

借方	利润分配	贷方
(1)已分配的利润额: 　　提取法定盈余公积 　　提取任意盈余公积 　　应付利润 (2)年末转入的亏损		(1)盈余公积补亏 (2)年末从"本年利润"账户转入的全年净利润
年内余额:已分配利润额 年末余额:未弥补亏损额		期末余额:未分配利润

图 3-5-28

注意:企业对实现的净利润进行利润分配,意味着企业实现的净利润这项所有者权益的减少,本应在"本年利润"账户的借方进行登记,表示直接冲减本年已实现的净利润额,但是如果这样处理,"本年利润"账户的期末贷方余额就只能表示实现的利润额减去已分配的利润额之后的差额即未分配利润额,而不能提供本年累计实现的净利润额这项指标。而累计净利润指标又恰恰是企业管理上需要提供的一个非常重要的指标。因此,为了使"本年利润"账户能够真实地反映企业一定时期内实现的净利润数据,同时又能够通过其他账户提供企业未分配利润数据,在会计核算中,我们专门设置了"利润分配"账户,用以提供企业已分配的利润额。这样就可以根据需要,将"本年利润"账户的贷方余额即累计净利润与"利润分配"账户的借方余额即累计已分配的利润额相抵减,以求得未分配利润这项管理上所需要的指标。因而,对于"利润分配"账户,一定要结合"本年利润"账户加以深刻理解。

(2)"盈余公积"账户。"盈余公积"账户是用来核算企业从税后利润中提取的盈余公积金,包括法定盈余公积和任意盈余公积的增减变动及其结余情况的账户。该账户的性质是所有者权益类,其贷方登记提取的盈余公积金即盈余公积金的增加,借方登记实际使用的盈余公积金即盈余公积金的减少。期末余额在贷方,表示结余的盈余公积金。企业应按盈余公积的种类如"法定盈余公积"、"任意盈余公积"等设置明细账,进行明细分类核算。

"盈余公积"账户的结构如图 3-5-29 所示。

借方	盈余公积	贷方
实际使用的盈余公积金	年末提取的盈余公积金	
	期末余额：结余的盈余公积金	

图 3-5-29

（3）"应付利润"账户。"应付利润"账户是用来核算企业按照董事会或股东大会决议分配给投资者利润的增减变动及其结余情况的账户。该账户的性质是负债类，其贷方登记应付给投资者利润的增加，借方登记实际支付给投资者的利润。期末余额在贷方，表示尚未支付的利润。该账户可按投资者设置明细账，进行明细分类核算。

"应付利润"账户的结构如图 3-5-30 所示。

借方	应付利润	贷方
实际支付的利润	应付未付的利润	
	期末余额：尚未支付的利润	

图 3-5-30

2. 核算举例

【例 3-5-39】 三佳公司根据规定按净利润的 10% 提取法定盈余公积金，按净利润的 5% 提取任意盈余公积金。

分析这笔经济业务，首先应计算提取的法定盈余公积金和任意盈余公积金，三佳公司本月实现的净利润为 83 185.75 元，则提取的法定盈余公积金为 8 319 元，任意盈余公积金为 4 159 元。其次，这笔经济业务一方面使公司已分配的利润额增加了 12 478 元，另一方面使公司的盈余公积金增加了 12 478 元。涉及"利润分配"和"盈余公积"两个账户。已分配利润额的增加是所有者权益的减少，应记入"利润分配"账户的借方；盈余公积金的增加是所有者权益的增加，应记入"盈余公积"账户的贷方。编制会计分录如下：

借：利润分配——法定盈余公积　　　　　　　　　　　　　　　　8 319
　　利润分配——任意盈余公积　　　　　　　　　　　　　　　　4 159
　　贷：盈余公积——法定盈余公积　　　　　　　　　　　　　　8 319
　　　　盈余公积——任意盈余公积　　　　　　　　　　　　　　4 159

【例 3-5-40】 三佳公司按照批准的利润分配方案，向投资者分配利润 30 000 元。

分析这笔经济业务，一方面，公司已分配的利润增加了 30 000 元；另一方面，利润虽然已决定分配给股东，但在分配的当时并不实际支付，所以形成公司的一项负债，使公司的应付利润增加了 30 000 元。涉及"利润分配"和"应付利润"两个账户。已分配利润额的增加是所有者权益的减少，应记入"利润分配"账户的借方；应付利润的增加是负债的增加，应记入"应付利润"账户的贷方。编制会计分录如下：

借：利润分配——应付利润　　　　　　　　　　　　　　　　　　　30 000
　　贷：应付利润　　　　　　　　　　　　　　　　　　　　　　　　30 000

【例3-5-41】 期末，将"本年利润"账户贷方余额 83 185.75 元转入"利润分配——未分配利润"账户贷方。

分析这笔经济业务，期末应将本年实现的净利润进行结转，结转后"本年利润"账户应无余额。这笔经济业务一方面使公司的"本年利润"减少了 83 185.75 元，另一方面使公司可供分配的利润增加了 83 185.75 元。涉及"本年利润"和"利润分配"两个账户。结转净利润时，应将净利润从"本年利润"账户的借方转入"利润分配"账户的贷方（如果结转亏损，则进行相反的处理）。编制会计分录如下：

借：本年利润　　　　　　　　　　　　　　　　　　　　　　　　83 185.75
　　贷：利润分配——未分配利润　　　　　　　　　　　　　　　　83 185.75

【例3-5-42】 期末，将"利润分配"账户所属各明细账户余额结转到"利润分配——未分配利润"明细账户的借方。

分析这笔经济业务，这主要是"利润分配"账户所属各明细科目之间的相互结转。结转时，应将各个明细科目的余额从其相反方向分别转入"未分配利润"明细科目中去，即借方的余额从贷方转，贷方的余额从借方转。编制会计分录如下：

借：利润分配——未分配利润　　　　　　　　　　　　　　　　　42 478
　　贷：利润分配——提取法定盈余公积金　　　　　　　　　　　　 8 319
　　　　利润分配——任意盈余公积金　　　　　　　　　　　　　　 4 159
　　　　利润分配——应付利润　　　　　　　　　　　　　　　　　30 000

六、资金筹集的核算

企业筹集资金的渠道主要有两个方面，一是投资者投入资本，形成所有者权益；二是向债权人借入资金，形成企业的负债。

（一）筹集资本金的核算

设立企业必须有法定的资本金，资本金是指企业在工商行政管理部门登记的注册资金。企业可以根据国家法律、法规规定，采取吸收现金、实物、无形资产投资或者发行股票等方式筹集资本金。企业筹集的资本金，在企业经营期限内，投资者除依法转让外，不得以任何方式抽回。企业按所筹集的资本金比例或者合同、章程、协议的规定，向投资者分配利润和分担风险。

投资者投入的货币资本应按实际投资数额入账，若以实物、无形资产形式投资，应按评估确认或者合同、协议规定的金额计价。

1. 设置和运用的主要账户

（1）"实收资本"账户。"实收资本"账户用来核算按照企业章程的规定，投资者投入企业的资本。该账户的性质属所有者权益类，其贷方登记企业实际收到的投资者投入的资本数；由于资本金实行保全制度不得随意抽回，企业按法定程序报经批准减少注册资本时，借记本账户；期末余额在贷方，反映企业实有的资本数额。该账户应按投资者设置明细账，进行明细分类核算。"实收资本"账户的结构如图 3-5-31 所示。

借方	实收资本	贷方
投入资本的减少		收到投资者投入的资本
		期末余额：投入资本的实有数额

图 3-5-31

(2)"资本公积"账户。"资本公积"账户用来核算企业收到投资者出资额超出其在注册资本中所占份额的部分。该账户的性质属所有者权益类，其贷方登记企业取得的资本公积金数额，借方登记资本公积金的减少数。期末余额在贷方，表示企业资本公积金的实际结存数额。"资本公积"账户的结构如图 3-5-32 所示。

借方	资本公积	贷方
资本公积的减少		资本公积的形成
		期末余额：资本公积的实有数额

图 3-5-32

资本公积是投资者或者他人投入企业、所有权归属投资者并且在金额上超过法定资本部分的资本，是企业所有者权益的重要组成部分。资本公积从本质上讲属于投入资本的范畴，其形成的主要原因是由于我国采用注册资本制度，限于法律的规定而无法将资本公积直接以实收资本(或股本)的名义出现。所以，资本公积从其实质上看是一种准资本，它是资本的一种储备形式。但是，资本公积与实收资本(股本)又有一定的区别，实收资本(股本)是投资者(股东)为谋求价值增值而对公司的一种原始投入，从法律上讲属于公司的法定资本，而资本公积可以来源于投资者的额外投入。

2. 核算举例

【例 3-5-43】 收到国家投入流动资金 25 000 元，存入银行。

分析这笔经济业务，国家投入企业的流动资金存入银行，一方面使企业的资本金增加，同时企业的银行存款也相应增加。涉及"银行存款"和"实收资本"两个账户。银行存款的增加记借方，实收资本的增加记贷方。编制会计分录如下：

借：银行存款　　　　　　　　　　　　　　　　　　　　　　　　　25 000
　　贷：实收资本——国家投资　　　　　　　　　　　　　　　　　　　25 000

【例 3-5-44】 企业收到联营单位甲投入设备一台，账面原值 20 000 元，已提折旧 3 000元，双方议定价格为 15 000 元。

分析这笔经济业务，一方面使企业的固定资产增加，另一方面企业的资本金也相应增加。涉及"固定资产"和"实收资本"两个账户。因此，应按议价金额记入"固定资产"账户的借方和"实收资本"账户的贷方。编制会计分录如下：

  借：固定资产   15 000
    贷：实收资本——联营单位甲   15 000

【例3-5-45】 企业收到联营单位乙以场地使用权投资，经双方协议作价40 000元。

  分析这笔经济业务，一方面使企业的无形资产(无形资产是供企业长期使用没有实物形态的资产，主要包括工业产权、专有技术、著作权、场地使用权等)增加，同时也使企业的资本金增加。涉及"无形资产"和"实收资本"两个账户。无形资产的增加记借方，实收资本的增加记贷方。编制会计分录如下：

  借：无形资产——场地使用权   40 000
    贷：实收资本——联营单位乙   40 000

【例3-5-46】 某企业刚设立时由两个人各出资100 000元，共计200 000元。现由于经营扩资的需要，同意第三人加入，经协商第三人出资110 000元，占总资本的三分之一，款项已存入银行。

  分析这笔经济业务，一方面使企业的银行存款增加，同时也使企业的资本金增加100 000元，多出的10 000元就是超过法定资本部分的资本，即资本公积。涉及"银行存款"、"实收资本"和"资本公积"三个账户。编制会计分录如下：

  借：银行存款   110 000
    贷：实收资本   100 000
      资本公积   10 000

(二) 借入资金的核算

企业在生产经营过程中，由于各种原因，需要向银行或其他非银行金融机构借款，以补充资金的不足。企业从银行借入的款项，必须按银行借款规定办理手续，支付借款利息，到期归还本金。企业向银行和其他非金融机构借入的借款按归还期限长短不同可分为短期借款和长期借款。

1. 短期借款的核算

短期借款是指企业为了满足其生产经营对资金的临时需要而向银行或其他金融机构等借入的偿还期限在1年以内(含1年)的各种借款。一般情况下企业取得短期借款是为了维持正常的生产经营或者为了抵偿某项债务而借入的。

(1) 短期借款利息的计算。短期借款必须按期归还本金并按时支付利息。短期借款的利息支出属于企业在理财活动过程中为筹集资金而发生的一项耗费，在会计核算中，企业应将其作为期间费用(财务费用)加以确认。由于短期借款利息的支付方式和支付时间不同，会计处理的方法也有一定的区别：如果银行对企业的短期借款按月计收利息，或者虽在借款到期收回本金时一并收回利息，但利息数额不大，企业可以在收到银行的计息通知或在实际支付利息时，直接将发生的利息费用计入当期损益；如果银行对企业的短期借款采取按季或半年等较长期间计收利息，或者在借款到期收回本金时一并计收利息且利息数额较大，为了正确地计算各期损益额，保持各个期间损益额的均衡性，则通常按权责发生制原则的要求，采取预提的方法按月预提借款利息，计入应付利息，待季度或半年等结息期终了或到期支付利息时，再冲销应付利息这项负债。短期借款利息的计算公式为：

$$短期借款利息 = 借款本金 \times 利率 \times 时间$$

(2) 设置和运用的主要账户。"短期借款"账户是用来核算企业向银行或其他金融机构借入的期限在1年以内(含1年)的各种借款的增减变动及其结余情况的账户。该账户的性质是负债类，贷方登记取得的短期借款即短期借款本金的增加，借方登记短期借款的偿还即短期借款本金的减少，期末余额在贷方，表示企业尚未偿还的短期借款的本金结余额。短期借款应按照债权人设置明细账，并按照借款种类进行明细分类核算。

"短期借款"账户的结构如图3-5-33所示。

借方	短期借款	贷方
短期借款的归还		短期借款的取得
		期末余额：短期借款的结余数额

图 3-5-33

(3) 核算举例。

【例3-5-47】 公司因生产经营的临时性需要，于7月1日向银行申请取得期限为3个月的借款100 000元，存入银行。

分析这笔经济业务，一方面使公司的银行存款增加100 000元，另一方面使公司的短期借款增加100 000元。涉及"银行存款"和"短期借款"两个账户。银行存款的增加是资产的增加，应记入"银行存款"账户的借方；短期借款的增加是负债的增加，应记入"短期借款"账户的贷方。编制会计分录如下：

借：银行存款　　　　　　　　　　　　　　　　　　　　　　　　100 000
　　贷：短期借款　　　　　　　　　　　　　　　　　　　　　　　　100 000

【例3-5-48】 承前例，假如上述公司取得的借款年利率为6%，利息按季度结算，计算并预提7月应负担的利息。

分析这笔经济业务，首先应按照权责发生制原则的要求，计算本月应负担的利息额，即本月应负担的借款利息为500元(100 000×6%÷12)。借款利息属于企业的一项财务费用，由于利息是按季度结算的，所以本月的利息虽然在本月计算并由本月来负担，但不在本月实际支付，因而形成企业的一项负债，这项负债属于企业的应付利息。涉及"财务费用"和"应付利息"两个账户。财务费用的增加属于费用的增加，应记入"财务费用"账户的借方；应付利息的增加属于负债的增加，应记入"应付利息"账户的贷方。编制会计分录如下：

借：财务费用　　　　　　　　　　　　　　　　　　　　　　　　　500
　　贷：应付利息　　　　　　　　　　　　　　　　　　　　　　　　　500

【例 3-5-49】 承前例，公司在 9 月末用银行存款 1 500 元支付本季度的银行借款利息（7月、8 月已经预提了 1 000 元）。

分析这笔经济业务，实际上是偿还银行借款利息。这笔业务一方面使公司的银行存款减少 1 500 元，另一方面使公司的应付利息减少 1 000 元，财务费用增加了 500 元。涉及"银行存款"、"财务费用"和"应付利息"三个账户。银行存款的减少是资产的减少，应记入"银行存款"账户的贷方；应付利息的减少是负债的减少，应记入"应付利息"账户的借方；财务费用的增加是费用的增加，应记入"财务费用"账户的借方。编制会计分录如下：

  借：应付利息   1 000
    财务费用   500
    贷：银行存款   1 500

【例 3-5-50】 公司在 10 月 1 日用银行存款 100 000 元偿还到期的银行临时借款。

分析这笔经济业务，一方面使公司的银行存款减少 100 000 元，另一方面使公司的短期借款减少 100 000 元。涉及"银行存款"和"短期借款"两个账户。银行存款的减少是资产的减少，应记入"银行存款"账户的贷方；短期借款的减少是负债的减少，应记入"短期借款"账户的借方。编制会计分录如下：

  借：短期借款   100 000
    贷：银行存款   100 000

2. 长期借款的核算

长期借款是企业向银行及其他金融机构借入的偿还期限在 1 年以上或超过 1 年的一个营业周期以上的各种借款。一般来说，企业举借长期借款，主要是为了购置大型设备、土地、修建厂房等，也就是为了扩大经营规模而增加各种长期耐用的固定资产。在会计核算中，应当区分长期借款的性质，按照申请获得贷款时实际收到的贷款数额进行确认和计量，并按照规定的利率和使用期限定期计息并确认为长期借款入账（注意此处与短期借款的区别）。贷款到期，企业应当按照借款合同的规定按期清偿借款本息。

关于长期借款利息费用的处理，按照企业会计制度的规定，长期借款的利息费用等，应按照权责发生制原则的要求，按期预提计入所购建资产的成本（即予以资本化）或直接计入当期损益（财务费用）。关于长期借款的利息费用的会计处理将在财务会计中详细讲述，这里只掌握借入本金和归还本金的账务处理）。

（1）设置和运用的主要账户。为了核算长期借款本金及利息的取得和偿还情况，需要设置"长期借款"账户。该账户的性质属于负债类，用来核算企业从银行或其他金融机构取得的长期借款的增减变动及其结余情况。其贷方登记长期借款的增加数（包括本金和各期计算出来的应付未付利息），借方登记长期借款的减少数（偿还的借款本金和利息）。期末余额在贷方，表示尚未偿还的长期借款本息结余额。该账户应按贷款单位设置明细账，并按贷款种类进行明细分类核算。"长期借款"账户的结构如图 3-5-34 所示。

借方	长期借款	贷方
长期借款的本息的归还	长期借款本金的取得和利息的计算	
	期末余额：长期借款的本息结余数额	

图 3-5-34

（2）核算举例。

【例 3-5-51】 公司为购建一条新的生产线（工期 2 年），于 2011 年 1 月 1 日向中国银行取得期限为 3 年的人民币借款 1 000 000 元，存入银行。公司当即将该借款投入到生产线的购建工程中。

分析这笔经济业务，一方面使公司的银行存款增加 1 000 000 元，另一方面使公司的长期借款增加 1 000 000 元。涉及"银行存款"和"长期借款"两个账户。银行存款的增加是资产的增加，应记入"银行存款"账户的借方；长期借款的增加是负债的增加，应记入"长期借款"账户的贷方。编制会计分录如下：

借：银行存款　　　　　　　　　　　　　　　　　　　　　　　　　1 000 000
　　贷：长期借款　　　　　　　　　　　　　　　　　　　　　　　　　　　1 000 000

【例 3-5-52】 承前例，假如公司在 2013 年底偿还该笔借款的本金 1 000 000 元。

分析这笔经济业务，一方面使公司的银行存款减少 1 000 000 元，另一方面使公司的长期借款（为简化核算，不包括利息）减少 1 000 000 元。涉及"银行存款"和"长期借款"两个账户。银行存款的减少是资产的减少，应记入"银行存款"账户的贷方；长期借款的减少是负债的减少，应记入"长期借款"账户的借方。编制会计分录如下：

借：长期借款　　　　　　　　　　　　　　　　　　　　　　　　　1 000 000
　　贷：银行存款　　　　　　　　　　　　　　　　　　　　　　　　　　　1 000 000

思考与练习

一、单项选择题

1. 四柱结算法中所谓的四柱是（　　）。
   A. 旧管、新收、开除、实在
   B. 画在账页上的四条线
   C. 期初结存、本期收入、本期支出、期末结存
   D. 进、缴、存、该
2. 会计监督主要通过（　　）来进行。
   A. 价值指标　　　B. 财务指标　　　C. 劳动指标　　　D. 实物指标
3. 会计核算具有（　　）的特点。
   A. 完整性　　　　　　　　　　　　　B. 连续性
   C. 系统性　　　　　　　　　　　　　D. 完整性、系统性和连续性

4. 会计对象可以概括为（　　）。
   A. 预算资金的收支　　　　　　　　B. 商品流通领域的资金运动
   C. 生产领域的资金运动　　　　　　D. 再生产过程中的资金运动
5. 会计主要是利用（　　），从数量方面综合反映各单位的经济活动情况。
   A. 货币计量　　　　　　　　　　　B. 实物计量
   C. 劳动计量　　　　　　　　　　　D. 货币、实物和劳动计量
6. 企业资金运动的过程即为（　　）。
   A. 向银行存、取款的过程
   B. 从货币资金开始又回复到货币资金的过程
   C. 发放红利的过程
   D. 购买材料的过程
7. 会计人员在进行会计核算的同时，对经济单位经济活动的真实性、合法性和合理性进行审查称为（　　）。
   A. 会计控制　　　B. 会计核算　　　C. 会计监督　　　D. 会计分析
8. 一个企业的资产总额与权益总额（　　）。
   A. 必然相等　　　B. 有时相等　　　C. 不会相等　　　D. 只有在期末时相等
9. 某企业刚刚建立时，资产总额为50万元，权益总额为50万元，现发生一笔以银行存款5万元偿还银行借款的经济业务，此时，该企业的资产总额为（　　）。
   A. 55万元　　　　B. 90万元　　　　C. 45万元　　　　D. 70万元
10. 企业的原材料属会计要素中的（　　）。
    A. 资产　　　　　B. 负债　　　　　C. 所有者权益　　D. 收入
11. 一项资产增加，一项负债增加的经济业务发生后，会使原来的资产与权益总额（　　）。
    A. 发生同增的变动　　　　　　　　B. 发生同减的变动
    C. 不会变动　　　　　　　　　　　D. 发生不等额的变动
12. 企业所拥有的资产从财产权归属来看，一部分属于投资者，另一部分属于（　　）。
    A. 债权人　　　　B. 企业职工　　　C. 债务人　　　　D. 企业法人
13. 某汽车制造厂生产的汽车对该企业来讲属于（　　）。
    A. 流动资产　　　B. 固定资产　　　C. 其他资产　　　D. 长期投资
14. 企业费用的发生往往会引起（　　）。
    A. 资产增加　　　B. 资产减少　　　C. 负债减少　　　D. 所有者权益增加
15. 一项资产增加，不可能引起（　　）。
    A. 另一项资产减少　　　　　　　　B. 一项负债增加
    C. 一项所有者权益增加　　　　　　D. 一项负债减少
16. 企业收入的发生往往会引起（　　）。
    A. 资产增加　　　B. 资产减少　　　C. 负债增加　　　D. 所有者权益减少
17. （　　）既反映了会计要素之间的基本数量关系，同时也是复式记账的理论依据。
    A. 会计科目　　　B. 会计等式　　　C. 会计账户　　　D. 会计对象

18. 每一项经济业务的发生，都会影响(　　)项目发生增减变化。
    A. 一个   B. 两个
    C. 两个或两个以上   D. 一个或一个以上
19. 流动资产是指其变现或耗用期(　　)。
    A. 在一年以内
    B. 在一个营业周期内
    C. 在一年内或超过一年的一个营业周期内
    D. 超过一年的一个营业周期
20. 利润是企业在一定期间内的经营成果，是企业在生产经营过程中的(　　)后的余额。
    A. 各种收入扣除各种费用   B. 各种资产扣除各种成本
    C. 各种资产扣除各种负债   D. 各种资产扣除各种权益
21. (　　)不属于损益类的会计科目。
    A. 管理费用   B. 生产成本   C. 主营业务成本   D. 其他业务支出
22. 账户的本期增加发生额是指(　　)。
    A. 本期增加金额合计   B. 本期增加金额合计减本期减少金额合计
    C. 本期期初余额加本期增加金额合计 D. 本期减少金额合计
23. (　　)不是设置会计科目的原则。
    A. 统一性与灵活性相结合   B. 必须结合会计要素的特点
    C. 会计科目要保持相对稳定 D. 经审计人员审计批准
24. 假如某账户本期期初余额为5 600元，本期期末余额为5 700元，本期减少发生额为800元，则该账户本期增加发生额为(　　)。
    A. 900   B. 10 500   C. 700   D. 12 100
25. 总分类会计科目和明细会计科目之间有密切的关系，即(　　)关系。
    A. 相等   B. 名称一致   C. 统驭和从属 D. 互相依存
26. 某企业所有者权益总额为700万元，负债总额为200万元，那么该企业的资产总额为(　　)万元。
    A. 900   B. 1 000   C. 500   D. 以上答案都不对
27. 假如某账户本期增加发生额为1 300元，减少发生额为1 600元，期末余额为1 300元，则该账户本期期初余额为(　　)元。
    A. 4 000   B. 1 600   C. 1 200   D. 1 000
28. 借贷记账法是以"借"、"贷"作为(　　)的一种复式记账法。
    A. 记账规则   B. 账户结构   C. 账户对应关系 D. 记账符号
29. 下列会计分录中属于简单会计分录的有(　　)。
    A. 一借一贷   B. 一借多贷   C. 一贷多借   D. 多借多贷
30. 存在着对应关系的账户，称为(　　)。
    A. 联系账户   B. 平衡账户   C. 恒等账户   D. 对应账户
31. 借贷记账法的理论基础是(　　)。
    A. 会计要素   B. 会计原则   C. 会计等式   D. 复式记账法

32. 资产与权益两大类账户的结构是(　　)。
    A. 相同的　　　　B. 相反的　　　　C. 不稳定的　　　　D. 基本相同的
33. 借：银行存款　　10 000
    　　贷：短期借款　　10 000
    该会计分录体现的经济业务内容是(　　)。
    A. 以银行存款10 000元偿还短期借款　　B. 收到某企业前欠货款10 000元
    C. 向银行取得短期借款10 000元　　D. 收到某企业投入货币资金10 000元
34. 某资产类账户，借方期初余额为9 500元，贷方本期发生额为15 000元，借方期末余额为12 000元，该账户的借方本期发生额应为(　　)。
    A. 17 500　　　B. 8 500　　　C. 12 000　　　D. 36 700
35. 某负债类账户，本期借方发生额为8 400元，贷方发生额为3 700元，贷方期末余额为4 000元，则该账户的贷方期初余额为(　　)。
    A. 800元　　　B. 8 700元　　　C. 12 100　　　D. 8 100
36. 所谓试算平衡，就是根据资产和权益的(　　)来检查各类账户的记录是否正确。
    A. 对应关系　　　B. 平衡关系　　　C. 制约关系　　　D. 从属关系
37. 全部账户借方期初余额合计应当等于(　　)。
    A. 全部账户本期借方发生额合计　　B. 全部账户本期贷方发生额合计
    C. 全部账户贷方期初余额合计　　D. 全部账户贷方期末余额合计
38. (　　)通常没有期末余额。
    A. 资产账户　　　B. 负债账户　　　C. 所有者权益账户　　　D. 损益账户
39. 根据复式记账原理，对每笔经济业务都必须同时在(　　)中相互联系地加以登记。
    A. 一个账户的借方和另一个账户的贷方
    B. 一个资产账户和一个负债账户
    C. 一个总分类账户和其所属的几个明细账户
    D. 两个和两个以上账户
40. 采用复式记账的方法主要是为了(　　)。
    A. 便于登记账簿　　B. 如实完整地反映资金运动的来龙去脉
    C. 提高会计工作效率　　D. 便于会计人员的分工协作
41. 在借贷记账法下，账户的借方表示(　　)
    A. 资产的增加和负债的减少　　B. 负债的增加和资产的减少
    C. 收入的增加和负债的减少　　D. 利润和所有者权益的增加
42. 在借贷记账法下，账户哪一方记增加，账户哪一方记减少，取决于(　　)。
    A. 账户的格式　　B. 账户的结构
    C. 账户的用途　　D. 账户所反映的经济内容
43. 资产类账户的期末余额根据(　　)计算。
    A. 借方期末余额=借方期初余额+借方本期发生额−贷方本期发生额
    B. 借方期末余额=借方期初余额+贷方本期发生额−借方本期发生额
    C. 贷方期末余额=贷方期初余额+借方本期发生额−贷方本期发生额

D. 贷方期末余额=贷方期初余额+贷方本期发生额-借方本期发生额

44. 账户发生额试算平衡是依据( )确定的。
   A. 借贷记账法的记账规则　　　　B. 经济业务的内容
   C. 会计方程式　　　　　　　　　D. 经济业务的类型

45. 借贷记账法的余额试算平衡公式是( )。
   A. 每个账户借方发生额等于每个账户贷方发生额
   B. 全部账户借方发生额合计等于全部账户贷方发生额合计
   C. 全部账户期末借方余额合计等于全部账户期末贷方余额合计
   D. 每个账户期末借方余额合计等于每个账户期末贷方余额合计

46. 负债类账户期末余额一般( )。
   A. 应在账户的借方　　　　　　　B. 没有余额
   C. 应在账户的贷方　　　　　　　D. 应在账户的借方或贷方

47. 某企业资产总额为100万元，收回应收账款10万元后，又以银行存款10万元偿付应付账款。这时该企业资产总额为( )万元。
   A. 100　　　B. 110　　　C. 90　　　D. 120

48. 应付账款账户本期借方发生额为80万元，贷方发生额为100万元，期末应付账款贷方余额为65万元。该账户期初余额为( )。
   A. 借方45万元　　B. 贷方45万元　　C. 借方85万元　　D. 贷方85万元

49. 2008年末某企业的资产总额为500万元，负债总额为280万元，全年收入为360万元，费用为290万元，则该企业本年初所有者权益总额为( )万元。
   A. 150　　　B. 270　　　C. 220　　　D. 70

50. 应收账款账户期初借方余额为2 000元，本期新增10 000元，本期贷方发生额为8 000元，该账户期末余额为( )元。
   A. 借方4 000　　B. 贷方8 000　　C. 借方12 000　　D. 贷方4 000

二、多项选择题

1. 单式记账法的记账特点是( )。
   A. 只反映一部分经济业务　　　　B. 只反映经济业务的一个方面
   C. 没有完整的账户体系　　　　　D. 不能进行试算平衡

2. ( )属于只引起会计等式左边会计要素变动的经济业务。
   A. 购买材料700元，货款暂欠
   B. 从银行提取现金500元
   C. 购买机器一台，以存款支付15万元价款
   D. 接受国家投资300万元
   E. 收到某外商捐赠的货物一批价值100万元

3. 所有者权益包括的内容有( )
   A. 投入资本　　B. 资本公积
   C. 盈余公积　　D. 未分配利润　　E. 应付利润

学习情境三 掌握记账的基本方法

4. (　　)属引起会计等式左右两边会计要素变动的经济业务。
   A. 收到某单位前欠货款 10 000 元存入银行
   B. 以银行存款偿还银行借款
   C. 收到某单位投入的机器一台，价值 60 万元
   D. 以银行存款偿还前欠货款 20 万元
   E. 购买材料 4 000 元以银行存款支付货款

5. (　　)属于正确的会计等式。
   A. 资产=权益   B. 资产=负债+所有者权益
   C. 收入−费用=利润   D. 资产=负债+所有者权益+(收入−费用)
   E. 资产+负债−费用=所有者权益+收入

6. 所有者权益与负债有着本质的不同，即(　　)。
   A. 两者性质不同   B. 两者偿还期不同
   C. 两者享受的权利不同   D. 两者风险程度不同
   E. 两者对企业资产要求权的顺序不同

7. 资产的特点可归纳为(　　)。
   A. 由企业拥有或控制   B. 能带来经济利益
   C. 由过去的交易或事项形成   D. 伴随着收入的取得
   E. 能表示为一瞬间的费用

8. 下列经济业务中，会引起会计等式右边会计要素发生增减变动的业务有(　　)。
   A. 以银行存款偿还前欠货款   B. 某企业将本企业所欠货款转作投入资本
   C. 将资本公积转增资本   D. 向银行借款，存入银行
   E. 投资者追加对本企业的投资

9. (　　)属于流动资产的内容。
   A. 存放在银行的存款   B. 存放在仓库的材料
   C. 厂房和机器   D. 企业的办公楼

10. 在我国对外提供会计报表的会计要素包括(　　)。
    A. 利润分配   B. 收入、费用、利润
    C. 成本   D. 资产、负债
    E. 所有者权益

11. 不论哪一种类型的经济业务发生，均不会破坏资产总额与负债、所有者权益总额平衡的有(　　)。
    A. 经济业务发生，引起资产项目之间此增彼减相等金额的
    B. 经济业务发生，引起负债及所有者权益项目之间此增彼减相等金额的
    C. 经济业务发生，引起资产与负债及所有者权益项目同时增加相等金额的
    D. 经济业务发生，引起资产与负债及所有者权益项目同时减少相等金额的
    E. 经济业务发生，引起资产与负债及所有者权益项目同时减少不等金额的

12. 下列各项可作为负债要素的特征的有(　　)。
    A. 由过去的交易或事项引起的偿还的义务

B. 由将来的交易或事项引起的偿还的义务

　　C. 清偿负债会导致经济利益流出企业

　　D. 负债的清偿一定要有确切的金额

13. 下列各项中属于所有者权益项目的有(　　)。

　　A. 形成的利润　　　　　　　　B. 出现的亏损

　　C. 对利润的分配　　　　　　　D. 投资者投入资本

　　E. 从银行取得贷款

14. 下列经济业务发生，使资产和权益总额保持不变的有(　　)。

　　A. 从银行取得借款 6 000 元，存入银行

　　B. 以银行存款 4 000 元，偿还前欠购料款

　　C. 从银行提取现金 500 元

　　D. 以银行存款 5 000 元，购买材料

15. 下列经济业务中，不会引起会计等式两边同时发生增减变动的有(　　)。

　　A. 收到销货款存入银行　　　　B. 购进材料未付款

　　C. 从银行提取现金　　　　　　D. 从银行借款，存入银行

16. 下列经济业务中，引起资产一增一减的有(　　)。

　　A. 以银行存款购买设备　　　　B. 从银行提取现金

　　C. 以银行存款购买材料　　　　D. 以银行存款偿还以前欠款

17. 引起资产与权益同时增加的经济业务有(　　)。

　　A. 投资者投入资本存入银行

　　B. 向银行取得短期借款存入银行

　　C. 计入产品成本但尚未支付的工人工资

　　D. 货款尚未支付且已入库的原材料

18. 下列经济业务，属于资产和权益同时减少的有(　　)。

　　A. 出售固定资产　　　　　　　B. 上缴税款

　　C. 用银行存款归还银行借款　　D. 用银行存款归还应付账款

　　E. 销售产品，货款未收

19. 下列经济业务，属于资产和负债同时增加的有(　　)。

　　A. 生产领用材料　　　　　　　B. 收回债权

　　C. 向银行借入流动资金　　　　D. 购入材料未付款

　　E. 从银行提取现金

20. (　　)的说法是正确的。

　　A. 本期的期末余额即为下期的期初余额

　　B. 如果账户在左方记录增加额，则在右方记录减少额

　　C. 账户的期末余额一般与记录增加额的一方在同一方向

　　D. 会计科目仅仅是对会计要素进行具体分类的项目名称

　　E. 每一个账户都有一个科学而简括的名称，用以说明账户所记录的经济业务

21. 在会计工作中，账户的格式设计一般包括以下内容(　　)。

A. 账户的名称 B. 日期
C. 摘要 D. 凭证字号
E. 增加和减少的金额及余额

22. (　　)属于国家统一规定的会计科目。
    A. 应收款 B. 主营业务收入
    C. 银行存款 D. 库存现金
    E. 无形资产

23. 借贷记账法的基本内容通常包括(　　)。
    A. "借""贷"记账符号 B. 记账规则
    C. 账户的设置 D. 试算平衡
    E. 检查账户记录的正确性

24. 复式记账法的优点包括(　　)。
    A. 可以进行试算平衡 B. 了解经济业务的来龙去脉
    C. 简化账簿的登记工作 D. 检查经济业务的合法性
    E. 检查账户使用的正确性

25. 账户借方登记(　　)。
    A. 资产增加 B. 负债增加
    C. 所有者权益增加 D. 负债减少
    E. 所有者权益减少

26. 账户贷方登记(　　)。
    A. 资产增加 B. 资产减少
    C. 负债增加 D. 所有者权益增加
    E. 费用转销

27. 企业每天发生的各种经济业务虽然多种多样，但不外乎以下几种类型(　　)。
    A. 资产与负债或所有者权益同时增加
    B. 资产中有关项目有增有减
    C. 资产与负债或所有者权益同时减少
    D. 负债或所有者权益中有关项目有增有减
    E. 资产与负债或所有者权益有增有减

28. (　　)属于资产中有关项目有借有贷的经济业务。
    A. 收到某单位还来欠款 1 000 元 B. 向银行借入短期借款 20 000 元
    C. 以存款 5 000 元购买机器一台 D. 从银行提取现金 800 元
    E. 收到某投资者投入的银行存款 80 000 元

29. (　　)属于资产与负债同时增加的经济业务。
    A. 购买材料 5 000 元，货款暂欠
    B. 向银行借入长期借款 20 万元存入银行
    C. 以存款 10 000 元偿还前欠货款
    D. 向某单位投资机器一台，价值 8 万元

E. 销售产品一批，货款 50 000 元尚未收到

30. （　　）属于资产与负债同时减少的经济业务。
    A. 以存款 10 万元偿还前欠货款　　　B. 以存款 5 万元偿还银行借款
    C. 生产领用材料 5 000 元　　　　　　D. 向某企业投资设备一台价值 15 万元
    E. 收回以前投资设备价值 60 万元

31. 借贷记账法的试算平衡可按下列公式进行（　　）。
    A. 全部账户借方本期发生额合计＝全部账户贷方本期发生额合计
    B. 全部账户增加额合计＝全部账户减少额合计
    C. 全部账户期末借方余额合计＝全部账户期末贷方余额合计
    D. 资产账户发生额合计＝负债和所有者权益账户发生额合计
    E. 所有账户期初余额合计＝所有账户期末余额合计

32. 以下哪些错误无法通过试算平衡发现（　　）。
    A. 某项经济业务未入账　　　　　　　B. 某项经济业务重复入账
    C. 借贷双方同时少记金额　　　　　　D. 借贷双方同时多记金额

33. 下列各项记账差错中，运用借贷记账法试算平衡可查出其错误的有（　　）。
    A. 在过账时误将借方数额过入贷方
    B. 一笔经济业务的记录全部被漏记
    C. 一笔经济业务的记录借贷双方金额同时少记
    D. 某一账户借方或贷方本期发生额的计算有误
    E. 应借应贷科目使用错误

三、判断题（正确的打"√"，错误的打"×"）

1. 最早的"四柱结算法"就是"四脚账"。　　　　　　　　　　　　　　　　　　　（　　）
2. 单式记账法也需要设置完整的账户体系。　　　　　　　　　　　　　　　　　（　　）
3. 制造企业与流通企业的资金运动规律完全相同。　　　　　　　　　　　　　（　　）
4. 会计要素中既有反映财务状况的要素，也有反映经营成果的要素。　　　（　　）
5. 所有者权益是指企业投资人对企业资产的所有权。　　　　　　　　　　　（　　）
6. 与所有者权益相比，债权人无权参与企业的生产经营管理和收益分配，而所有者权益则相反。　　　　　　　　　　　　　　　　　　　　　　　　　　　　　　　　　　　　（　　）
7. 企业取得收入，意味着利润一定会形成。　　　　　　　　　　　　　　　　　（　　）
8. 资产、负债与所有者权益的平衡关系是企业资金运动的静态反映，如考虑收入、费用等动态要素，则资产与权益总额的平衡关系必然被破坏。　　　　　　　　　　（　　）
9. 企业以存款 8 万元购买设备一台。该项经济业务会引起会计等式左右两边会计要素发生一增一减的变化。　　　　　　　　　　　　　　　　　　　　　　　　　　　　（　　）
10. 企业收到某单位还来前欠货款 2 万元，该项经济业务会引起会计等式左右两边会计要素发生同时增加的变化。　　　　　　　　　　　　　　　　　　　　　　　　（　　）
11. 不管什么企业发生何种经济业务，会计等式的左右两边金额永远不变，故永远相等。
　　（　　）

12. 为了满足会计核算的要求，会计科目的设置越多越好。（ ）
13. 所有的账户都是依据会计科目开设的。（ ）
14. 所有账户的左边均记录增加额，右边均记录减少额。（ ）
15. 账户的基本结构是增加、减少、余额，故账户的格式设计即这三方面的内容。
（ ）
16. 会计科目仅是名称而已，若要体现会计要素的增减变化及变化后的结果则要借助于账户。（ ）
17. 如果账户需设计账户名称，则该名称即为会计科目名称。（ ）
18. 会计科目按其经济内容分类，可以分为总分类科目和明细分类科目。（ ）
19. 账户中的本期增加发生额，是增减相抵后的净增加额。（ ）
20. 企业不论采用何种记账方法，也不论是何种性质的账户，其基本结构总是相同的。
（ ）
21. 一借多贷或一贷多借的会计分录不能反映账户的对应关系。（ ）
22. 试算平衡表中借贷发生额合计如果平衡，则说明记账肯定没有错误。（ ）
23. 经济业务不会引起资产与权益有增有减的变化。（ ）
24. 在借贷记账法下，可以开设双重性质的账户。（ ）
25. 不应将反映不同类型的经济业务，合并编成多借多贷的会计分录。（ ）
26. 账户对应关系是指某个账户内的借方与贷方的相互关系。（ ）
27. "库存现金"账户与"银行存款"账户是一对固定的对应账户。（ ）
28. "借""贷"两字不仅是记账符号，其本身的含义也应考虑，"借"只能表示债权增加，"贷"只能表示债务增加。（ ）
29. 借贷记账法账户的基本结构是：每一个账户的左边均为借方，右边均为贷方。
（ ）
30. 一个账户的借方如果用来记录增加额，其贷方一定用来记录减少额。（ ）
31. 一般来讲，各类账户的期末余额与记录增加额的一方在同一方向。（ ）
32. 企业所有者权益类账户的期末余额在贷方。（ ）
33. 借贷方向相反可以通过试算平衡查找出来。（ ）
34. 负债及所有者权益类账户的结构应与资产类账户的结构一致。（ ）

四、填空题

1. 宋朝的"四柱结算法"中的四柱，即_____、_____、_____和_____，其含义分别相当于近代会计中的_____、_____、_____和_____，四柱之间的结算关系可用会计等式表示为_____。
2. _____年意大利数学家卢卡·帕乔利所著的《算术、几何、比及比例概要》中的_____，标志着近代会计的最终形成。
3. 制造企业资金从货币形态开始，顺序地经过_____、_____、_____，其表现形态依次转化为_____、_____、_____，再回到货币资金形态，称为_____。随着生产经营活动不断地进行，上述资金循环形成_____。

4. 会计要素是对_____进行的基本分类，是构成_____的基本成分，一般分为六个即_____、_____、_____、_____、_____、_____。
5. 资产具有如下基本特征：_____，_____，_____，_____。
6. 负债是指_____。一般按偿还期的长短分为_____和_____。
7. 负债具有下列特征：_____、_____。
8. 所有者权益是指_____，包括_____、_____、_____和_____四个部分。
9. 所有者权益与负债的区别，主要表现在：_____、_____、_____。
10. 收入是指_____。收入具有下列特征：_____、_____、_____。
11. 收入有不同的分类，按其性质可分为_____、_____和_____等，按其重要性可分为_____和_____两类。
12. 费用是指_____。费用包括_____、_____和_____。
13. 费用具有下列特征：_____、_____。
14. 会计要素中，_____、_____和_____是存量要素，反映企业在一定日期拥有的经济资源及应承担的经济责任，是直接关系到企业财务状况计量的要素，是资产负债表的重要项目，因此也称为资产负债表要素。_____、_____和_____是增量要素，反映企业一定期间内的经营成果和盈利状况，是直接关系到企业利润计量的要素，是利润表的重要项目，因此也称为利润表要素。
15. 会计科目就是在会计对象划分为_____的基础上，按照_____的具体内容进一步分类，并以此为依据设置_____。
16. 会计科目的设置必须满足_____的需要，既要符合_____的要求，又要满足_____的需要。
17. _____是最高层次的会计科目，控制或统驭着_____和_____；二级科目是对一级科目的补充说明，控制或统驭着_____，是介于一级科目和明细科目之间起沟通作用的会计科目；明细科目是对二级科目或一级科目更为详细的_____。
18. 账户是根据_____开设的，用来序时、分类、连续地记录_____，反映会计要素增减变动及其结果的一种_____。_____是会计核算的一种专门方法。
19. 我国总分类会计科目及核算内容都是由_____统一规定的。
20. 账户是根据_____开设的，账户的基本结构是_____、_____、_____。
21. 借贷记账法的记账规则是_____，_____。

22. 在借贷记账法下，借字表示_____的增加；费用的_____；负债及所有者权益的_____；贷字表示_____的减少；费用成本的_____；负债及所有者权益的_____；收入的_____。
23. 在借贷记账法下，负债及所有者权益账户的期末余额 = _____ + _____ – _____。

五、名词解释

会计　　　　资本金　　　　会计要素　　　　资产
负债　　　　所有者权益　　收入　　　　　　费用
利润　　　　会计等式　　　会计科目　　　　会计账户
记账方法　　单式记账法　　复式记账法　　　借贷记账法
试算平衡　　会计分录

六、简答题

1. 什么是会计的核算职能？其具有哪些特点？
2. 简述制造企业的资金运动规律。
3. 怎样理解资产和权益的平衡关系？
4. 经济业务的发生，会引起会计基本等式发生哪些类型的变化？
5. 简述设置会计科目的原则。
6. 试比较单式记账法与复式记账法的基本特点。
7. 简述借贷记账法下账户的基本结构。
8. 简述借贷记账法的基本内容。

学习情境四

填制和审核记账凭证

任务一　填制记账凭证

单元引言：取得或填制原始凭证是会计工作程序的第一步，然后就需要进行"会计确认"这个环节了。在学习情境三我们已经分析了直接记录存在的缺陷，在经济单位的会计核算中，我们必须增加"会计确认"这个环节，这个环节实际上就是对取得或填制的原始凭证进行汇总整理，从工作程序上来讲，也就是一个"分录"的过程。"分录"的结果需要一个载体，这个载体就是记账凭证。对于经济单位的会计工作人员来讲，必须根据审核无误的原始凭证填制记账凭证，并对记账凭证进行审核，以保证记账凭证填制正确无误。

任务描述：填制记账凭证是对原始凭证的进一步汇总，也就是按照复式记账法的记账原理，对企业发生的各项经济业务指明记账的符号、方向和金额，为后续的会计账簿登记奠定基础。

任务分析：要完成记账凭证的填制工作，必须了解记账凭证的种类及不同业务应填制的记账凭证类型，按照记账凭证的填制要求及借贷记账法的记账原理，正确规范地填制各项经济业务所涉及的记账凭证，包括专用凭证和通用凭证。

一、认识记账凭证

（一）什么是记账凭证？

记账凭证是会计人员根据审核无误的原始凭证，按照记账规则的要求，用以确定会计分录的会计凭证。它是登记账簿的直接依据。

由于原始凭证种类繁多，数量庞大，格式大小不一，同时来自不同的经济单位，不能清楚地表明应记入的会计科目的名称和方向。为了便于登记账簿，需要根据原始凭证反映的不同经济业务，加以归类和整理，填制具有统一格式的记账凭证，用以确定账户名称、应借应贷方向和金额，并将相关的原始凭证附在后面，以保证会计账簿记录的准确性，提高会计工作质量。从原始凭证到记账凭证是经济信息转换成会计信息的过程，是会计的初始确认阶段。

（二）记账凭证的种类

1. 按照其反映经济业务的内容划分，可分为收款凭证、付款凭证和转账凭证

收款凭证，是用来记录现金和银行存款收入业务的记账凭证，是根据库存现金和银行存款收入业务的原始凭证填制的。其格式如图4-1-1所示。

学习情境四 填制和审核记账凭证

		收　款　凭　证				字　第　号
借方科目		年　月　日		附原始凭证	张附件	张

摘　要	贷　方　科　目		金　额		√
	总账科目	明细科目	亿千百十万千百十元角分		

会计主管　　　　记账　　　　复核　　　　制单

图 4-1-1

付款凭证，是用来记录现金和银行存款付出业务的记账凭证。它是根据有关现金和银行存款付出业务的原始凭证填制的。其格式如图 4-1-2 所示。

		付　款　凭　证				字　第　号
贷方科目		年　月　日		附原始凭证	张附件	张

摘　要	借　方　科　目		金　额		√
	总账科目	明细科目	亿千百十万千百十元角分		

会计主管　　　　记账　　　　复核　　　　制单

图 4-1-2

收、付款凭证既是登记现金日记账、银行存款日记账、明细账和总账等有关账簿的依据，同时也是出纳人员办理收入、支付款项的依据。

注意：在实际工作中会发生同时涉及现金和银行存款的业务，引起现金和银行存款此增彼减的情况，例如从银行提取现金，或将现金送存银行，为了避免重复记账，对此类业务处理的方法是，统一按减少方编制付款凭证，即：现金送存银行时，只填制现金付款凭证，不填制银行存款收款凭证。

转账凭证，是用来记录不涉及现金和银行存款收付的有关转账业务的记账凭证。它是根据有关转账业务的原始凭证填制的。转账凭证是登记转账日记账、明细账和总账等有关账簿的依据。其格式如图 4-1-3 所示。

转 账 凭 证　　　　　　　　　字 第 号

年　月　日　　附原始凭证　　张附件　张

摘　要	总账科目	明细科目	借方金额 亿千百十万千百十元角分	√	贷方金额 亿千百十万千百十元角分	√

会计主管　　　　记账　　　　复核　　　　制单

图 4-1-3

在经济业务比较简单、经营规模较小的单位，为了简化会计凭证，一般使用通用记账凭证记录所发生的各种经济业务。通用记账凭证，是指对全部经济业务不再区分收款、付款及转账业务，而将所有经济业务统一编号，在同一格式的凭证中进行记录的记账凭证。通用记账凭证的格式与转账凭证基本相同。其格式如图 4-1-4 所示。

记 账 凭 证　　　　　　　　　字 第 号

年　月　日　　附原始凭证　　张附件　张

摘　要	科　目	子目或户名	√	借方金额 亿千百十万千百十元角分	贷方金额 亿千百十万千百十元角分

会计　　　　记账　　　　出纳　　　　复核　　　　制单

图 4-1-4

2. 按照其反映经济业务的数量多少划分，可分为单项记账凭证、汇总记账凭证和科目汇总表

对于经济业务比较多的经济单位，为了减少登记总账的手续，还可以根据记账凭证，编制汇总记账凭证或科目汇总表（也称记账凭证汇总表），用来汇总登记总账，以简化记账工作。

单项记账凭证，是指只包括一笔会计分录的记账凭证（上述凭证均为单项记账凭证）。

汇总记账凭证，是指根据一定时期同类单项记账凭证定期加以汇总而重新编制的记账凭证。其目的是为了简化总分类账的登记手续。汇总记账凭证又分为汇总收款凭证、汇总付款凭证和汇总转账凭证。

科目汇总表，是指根据一定时期所有记账凭证定期加以汇总而重新编制的记账凭证。其目的也是为了简化总分类账的登记手续。

3. 按照其填制方式划分，可以分为复式记账凭证和单式记账凭证

复式记账凭证，是指将一项经济业务所涉及的会计科目集中填列在一张记账凭证中。复式记账凭证可以集中反映账户的对应关系，便于了解有关经济业务的全貌，如上述收、付、转凭证。

单式记账凭证，就是把一项经济业务所涉及的每个会计科目分别填制记账凭证，每张记账凭证只填列一个会计科目。

二、填制记账凭证

（一）记账凭证的基本内容

记账凭证是登记账簿的依据。记账之前，必须根据审核无误的原始凭证填制记账凭证。为了保证账簿记录的正确性，记账凭证必须具备以下基本内容：

（1）记账凭证的名称；
（2）填制记账凭证的日期和凭证编号；
（3）经济业务的内容；
（4）指明所记账户名称、记账方向和记账金额；
（5）所附原始凭证张数；
（6）填制、审核、记账等人员签章。

（二）记账凭证的填制程序及要求

记账凭证是根据经过审核无误的原始凭证或原始凭证汇总表填制的。

1. 记账凭证的填制程序

（1）审核原始凭证所记载的经济业务是否合理、合法，内容是否完备，数字计算是否正确。

（2）根据原始凭证或原始凭证汇总表所记载的经济内容和会计制度规定，确定会计分录。

（3）按照记账凭证的内容、格式及填制方法填制记账凭证。

（4）填制的记账凭证送审核人员审核后，转交记账人员记账。填制人员、审核人员、

记账人员及会计主管人员应予签章，收款凭证、付款凭证还应由出纳人员签章，以明确经济责任。

2. 记账凭证的填制要求

（1）摘要简明。记账凭证的摘要应用扼要的语言，概括出经济业务的主要内容。既要防止简而不明，又要避免过于繁琐。为了满足登记明细分类账的需要，对不同性质的账户，其摘要填写应有所区别。例如，反映原材料等实物资产的账户，摘要中应注明品种、数量、单价；反映现金、银行存款或借款的账户，摘要中应注明收付款凭证和结算凭证的号码，以及款项增减原因、收付款单位名称等。

（2）分录正确。记账凭证必须按会计制度统一规定的会计科目填写，不得任意简化或改动，不得只写科目编号，不写科目名称；同时，二级科目和明细科目也要填列齐全。应借、应贷的记账方向和账户对应关系必须清楚；编制复合会计分录，应是一借多贷或一贷多借，一般不编制多借多贷的会计分录。

（3）连续编号。采用通用记账凭证，可按全部经济业务发生的先后顺序编号，每月从第×号编起；采用专用记账凭证，可按凭证类别分类编号，每月从收字第×号、付字第×号和转字第×号编起。若一笔经济业务需填制多张记账凭证，可采用"分数编号法"，即按该项经济业务的记账凭证数量编列分号。例如，某笔经济业务需编制三张转账凭证，凭证的顺序号为9，这三张凭证的编号应分别为转字第91/3号、第92/3号、第93/3号。每月末，应在最后一张记账凭证的编号旁边加注"全"字，以免凭证散失。

（4）附件齐全。记账凭证所附的原始凭证必须完整无缺，并在凭证上注明所附原始凭证的张数，以便核对摘要及所编会计分录是否正确无误。若两张或两张以上的记账凭证依据同一原始凭证，则应在未附原始凭证的记账凭证上注明"原始凭证×张，附于第×号凭证之后"，以便日后查阅。

（5）填制合规。记账凭证的书写要求与原始凭证相同。凭证应按行次逐项填写，不得跳行。记账凭证金额填完后应加计金额合计数。记账凭证的一方不论是一个会计科目还是若干个会计科目，或一个会计科目下有若干个明细科目，都应将一方的金额加计合计数后填写在相应的"合计"栏内。合计金额前应加注币种符号，如"￥"。记账凭证填完经济业务事项后，如有空行，应当在金额栏最后一笔金额数字下的空行处至合计数上的空行处画线注销。记账凭证可以根据每一张原始凭证填制，或根据若干张同类原始凭证汇总编制，也可以根据原始凭证汇总表填制，但不得将不同内容和类别的原始凭证汇总填制在一张记账凭证上。记账凭证的内容登记入账簿后，为避免重复登账，应在记账凭证的"过账"栏内注明账户页码或作"√"标记。

（6）更正规范。填制记账凭证时若发生错误，应当重新编制正确的记账凭证。已经登记入账的记账凭证，在当年内发现填写错误时，应用红字填写一张与原内容相同的记账凭证，在摘要栏注明"注销某月某日某号凭证"字样，同时再用蓝字重新填制一张正确的记账凭证，注明"订正某月某日某号凭证"字样。如果会计科目没有错误，只是金额错误，也可以按正确数字与错误数字之间的差额，另编一张调整的记账凭证。调增金额用蓝字，调减金额用红字。发现以前年度记账凭证有错误的，应当用蓝字填制一张更正的记账凭证。

(三) 专用记账凭证的填制方法

1. 收款凭证的填制方法

收款凭证是根据有关现金和银行存款收款业务的原始凭证填制的。收款凭证左上方"借方科目"按收款的性质填写"库存现金"或"银行存款"科目;"日期"填写编制本记账凭证的日期;右上角填写编制收款凭证的顺序号,可按"收字第××号"或"现收字第××号"或"银收字第××号"的顺序编号;"摘要"填写对所记录的经济业务的简要说明;"贷方科目"填写与借方科目对应的一级科目及明细科目;"金额"是指该项经济业务的发生额;"√"是该凭证已登记账簿的标记,防止经济业务漏记或重记;"附原始凭证　张附件　张"是指记账凭证所附原始凭证和附件的张数;记账凭证最下面分别由有关人员签名或盖章,以明确经济责任。

【例 4-1-1】 江海公司 20××年 1 月 8 日收回东江公司前欠货款 100 000 元存入银行。根据该项经济业务所填制的收款凭证如图 4-1-5 所示。

收 款 凭 证

银收 字第 03 号

借方科目 银行存款　　20×× 年 1 月 8 日　　附原始凭证 2 张附件　张

摘　要	贷 方 科 目		金　额										
	总账科目	明细科目	亿	千	百	十	万	千	百	十	元	角	分
收回货款	应收账款	东江公司				1	0	0	0	0	0	0	0
合计				¥	1	0	0	0	0	0	0	0	

会计主管　××　　　记账　××　　　复核　××　　　出纳　××　　　制单　××

图 4-1-5

2. 付款凭证的填制方法

付款凭证是根据有关现金和银行存款付款业务的原始凭证填制的。凡涉及现金、银行存款付出业务的,都要填制付款凭证。其填制方法与收款凭证大体相同,区别在于左上角的"借方科目"换为"贷方科目",凭证中间的"贷方科目"换为"借方科目"。

【例 4-1-2】 江海公司 20××年 1 月 9 日以现金支付职工工资 8 000 元。根据该项经济业务所填制的付款凭证如图 4-1-6 所示。

付 款 凭 证　　　　　现付 字第 05 号

贷方科目　库存现金　　　20××年1月9日　　附原始凭证　1张附件　张

摘　要	借方科目		金　额	
	总账科目	明细科目	亿千百十万千百十元角分	√
支付工资	应付职工薪酬	工资	8 0 0 0 0 0	√
合计			￥ 8 0 0 0 0 0	

会计主管　××　　　记账　××　　　复核　××　　　出纳　××　　　制单　××

图 4-1-6

注意：对于现金和银行存款之间的划转业务，如将现金存入银行或从银行提取现金，一般只填制银行存款或现金付款凭证，以避免重复记账。

3．转账凭证的填制方法

转账凭证是根据有关转账业务的原始凭证填制的，转账凭证的"总账科目"栏和"明细科目栏"应分别填列应借、应贷的一级科目和所属明细科目。借方科目应记金额，在借方科目同一行的"借方金额"栏填列。贷方科目应记金额，在贷方科目同一行的"贷方金额"栏填列。"借方金额"栏合计数与"贷方金额"栏合计数必须相等。

【例4-1-3】　江海公司20××年1月10日购买甲材料50 000元办妥入库手续。根据该项经济业务所填制的转账凭证如图4-1-7所示。

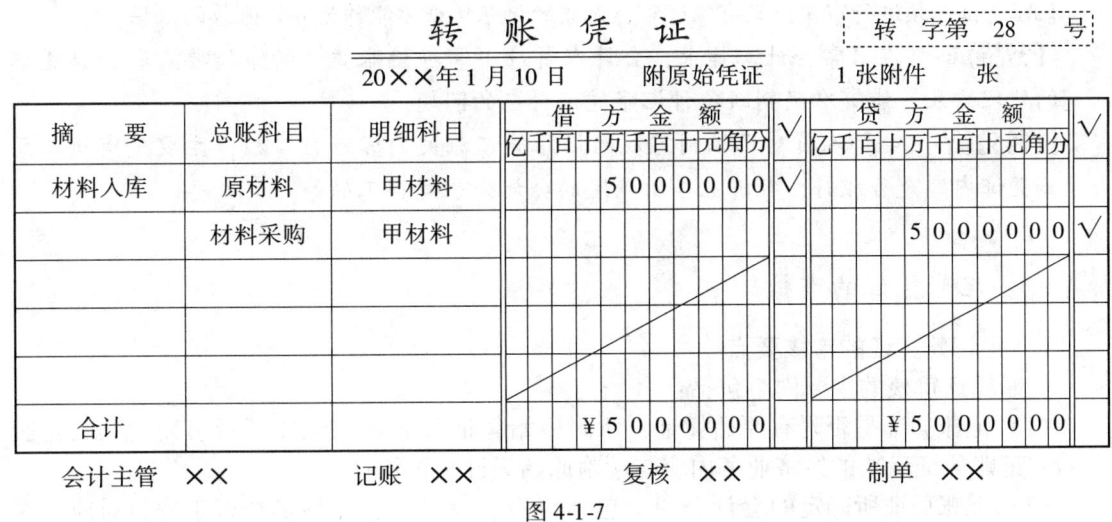

图 4-1-7

（四）通用记账凭证的填制方法

通用记账凭证的名称为"记账凭证"，它是集收款、付款和转账凭证于一身，适用于所有经济业务类型的记账凭证。通用记账凭证的格式及填制方法与转账凭证相同。

【例 4-1-4】 江海公司20××年1月11日采购乙材料50 000元，增值税8 500元，货款以银行存款支付，材料尚未验收入库。根据该项经济业务所填制的记账凭证如图4-1-8所示。

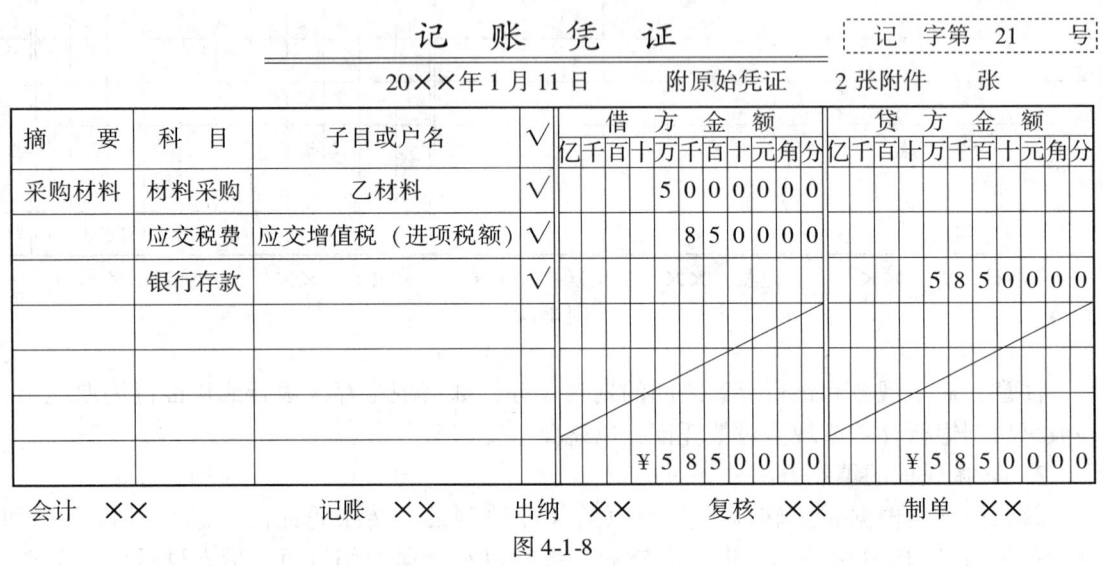

图 4-1-8

任务二　审核记账凭证

单元引言： 记账凭证是登记账簿的直接依据，为了保证账簿登记的正确性，填制完成的记账凭证必须进行审核，只有经过审核无误的记账凭证才能作为登记账簿的依据。

任务描述： 在日常会计工作中，会计人员应当掌握记账凭证的审核要点和错误凭证的处理方法，能够准确判断各种记账凭证存在的问题。

任务分析： 会计人员对已编制完成的记账凭证相关内容进行审核，主要是审核与原始凭证内容是否相符，经济业务所确定的会计分录是否正确等。

一、记账凭证的审核

（一）记账凭证的审核要点

记账凭证审核的主要内容包括：

（1）记账凭证是否附有原始凭证，所附原始凭证张数与记账凭证所填列的张数是否一致；记账凭证反映的经济业务内容与所附原始凭证是否相符。

（2）记账凭证所确定的会计分录，包括应借、应贷的会计科目是否正确，对应关系是否清楚，所记金额有无错误，借方金额与贷方金额是否相等；一级科目金额与所属明细科目金额是否相符。

（3）记账凭证中所列的各项内容是否填列齐全，有无错误；有关人员是否都已签名或盖章。

记账凭证经过审核，如有错误，应及时查明原因，予以更正。只有经过审核无误的记账凭证，才能作为记账的依据。

（二）记账凭证审核举例

指出下列记账凭证（图4-2-1、图4-2-2、图4-2-3、图4-2-4）存在的错误。

记 账 凭 证

银收 字第 05 号

20××年1月28日　　附原始凭证　1张附件　　张

摘　要	科　目	子目或户名	√	借方金额 亿千百十万千百十元角分	贷方金额 亿千百十万千百十元角分
支付货款	银行存款			8 0 0 0 0 0 0	
	应收账款	宏盛公司			8 0 0 0 0 0 0
				8 0 0 0 0 0 0	8 0 0 0 0 0 0

会计　　　　记账　　　　出纳　　　　复核　　　　制单 郑爽

图 4-2-1

记 账 凭 证

银收 字第 25 号

20×× 年 1 月 29 日　　附原始凭证　1张附件　　张

摘　要	科　目	子目或户名	√	借方金额 亿千百十万千百十元角分	贷方金额 亿千百十万千百十元角分
预借差旅费	应收账款	陈想		5 0 0 0 0 0	
	银行存款				5 0 0 0 0 0
				5 0 0 0 0 0	6 0 0 0 0 0

会计　　　　记账　　　　出纳　　　　复核　　　　制单 郑爽

图 4-2-2

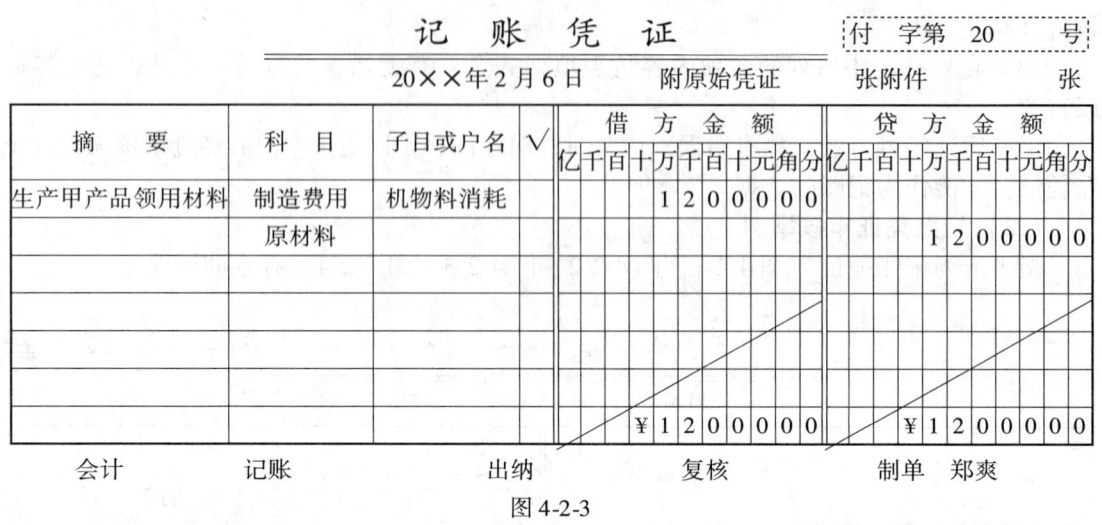

图 4-2-3

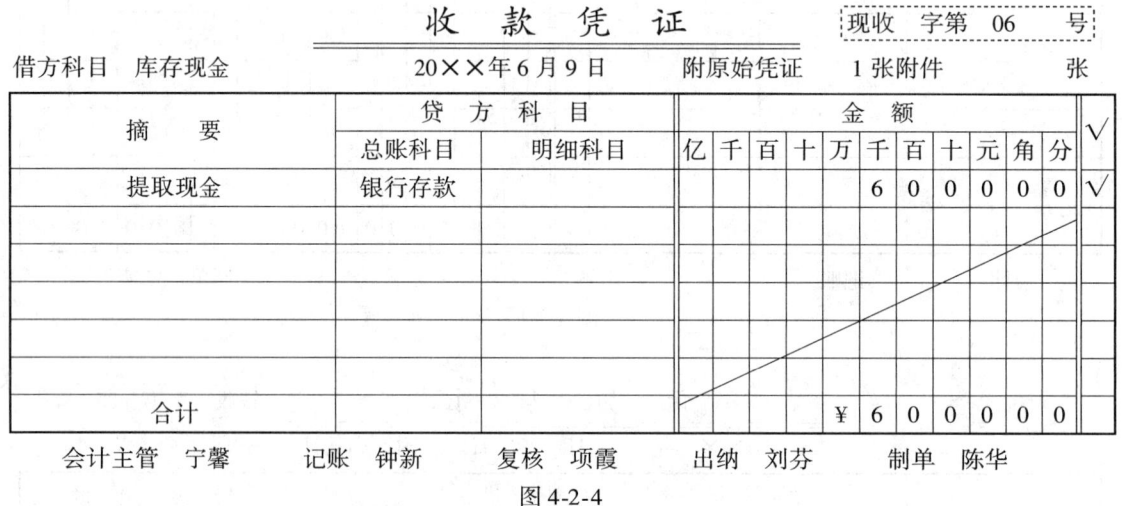

图 4-2-4

二、会计凭证的传递和保管

前面我们已经学习了原始凭证和记账凭证，在会计上，我们统称为会计凭证。会计凭证是记录经济业务、明确经济责任的书面证明，也是登记账簿的依据。按其填制程序和用途的不同，可以划分为原始凭证和记账凭证两种。

（一）会计凭证的传递

会计凭证的传递，是指会计凭证从编制、办理业务手续、审核、整理、记账到装订保管的全过程。对会计凭证传递的各个环节，应进行合理的分工，并以一定的形式明确各个部门和有关人员的责任和权力，保障传递程序有效地进行。

会计凭证的传递主要包括两个方面的内容，即凭证传递的路线和凭证在各个环节停留及传递的时间。由于各种经济业务的内容不同，各种经济业务的会计凭证的传递路线和时间也不尽相同。所以，首先应当根据各经济单位业务的特点，结合内部机构和人员分工情况以及会计核算的要求，规定会计凭证的传递过程，明确经办人员，以便及时办理凭证手续，提高工作效率。其次，要根据各个环节办理经济业务所需要的时间，明确规定凭证在各业务部门停留的时间和传递交接时间。只有这样，才能保证会计核算的质量。

（二）会计凭证的保管

会计凭证是各项经济活动的历史记录，是重要的经济档案。为了便于随时查阅利用，各种会计凭证在办理好各项业务手续并据以记账后，应由会计部门加以整理、归类，并送交档案部门妥善保管。

1. 会计凭证的整理归类

会计部门在记账以后，应定期（一般为每月）将会计凭证加以归类整理，即把记账凭证及其所附的原始凭证，按记账凭证的编号顺序进行整理，在确保记账凭证及其所附的原始凭证完整无缺后，将其折叠整齐，加上封面、封底，装订成册，并在装订线上加贴封签，以防散失和任意拆装。在封面上要注明单位名称、凭证种类、所属年月、起讫日期、起讫号码、凭证张数等。会计主管或指定装订人员要在装订线封签处签名或盖章，然后入档保管。

对于那些数量过多或各种随时需要查阅的原始凭证，可以单独装订保管，在封面上注明记账凭证的日期、编号、种类，同时在记账凭证上注明"附件另订"。各种经济合同和重要的涉外文件等凭证，应另编目录，单独登记保管，并在有关记账凭证和原始凭证上注明。

2. 会计凭证的造册归档

每年的会计凭证都应由会计部门按照归档的要求，负责整理立卷或装订成册。当年的会计凭证，在会计年度终了后，可暂由会计部门保管一年，期满后，原则上应由会计部门编造清册移交本单位档案部门保管。档案部门接收的会计凭证，原则上要保持原卷册的封装，个别需要拆封重新整理的，应由会计部门和经办人员共同拆封整理，以明确责任。会计凭证必须做到妥善保管，存放有序，查找方便，并要严防毁损、丢失和泄密。

3. 会计凭证的借阅

会计凭证原则上不得借出，如有特殊需要，须报请批准，但不得拆散原卷册，并应限期归还。需要查阅已入档的会计凭证时，必须办理借阅手续。其他单位因特殊原因需要使用原始凭证时，经本单位负责人批准，可以复制。但向外单位提供的原始凭证复印件，应在专设的登记簿上登记，并由提供人员和收取人员共同签名或盖章。

4. 会计凭证的销毁

会计凭证的保管期限，一般为15年。保管期未满，任何人都不得随意销毁会计凭证。按规定销毁会计凭证时，必须开列清单，报经批准后，由档案部门和会计部门共同派员监销。在销毁会计凭证前，监督销毁人员应认真清点核对；销毁后，在销毁清册上签名或盖章，并将监销情况报本单位负责人。

思考与练习

一、单项选择题

1. 会计凭证按其（　　）的不同可以分为原始凭证和记账凭证两种。
   A. 填制的方法　　　　　　　　　　B. 取得的来源
   C. 填制的程序和用途　　　　　　　D. 反映经济业务的次数

2. 下列业务应编制转账凭证的是（　　）。
   A. 支付办公费　　　　　　　　　　B. 支付预付款
   C. 收回出售材料款　　　　　　　　D. 抵扣预付款

3. 企业购入材料5 000元，以转账支票支付3 000元，其余款项暂欠，应填制（　　）。
   A. 一张转账凭证　　　　　　　　　B. 一张付款凭证和一张转账凭证
   C. 一张收款凭证　　　　　　　　　D. 一张收款凭证和一张转账凭证

4. 销售商品一批，部分货款已收回并存入银行，另有部分货款尚未收回，应填制（　　）。
   A. 收款凭证和转账凭证　　　　　　B. 付款凭证和转账凭证
   C. 收款凭证和付款凭证　　　　　　D. 两张转账凭证

5. 收款凭证左上角的"借方科目"应填列的科目是（　　）。
   A. 银行存款　　　　　　　　　　　B. 材料采购
   C. 主营业务收入　　　　　　　　　D. 其他业务收入

6. 原始凭证和记账凭证的相同点是（　　）。
   A. 反映的经济业务内容相同　　　　B. 编制的时间相同
   C. 具体作用相同　　　　　　　　　D. 具体要素相同

7. 将现金存入银行，按规定应编制（　　）。
   A. 现金收款凭证　　　　　　　　　B. 银行存款收款凭证
   C. 现金付款凭证　　　　　　　　　D. 银行存款付款凭证

8. 从银行提取现金，按规定应编制（　　）。
   A. 现金收款凭证　　　　　　　　　B. 银行存款收款凭证
   C. 现金付款凭证　　　　　　　　　D. 银行存款付款凭证

9. 会计凭证的传递，是指（　　），在单位内部有关部门及人员之间的传递程序和传递时间。
   A. 从会计凭证的填制或取得到登记账簿止
   B. 从会计凭证的填制或取得到归档止
   C. 从会计凭证的审核到归档止
   D. 从会计凭证的填制或取得到汇总登记账簿止

10. 记账凭证是（　　）根据审核无误的原始凭证填制的。
    A. 会计人员　　　　　　　　　　　B. 经办人员

C. 主管人员 D. 复核人员

二、多项选择题

1. 会计凭证包括(　　)。
   A. 原始凭证 B. 记账凭证
   C. 收款凭证 D. 付款凭证
   E. 转账凭证
2. 严格地讲，填制记账凭证的依据应是(　　)。
   A. 真实的原始凭证 B. 自制的原始凭证
   C. 外来原始凭证 D. 审核无误的原始凭证
3. 会计凭证的作用有(　　)。
   A. 记录经济业务
   B. 明确经济责任
   C. 作为登记账簿的依据
   D. 可以全面、系统、连续、综合地反映经济业务
4. 付款凭证左上角的"贷方科目"可能登记的科目有(　　)。
   A. 应付账款 B. 银行存款 C. 预付账款 D. 库存现金
5. 记账凭证的基本内容包括(　　)。
   A. 凭证的名称和编号 B. 经济业务事项摘要
   C. 会计科目的名称、方向和金额 D. 凭证填制的日期和有关人员的签章
   E. 所附原始凭证张数
6. 记账凭证按记录的经济业务内容可以分为(　　)。
   A. 收款凭证 B. 付款凭证 C. 转账凭证 D. 单式凭证
7. 记账凭证的填制要求有(　　)。
   A. 是否附有原始凭证且与原始凭证内容一致
   B. 应借应贷的科目与金额是否一致
   C. 是否有经手人的签名盖章
   D. 摘要、项目、日期是否填列齐全、清楚
8. 科学合理地组织会计凭证的传递一般包括规定凭证的(　　)。
   A. 传递路线 B. 传递时间 C. 传递手续 D. 传递内容

三、判断题（正确的打"√"，错误的打"×"）

1. 填制记账凭证必须以经过审核无误的原始凭证为依据。　　(　　)
2. 记账凭证中的收款凭证日期必须与原始凭证的日期一致。　　(　　)
3. 收料单、工资结算单既属于自制原始凭证又属于记账凭证。　　(　　)
4. 转账凭证是用来记录不涉及现金和银行存款收付的经济业务的记账凭证，它是根据有关转账业务的记账凭证填制的。　　(　　)

5. 会计凭证装订后不得随意拆卸抽取凭证，如果必须拆卸，则要得到会计主管人员同意。
（　　）
6. 凡是现金收入业务和银行存款收入业务都应填制收款凭证。（　　）
7. 从银行提取现金，既可以编制银行存款付款凭证，又可以编制现金收款凭证。（　　）
8. 所有者投入机器设备一台，价值 20 000 元，应填制收款凭证。（　　）
9. 生产车间领用材料 5 000 元用于产品生产，应填制转账凭证。（　　）

四、名词解释

记账凭证　　　收款凭证　　　付款凭证
转账凭证　　　会计凭证　　　原始凭证

学习情境五

建账和登账

任务一 建 账

单元引言：填制和审核记账凭证是会计工作的初步确认阶段，这个工作程序解决了直接记录存在的缺陷，但它提供的信息仍然是个别的、零星的、分散的。这个过程实际上只是对会计信息进行了"初步加工和整理"，如果不在此基础上对会计信息进行"进一步的加工和整理"，这样的会计信息就毫无意义。因此，我们只有通过建账和登账这个工作程序，对会计信息进行进一步的加工、整理，才能提供连续、系统、全面、综合的会计信息。

任务描述：新建单位和原有单位在会计年度开始时，会计人员均应根据核算工作的需要设置应用账簿，即建账。一个经济单位要建哪几本账，各种账簿采用什么格式的账页和外观形式，是会计人员在建账过程中要完成的基本任务。依法建立账簿，不仅是国家法律的强制要求，也是加强单位经营管理的客观需要。

任务分析：建账任务一般在年度开始时（新建单位在单位设立以后）进行，为了保证建账任务的顺利进行，首先必须了解与建账有关的法律法规，并结合本单位会计业务、人员分工等实际情况确定应建立账簿的种类、格式及账页数量，按照账簿启用和登记规则完成各账簿的启用工作，上年有余额的账户还应将上年余额结转到对应的账户中，为下一步的日常账簿登记任务做好准备。

一、认识账簿

（一）账簿的意义

经济单位所发生的每一笔经济业务，都必须取得和填制会计凭证来加以记录和反映。由于各经济单位在生产经营过程中所发生的经济业务十分复杂，所取得的原始凭证的格式、种类繁杂。虽然经过记账凭证的填制，将相同性质的经济业务进行了归类反映，但每一张记账凭证反映的只是个别经济业务的内容，不能连续、系统、全面地反映和监督经济单位在一定时期内所发生的某类或全部经济业务的增减变动情况。

为了连续、系统、全面地反映经济单位在一定时期的全部经济业务，更好地发挥会计的作用，为企业的生产经营管理提供所需的会计信息，就必须运用登记账簿这个专门的会计方法，把分散在会计凭证上的核算资料加以整理和汇总，分类记入各个账簿中。

账簿是以会计凭证为依据，序时地、分类地、系统地、完整地记录和反映各项经济业务的簿籍。它由具有一定格式又相互连接在一起的账页所组成。合理设置和正确登记账簿是会计核算工作的一种重要方法。

账簿的主要作用在于：

（1）账簿是完整、系统地归纳和整理会计资料的工具。建立和登记账簿，可以把所有的经济业务按不同性质及所使用的会计科目分别归类，把分散的会计核算资料加以系统化，从而全面、系统地提供有关资产、负债、所有者权益、费用成本、收入和利润的总括资料及明细资料，为经营管理提供系统完整的会计信息。

（2）进行账簿记录，可以提供各项经济指标，为企业进行会计分析和会计检查提供依据。

（3）利用账簿记录，可以随时掌握企业各项资产的增减变动情况及结果，为加强经济核算、保护企业财产物资的安全和合理使用资金提供完整的数据。

（4）账簿记录是编制财务报告的重要依据。

（二）账簿的种类

账簿的形式多种多样，不同的账簿所登记的内容、方法各不相同，为了满足经济业务对登记账簿的不同需要，同时也为了便于了解、掌握和使用各种账簿，可将账簿按不同的标准进行分类。

1. 按其用途可分为序时账簿、分类账簿和备查账簿

序时账簿是按经济业务所发生和完成的时间顺序登记的账簿。在实际工作中，它是逐日按记账凭证的编号顺序登记的，所以又称日记账，如"现金日记账"和"银行存款日记账"等。

分类账簿是对各项经济业务按照账户进行分类登记的账簿。根据分类提供指标的详细程度不同，分类账簿又分为总分类账簿和明细分类账簿两种。总分类账簿亦称总账，它是按照总分类账户分类登记的账簿。明细分类账簿亦称明细账，它是按照明细分类账户分类登记的账簿。

在经济业务比较简单、总分类账户为数不多的单位，为简化记账工作，可以把序时记录和总分类记录结合在一起，在同一账簿中同时进行序时登记和总分类登记，这种同时具备日记账和总分类账两种用途的账簿称为联合账簿，如日记总账。

备查账簿主要是对某些在序时账和分类账等主要账簿中未能记载或记载不全的经济业务进行补充登记的账簿，亦称辅助账簿。它可以对企业经营管理提供必要的参考资料，如"租入固定资产备查簿"和"委托加工材料登记簿"等。备查账簿严格地说并不是正式账簿，其所登记金额不能列入会计报表。设置登记这种账簿的目的在于加强对使用和保管他人财产物资的监督。

2. 按其外观形式可分为订本账、活页账和卡片账

订本账是一种在启用之前，就将若干账页固定装订成册并按顺序编号的账簿。这种账簿的优点是可以避免账页散失，防止账页被随意抽换。缺点是订本账簿在同一时间只能由一人登记，不利于分工记账；并且账页不能随意增减，多则浪费，少则不够，从而影响账簿的连续登记。

活页账是由若干零散的具有专门格式的账页组成的账簿。活页账簿的优点是可以根据

实际需要增减账页,同时还便于分工记账;其缺点是账页容易散失和抽换。为了防止散失和抽换,空白账页使用时必须编号,装在账夹中或临时装订成册,并由有关人员在账页上盖章,以防弊端。

卡片账是由若干零散的、具有专门格式的硬纸卡片组成的账簿。使用时,可以在卡片上编号并装在卡片箱内,以保证安全。其优缺点与活页账簿相同。

各经济单位可根据情况选择使用上述各种账簿,但带有统驭性和比较重要的总分类账、现金日记账和银行存款日记账,应采用订本式账簿;固定资产明细账簿可采用卡片式账簿,原材料明细账等一般可以采用活页式账簿。

二、账簿启用表的填制

启用账簿必须在账簿的扉页上填列"账簿启用表",表中要详列:企业名称、账簿册数、账簿编号、账簿共计页数、启用日期、交接日期、交接人员姓名、记账人员及会计主管人员签章,最后加盖单位公章。如果更换记账人员,必须办理交接手续,在交接记录上填写交接日期和交接人员姓名,并由交接人员和主管人员签字盖章。

具体格式如图 5-1-1 所示。

账 簿 启 用 表									
单位名称	××××泰明实业有限公司								单位公章
账簿编号	字第　　　号第　　　册共　　　册							
账簿页数	本 账 簿 共 计 50 页　　100 号							
启用日期	20××年　　1　月　　1　日							
经管人员		接管			移交			会计负责人		备　注
姓　名	盖　章	年	月	日	年	月	日	姓　名	盖　章	
宋×	宋×	1	1					张×	张×	

图 5-1-1

三、建账

(一) 建账的原则

账簿的设置,要在符合国家统一会计制度规定的前提下,根据本单位经济业务的特点和管理的需要科学、合理地设置。具体来讲,设置账簿应遵循以下原则:

(1) 账簿的设置要能保证全面、系统地反映和监督经济活动情况,为经济管理提供必要的数据资料。

(2) 设置账簿在满足实际需要的前提下,要力求人力和物力的节约,避免重复设账或出现遗漏。

(3) 账簿设置要科学划分账簿的核算范围和层次,账簿之间既要互相联系,能清晰地反映账户之间的对应关系;也要防止相互重叠,避免重复记账。

(4) 账簿的格式要力求简明实用,既要保证会计记录的系统和完整,又要避免过于繁琐,以便日常使用和保存。

(二) 建账的方法

1. 总账

(1) 购置账簿:企业为了对全部资金运动进行总括的监督和控制,应购置总账。其外部形式采用订本式账簿,内部格式采用三栏式账页格式。

(2) 建账步骤:

第一,启用账簿:按照账簿启用要求填制启用账簿登记表和经管人员一览表。

第二,设置账户:总分类账簿中应包括本企业使用的全部总分类账户,因此需指定每一总分类账户在总分类账簿中的登记账页,并在相应账页的"会计科目及编号"处填写指定登记账户的名称及编号。由于总分类账采用的是订本式账簿,为了便于账户的查找,各总账账户的排列顺序应有一定的规律,一般应按会计科目表的编码顺序排列。只要是本单位会计核算涉及的总账账户,不论期初是否有余额,都需在总账中设置相应账户,并根据实际需要预留账页。

第三,登记期初余额:对于有期初余额的总账账户,根据相关资料登记账户信息,即在该账户账页的第一行日期栏中填入期初的日期、在摘要栏填入"期初余额"(年度更换新账簿时填入"上年结转")、在借贷方向栏标明余额的方向、在余额栏填入账户的期初余额。对于没有余额的总账账户,无需特别标明其余额为零,直接从第一行登记本期第一笔经济业务。

第四,填写账户目录:在账簿启用页后的"账户目录表"中填入各账户的编号、名称及起始页码,以便查找。

总账建账如图 5-1-2 所示。

总 账

科 目 应付账款

20××年		凭证		摘要	借方										√	贷方										√	借或贷	余额										√
月	日	字	号		亿	千	百	十	万	千	百	十	元	角	分		亿	千	百	十	万	千	百	十	元	角	分		亿	千	百	十	万	千	百	十	元	角	分
1	1			上年结转																								贷			4	0	8	0	0	0	0		
				过次页																																		

图 5-1-2

2. 日记账

（1）购置账簿。企业为了加强对货币资金的监督和控制，应购置现金日记账、银行存款日记账各一本。其外部形式采用订本式账簿，内部格式一般采用三栏式账页格式。如果企业的货币资金收付业务比较多，内部格式也可采用多栏式账页格式。

（2）建账步骤：

第一，启用账簿：按照账簿启用要求填制启用账簿登记表和经管人员一览表。

第二，设置账户：现金日记账按现金的币种分别开设账户，银行存款日记账按单位在银行开立的账户和币种开设账户，每一账户要预留一定数量账页。因外币现金和银行存款需采用包含原币信息的复币账页，所以，本位币与外币现金、银行存款应分别开设账簿。

第三，登记期初余额：对于有期初余额的"库存现金"账户，根据相关资料在账户中登记期初余额，如图 5-1-3 所示；对于有期初余额的"银行存款"账户，根据相关资料在账户中登记期初余额（银行存款日记账的建账类似现金日记账）。

现金日记账

20××年		凭证字号	对应科目	摘要	借方 亿千百十万千百十元角分	贷方 亿千百十万千百十元角分	借或贷	余额 亿千百十万千百十元角分
月	日							
1	1			上年结转			借	1 2 4 2 0 0
				过次页				

图 5-1-3

第四，填写账户目录：在账簿启用页后的"账户目录表"中填入各账户的编号、名称及起始页码，以便查找。

3. 明细账

（1）购置账簿。明细账是为了提供详细的会计信息。因此，明细账一般采用活页式账簿，有三栏式、数量金额式、多栏式及横线登记式多种账页格式，相同格式的账页装订成册。

活页账可以在使用过程中根据需要增减账页，以及对账页的顺序进行调整，因此，设置明细账时，不用给每一明细账户预留账页，可以先在相关账簿中设置有期初余额的明细账户，对期初无余额的明细账户，可暂时不设，待日常账务处理中用到时再行设置，并插入账簿中同属一个总分类账户的明细账户顺序中去。

为了便于查找账户，明细账户在账簿中一般也按会计科目表的编码顺序排列，同属于一个总分类账户的明细账户应集中连续排列。在每一明细账户起始页上端或右侧粘贴标签，在标签上注明该账户名称，不同账户的标签相互错开排列。

说明：并不是所有的总分类账户都需要设置明细分类账户，企业可以根据实际需要决定明细分类账户的设置，以及所采用的账页格式。常用明细账及其账页格式如表 5-1-1 所示。

表 5-1-1 常用明细账及其账页格式

总账科目	明细账账页格式	总账科目	明细账账页格式
库存现金	日记账（不设明细账）	其他应付款	三栏式
银行存款	日记账（三栏式）	长期借款	三栏式
应收票据	三栏式（或横线登记式）	实收资本	三栏式
应收账款	三栏式（或横线登记式）	资本公积	三栏式
预收账款	三栏式（或横线登记式）	盈余公积	三栏式
其他应收款	三栏式（或横线登记式）	本年利润	不设明细账
在途物资	三栏式（或横线登记式）	利润分配	三栏式（或多栏式）
原材料	数量金额式	生产成本	专用多栏式
库存商品	数量金额式	制造费用	普通多栏式
包装物	数量金额式	主营业务收入	普通多栏式
固定资产	卡片	其他业务收入	普通多栏式
累计折旧	不设明细账	营业外收入	普通多栏式
短期借款	三栏式	主营业务成本	普通多栏式
应付票据	三栏式	其他业务成本	普通多栏式
应付账款	三栏式	主营业务税金及附加	普通多栏式
其他应付款	三栏式	销售费用	普通多栏式
应付职工薪酬	三栏式	管理费用	普通多栏式
应交税费	应交增值税为专用多栏式；其他明细账户为三栏式	财务费用	普通多栏式
应付利息	三栏式	营业外支出	普通多栏式
应付利润	三栏式	所得税费用	不设明细账

（2）建账步骤：

第一，启用账簿：根据不同总账所属的明细账选择不同格式账页及封面，按照账簿启用要求填制启用账簿登记表和经管人员一览表。

第二，设置账户：根据总账所属明细账余额情况，设置相应的明细账户，对于无期初余额的明细账户暂不设置，待日常账务处理中用到时再行设置，并插入账簿中同属一个总分类账户的明细账户顺序中去。

开设明细账户时，首先在选定账页上方填写该明细账户所属总分类科目名称、明细科目名称、明细科目编码及该明细账户当前页码。数量金额式明细账还需填写最高存量、最低存量、存储地点、规格、类别、计量单位、品名等。

第三，登记期初余额：根据相关资料在明细分类账户中登记期初余额。三栏式明细账只需将期初余额过入账页第一行的余额栏，并注明余额借贷方向。数量金额式明细账需将期初结余数量、单价、金额同时过入余额栏，由于数量金额式明细账主要适用于存货明细账，余额不存在借贷方向区分。普通多栏式明细账主要用来登记制造费用及各损益类账户，这些账户一般没有期初余额。开设账户时，首先将总分类科目填入账户的“科目名称”栏，然后确定多栏方向并写入栏目上方方向栏中，一般将该账户登记增加的一方设多栏方向，如“制造费用”和损益类的费用账户设借方多栏，损益类的收入账户设贷方多栏，最后将所属明细科目作为账户中栏目名称写入各栏目，一般将第一栏设为“合计”栏。专用多栏式明细账主要有“生产成本”和“应交增值税”明细账，这类明细账一般有期初余额，应根据期初资料将各项目余额过入第一行对应栏目。如“生产成本”明细账，根据相关资料将该种产品期初在产品成本登记入账，登记时在“余额”栏中填入期初总成本，“直接材料”、“直接人工”和“制造费用”栏中填入各成本构成项目金额。

第四，粘贴账户标签：活页账簿中账页数量和位置具有可变性，账簿登记过程中不能通过账户目录来查找账户，因此，为了便于账户查找，在每个账户首页上加贴口取纸标签。

按照以上方法建立的各明细账如图 5-1-4 至图 5-1-6 所示。

应付账款明细账

总页号　分页号

一级科目

子目或户名 华兴公司

20××年		凭证		摘要	借方	√	贷方	√	借或贷	余额	√
月	日	字	号		亿千百十万千百十元角分		亿千百十万千百十元角分			亿千百十万千百十元角分	
1	1			上年结转					贷	2400000	
				过次页							

图 5-1-4

原材料明细账

总页号　分页号

编号 1481

最高存量 10000

最低存量 1000　存储地点 C仓库　规格 略　类别 略　计量单位 千克　品名 甲材料

20××		凭证		摘要	借方			贷方			余额		
月	日	种类	号数		数量	单价	金额（千百十万千百十元角分）	数量	单价	金额（千百十万千百十元角分）	数量	单价	金额（千百十万千百十元角分）
1	1			上年结转							3000	6.00	1800000
				过次页									

图 5-1-5

生产成本明细账

科目 A产品　　　　　　　　　　　　　　　　　　　　账号 ___　总页码 ___
　　　　　　　　　　　　　　　　　　　　　　　　　页次 ___

20××年		凭证编号	摘要	借方	贷方	借或贷	余额	借方（成本项目）		
月	日							直接材料	直接人工	制造费用
1	1		上年结转			借	1240000	920000	120000	200000

图 5-1-6

4. 备查账

企业可根据需要设置备查账若干本，该账簿没有固定的账本形式和账页格式，企业可以根据实际情况选择适用账簿。如企业可以设置"租入固定资产登记簿"、"支票登记簿"、"应收票据备查簿"等。

任务二　登　账

单元引言： 按照会计工作程序，账簿设置完以后，会计人员就必须根据审核无误的原始凭证、记账凭证或者记账凭证汇总表登记各种账簿。手工登账是一项非常细致、严谨的工作，也是一项枯燥的工作，不能有丝毫差错。如果出现差错，必须采用规定的错账更正方法进行更正。在信息社会，由于计算机的普及和使用，会计软件的成熟和推广，绝大多数单位已经普及会计电算化了。这样，就把会计人员从繁重的手工记账中解放出来了。

任务描述： 登账是为了提供全面、连续、系统、完整的会计信息，为财务报表提供数据来源，是会计人员必不可少的工作环节。在登账过程中，会计人员必须严格按照财政部颁布的《会计基础工作规范》的要求进行登记。

任务分析： 登账任务一般是在会计期间进行，为了保证登账任务的顺利进行，会计人员必须熟悉账簿登记规则和企业经济业务，根据审核无误的原始凭证、记账凭证或记账凭证汇总表，严格按照记账规则和操作步骤登记，防止重登、漏登和错登，如因各种原因引起登账错误，也必须使用正确的更正方法进行更正。同时，会计人员还必须熟悉本单位的账务处理程序，根据不同的账务处理程序确定账簿登记的依据。涉及明细分类核算的，还要进行总账与明细账的平行登记。

一、账簿登记规则

记账是会计核算的重要环节,为了保证记账工作的质量,使账簿记录正确、真实、清晰和完整,会计人员在记账时,应该严格遵守记账规则。

(1)账簿是一种长期保存的经济档案。为了保证账簿记录清晰、耐久、便于查阅,必须使用蓝、黑墨水用钢笔书写,不能使用圆珠笔或铅笔。红墨水只能在账簿中冲账、更正和画线时使用。

(2)账页应按页次编号,并按顺序逐行逐页填写,不得隔页跳行。若因疏忽发生隔页跳行时,不得撕毁、涂改,而必须将空页、空行用红线对角画掉注销,并由记账人员签章。

(3)登记账簿要按记账凭证的日期、编号、摘要、金额逐项进行登记,登记完毕,要在记账凭证上注明所记账簿的页数或者画"√"符号,表示已经登记入账,防止重记、漏记。

(4)账簿中书写的文字和数字上面要留有适当空格,不要写满格;一般应占格距的二分之一。

(5)每张账页登记完毕尚需继续登记时,应在最后一行结出本页的合计数和余额,在摘要栏注明"转次页"字样,同时,在次页的第一行摘要栏内写上"承上页"字样,并将上一页的发生额合计数及余额过入,然后即可登记新的经济业务。

(6)登记账簿时,凡印有余额栏并需结出余额的账户,应在结出余额后,在"借或贷"栏内注明余额的借贷方向。若余额为零,则应在"借或贷"栏注明"平",并在余额栏用"Q"表示。

(7)账簿记录发生错误时,不得采用涂改、挖补、刮擦、药水消除字迹等手段更正,也不允许重抄,而必须采用适当的错账更正方法来更正。

二、登记日记账

日记账是用来序时地记录和反映全部或某一类经济业务的发生和完成情况的账簿。在经济单位中,"库存现金日记账"和"银行存款日记账"是应用比较广泛的日记账。登记"库存现金日记账"和"银行存款日记账",有利于加强货币资金的日常核算和监督,有利于贯彻执行国家规定的货币资金管理制度。

(一)库存现金日记账的登记方法

库存现金日记账是用来登记库存现金每天的收入、支出和结存情况的账簿,由出纳人员根据审核后的库存现金收、付款凭证(从银行提取现金业务为银行存款付款凭证),逐日逐笔顺序登记,通常采用三栏式订本式账簿。

登记方法如下:

(1)根据记账凭证的日期、编号、摘要登记账簿的日期、凭证编号、摘要。

(2)对应科目栏应填入会计分录中"库存现金"科目的对应科目,用以反映库存现金增减变化的来龙去脉,在填写对应科目时,应注意对应科目只填总账科目,不需填明细科目；当对应科目有多个时，应填入主要对应科目，在金额栏中填入库存现金总额，而不能将一笔库存现金增加业务拆分成两个对应科目金额填入两行。

（3）根据记账凭证中库存现金借贷方向和金额登记账簿"借方金额"栏或"贷方金额"栏。

（4）"余额"栏应根据"本行余额数＝上行余额数＋本行借方数（或收入数）－本行贷方数（或支出数）"公式计算填入。

（5）每日终了，应及时结出余额，并与库存现金的实有数额相核对，以检查每日库存现金收付是否有误。现金日记账的登记方法如图5-2-1所示。

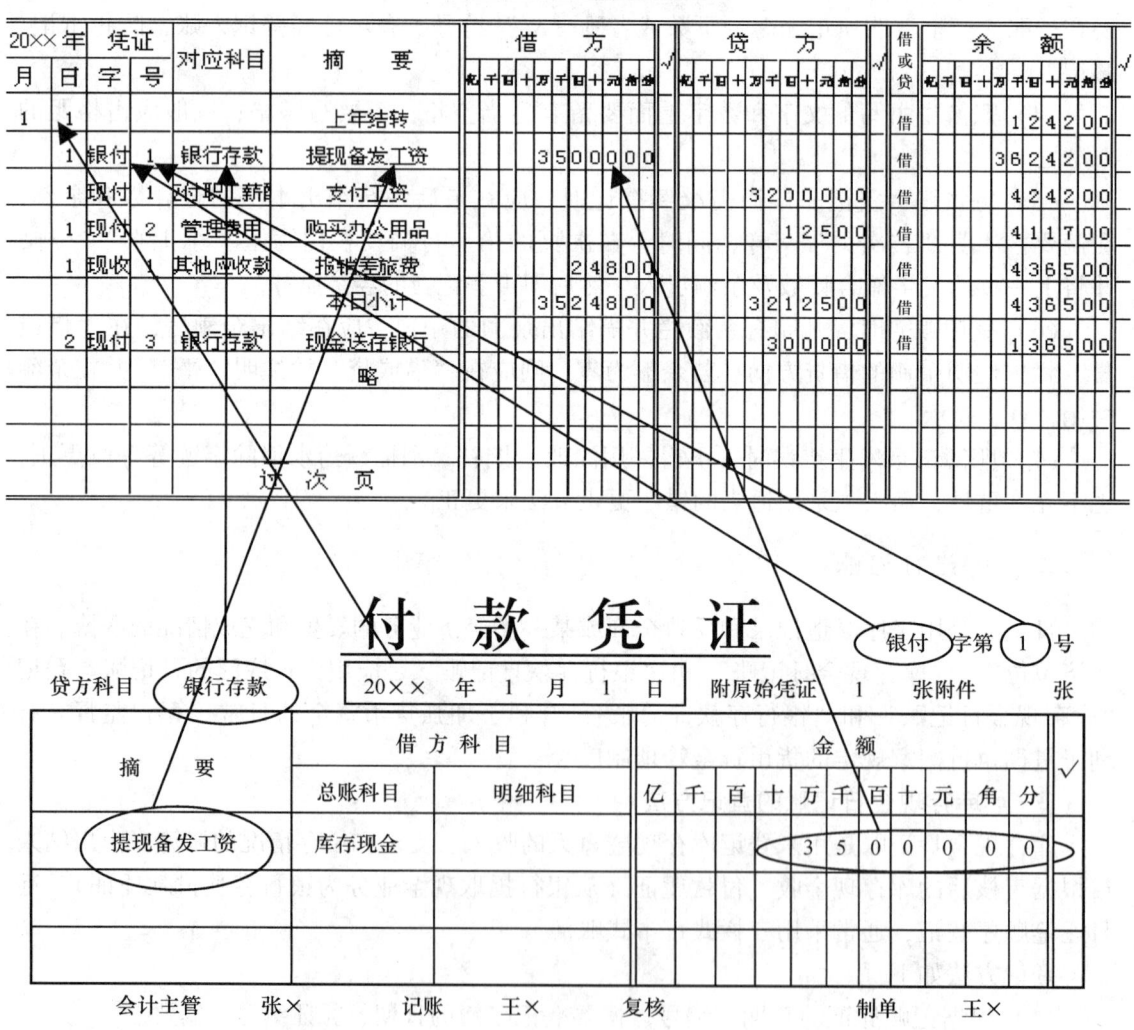

图 5-2-1　现金日记账

(二) 银行存款日记账的登记方法

银行存款日记账是用来反映企业银行存款增加、减少和结存情况的账簿，通常采用三栏式订本式账簿，由出纳人员根据审核后的银行存款收、付款凭证（将现金存入银行为现金付款凭证）逐日逐笔按顺序登记，随时结出余额，定期与银行对账单核对。

登记方法：银行存款日记账与库存现金日记账的登记方法基本相同，其账页中除与库存现金日记账相同栏目外，由于在办理银行存款收付业务时，都是根据银行规定的结算凭证办理的，所以，银行存款日记账还应设有"结算凭证种类和号数"栏，单独列示每项存款收付所依据的结算凭证种类和号数。银行存款日记账的登记方法如图5-2-2所示。

银行存款日记账

20××年		凭证		支票		摘要	借方	贷方	借或贷	余额
月	日	字	号	种类	号数					
1	1					上年结转			借	2300000 00
	1	银付	1	支票	2101	提现		350000 0	借	1950000 00
	1	银收	1	支票	3201	销售商品收入	117000 0		借	2067000 00
	1	银收	2	委收	5805	收回前欠货款	57800 0		借	2124800 00
	2	银收	3	支票	3202	销售商品收入	653000 0		借	2777800 00
	2					略				
						过次页				

图 5-2-2

三、登记明细账

明细账是对各项经济业务按照明细分类账户进行分类、连续登记的账簿。明细账应根据会计制度的规定，结合本单位具体情况来设置。明细账一般采用活页式或卡片式账簿。

根据财产物资的管理要求和各种明细账应记录的经济内容，明细账的格式主要有三栏式、数量金额式、多栏式和横线登记式四种。

(一) 三栏式明细账登记方法

三栏式明细账只设有"借方"、"贷方"和"余额"三个金额栏，不设数量栏。这种格式适用于那些只需要进行金额明细核算而不需要进行数量核算的明细分类账户，如"应收账款"和"应付账款"的明细分类账户等。

登记方法：一般根据记账凭证和有关原始凭证逐笔登记，即根据记账凭证内容依次登记账簿的日期、凭证编号、摘要、借方金额或贷方金额，并随时结出余额。三栏式明细账的登记方法如图5-2-3所示。

应付账款明细账

总页号　分页号
一级科目
子目或户名　东利公司

20××年		凭证		摘要	借方	√	贷方	√	借或贷	余额	√
月	日	字	号								
1	1			上年结转					贷	16800 00	
	8	银付	2	偿还货款	14000 00				贷	2800 00	
	10	转字	1	购进材料			4320 00		贷	7120 00	
				过次页							

图 5-2-3

（二）数量金额式明细账的登记方法

数量金额式明细账的格式是在"借方"或"收入"、"贷方"或"发出"和"结余"或"结存"三大栏下分别设置"数量"、"单价"和"金额"三小栏。这种格式适用于既要进行金额核算，又要进行实物数量核算的各种财产物资的账户，如"原材料"和"库存商品"等账户。

登记方法如下：

（1）根据记账凭证的日期、凭证编号、摘要登记账簿的日期、凭证编号、摘要。

（2）根据记账凭证结合原始凭证登记收入或发出的数量、单价和金额。

（3）随时结出结存存货的数量、单价和金额，并定期与实物相核对。

登记方法如图 5-2-4 所示。

说明：一般来讲，原材料、库存商品不应出现负结存，因此，在数量金额式账页中未设结存方向栏，若由于特殊原因，在账面上出现负结存，则在结存栏中用红字登记。

（三）多栏式明细账的登记方法

多栏式明细账是根据经济业务的特点和提供资料的要求，在一张账页内按有关明细科目或明细项目分设若干专栏，用以在同一账页上集中反映有关明细科目或明细项目的金额。这种格式适用于有关费用、成本和收入等账户的明细分类核算，如"生产成本"、"制造费用"、"管理费用"、"主营业务收入"等账户。

登记方法如下：

（1）多栏式生产成本明细账的登记。生产成本按成本核算对象设置明细账，在明细账中按借方以成本构成项目设置专栏，比较规范的成本明细账还在前面或后面设有贷方栏及余额栏。

生产成本明细账一般应根据记账凭证结合原始凭证登记。对于发生的应记入生产成本借方项目的直接成本，以及分配转入的制造费用，登记时一方面记入借方并加计出余额，另一方面根据其费用性质记入相应的成本构成项目栏，这样不仅可以了解成本构成项目的具体内容和金额，也可以随时掌握成本总额，并且期末直接将借方余额通过贷方结转，清晰明了。生产成本明细账的登记方法如图 5-2-5 所示。

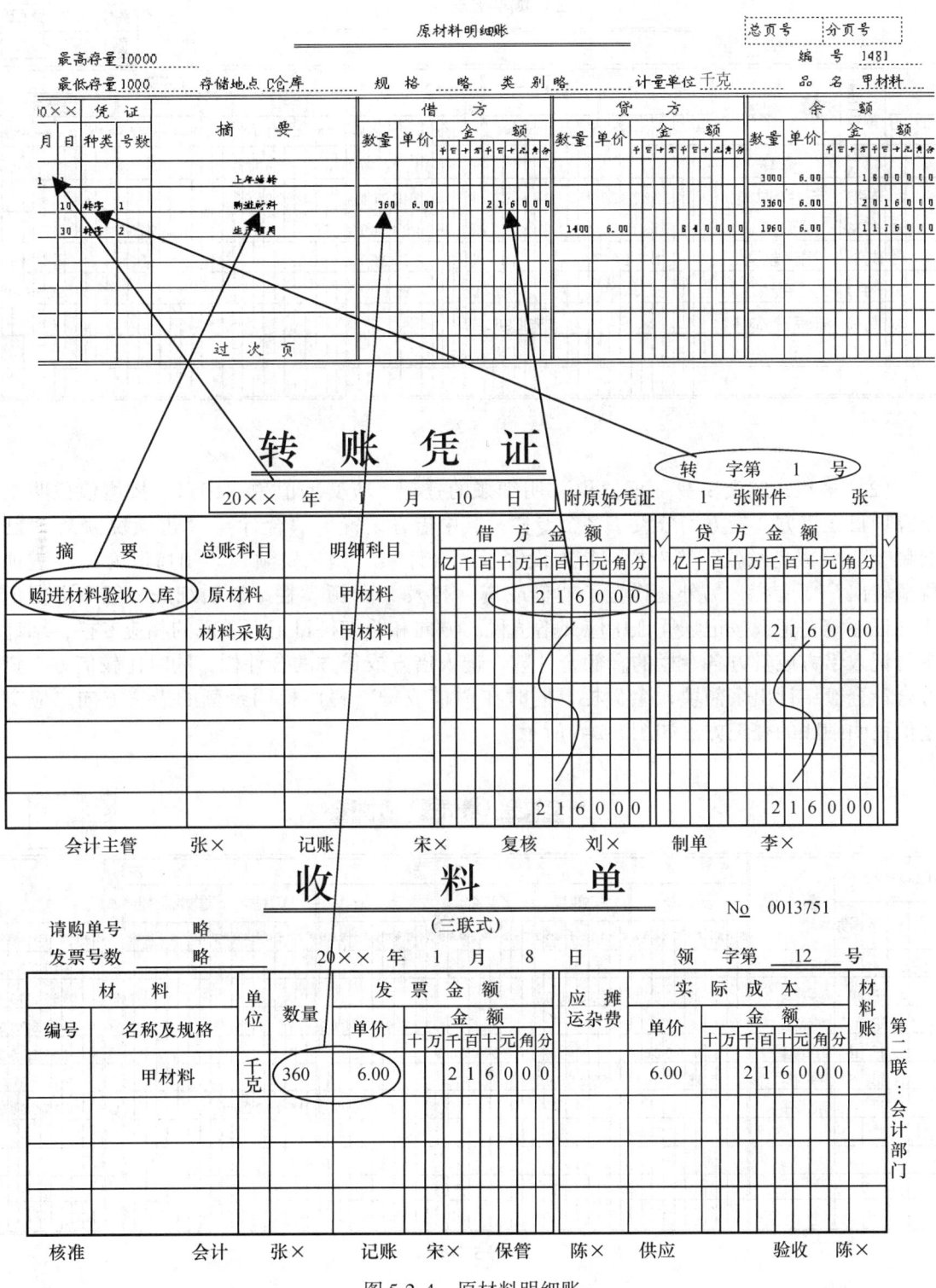

图 5-2-4 原材料明细账

生产成本明细账

科目：A产品

20××年		凭证编号	摘要	借方	贷方	借或贷	余额	借方（成本项目）		
月	日							直接材料	直接人工	制造费用
1	1		上年结转			借	1240000	920000	120000	200000
	8	转字25	产品生产领材料	2220000		借	3460000	2220000		
	25	转字56	分配职工工资	1380000		借	4840000		1380000	
	26	转字58	计提养老保险	193200		借	5033200		193200	
	30	转字98	分配制造费用	503700		借	5536900			503700
	30	转字99	结转完工产品成本		5536900	平	0			

图 5-2-5

（2）多栏式应交税费（增值税）明细账的登记。应交增值税明细账，按增值税明细核算项目在借方、贷方均分设了多个专栏。其中借方设置了"合计"、"进项税额"、"已交税金"、"减免税款"等专栏，贷方设置了"合计"、"销项税额"、"出口退税"、"进项税额转出"等专栏，另外还设置了"借或贷"栏及"余额"栏。该明细账一般应根据记账凭证逐笔登记，按记账凭证中应交增值税的方向和明细科目记入账簿的相应专栏，结计本行记入借方或贷方各专栏的金额合计数，记入借方或贷方的合计栏，同时比较借方、贷方合计金额结计出余额填入余额栏，同时在"借或贷"栏内标明余额的借贷方向。应交增值税明细账的登记方法如图 5-2-6 所示。

应交税金（增值税）明细账

20××年		凭证		摘要	借方			贷方			借或贷	余额
月	日	字	号数		合计	进项税额	已交税金	合计	销项税额	进项税额转出		
1	1			上年结转							贷	1178000
	4	记	06	购买材料	6800000	6800000					借	5622000
	8	记	12	销售商品				17000000	17000000		贷	11378000
	9	记	18	交纳税金	15000000		15000000				借	3622000
	14	记	25	购买材料	8500000	8500000					借	12122000
	20	记	41	销售商品				15300000	15300000		贷	3178000
				过次页								

图 5-2-6

(四) 横线登记式明细账的登记方法

横线登记式明细账的基本结构是将前后密切相关的经济业务在同一横行中进行登记，例如备用金的借支与报销归还、材料采购等。横线登记式明细账一般适用于要求按每笔金额结算的应收、应付款项，如"在途物资"和"应收账款"等账户的明细账。横线登记式明细账一般应逐笔登记，并且其借方记录与贷方记录必须登记在同一行内，如表 5-2-1 和表 5-2-2 所示。

表 5-2-1　　　　　　　　　　　　　在途物资明细账

序号	供货单位	规格名称	借方发生额					贷方发生额			
			××年		凭证号	买价	采购费用	合计	××年		凭证号	采购成本	转销
			月	日					月	日			
1	宏达公司	甲材料	5	3	略	178 000	2 000	180 000	5	16	略	180 000	
2	四化公司	乙材料 丙材料		6		19 500 33 600	500 800	20 000 34 400		16		20 000 34 400	
3	富有公司			8		58 000	1 200	59 200					

表 5-2-2　　　　　　　　　　　　　应收账款明细账

序号	购货方	挂账记录（借方）				销账记录（贷方）			
		日期	凭证号	摘要	金额	日期	凭证号	摘要	金额
1	立新公司	5.24	略	出售 B产品	20 000	5.28		汇来折让	19 000 1 000
2	……								

四、登记总账

总分类账简称总账，是对各项经济业务按照总分类账户进行分类、连续登记的账簿，用以全面、总括地反映全部经济业务的情况。其格式一般采用"借方"、"贷方"、"余额"三栏式。总账的登记方法按照所采用的会计核算程序不同，可以直接根据记账凭证按业务发生的先后顺序逐笔登记，也可按不同方法将记账凭证汇总后，分次或一次根据汇总资料登记。在会计实务中，根据登记总账的方法和程序的不同，可以划分出各种不同的会计核算程序。

会计核算程序又称账务处理程序或会计核算形式，是指账簿组织和记账程序有机结合的方式和步骤。所谓账簿组织，是指会计凭证和会计账簿的种类、格式以及各种凭证与各种账簿之间的相互关系。所谓记账程序，是指采用一定的记账方法，从填制和审核凭证、登记账簿直到编制会计报表的工作程序。账簿组织同记账程序之间既有联系，又相对独立。一定的记账程序要求相应的，但不是完全相同的账簿组织。因此，不同的账簿组织和记账程序结合在一起，就构成了不同的会计核算程序。各种会计核算程序的区别，主要在于登记总分类账户的依据和程序不同。

通常采用的会计核算程序有：记账凭证核算程序、记账凭证汇总表核算程序、汇总记账凭证核算程序、多栏式日记总账核算程序等。

(一)记账凭证核算程序及其总账的登记

1. 记账凭证核算程序

记账凭证核算程序，是会计核算程序中最基本的一种核算程序。这种核算程序的主要特点是直接根据记账凭证逐笔登记总分类账。

采用记账凭证核算程序时，一般需要设置现金日记账、银行存款日记账、总分类账和有关明细分类账。现金、银行存款日记账和总分类账的格式一般采用三栏式；明细分类账的格式可根据实际需要，分别采用三栏式、数量金额式、多栏式和横线登记式。记账凭证一般采用收款凭证、付款凭证和转账凭证三种(或通用的记账凭证，下同)。

记账凭证核算程序的工作步骤概括如下：

(1)根据原始凭证或原始凭证汇总表编制收款凭证、付款凭证和转账凭证。

(2)根据收款凭证、付款凭证及所附原始凭证逐笔登记现金、银行存款日记账。

(3)根据收款凭证、付款凭证和转账凭证及所附原始凭证或原始凭证汇总表登记各种明细分类账。

(4)根据收款凭证、付款凭证和转账凭证，逐笔登记总分类账。

(5)月终，现金日记账、银行存款日记账余额及各明细分类账户余额合计数分别与相应的总分类账户余额核对相符。

(6)月终，根据总分类账户和各明细分类账户的有关资料编制会计报表。

记账凭证核算程序的工作步骤，如图5-2-7所示。

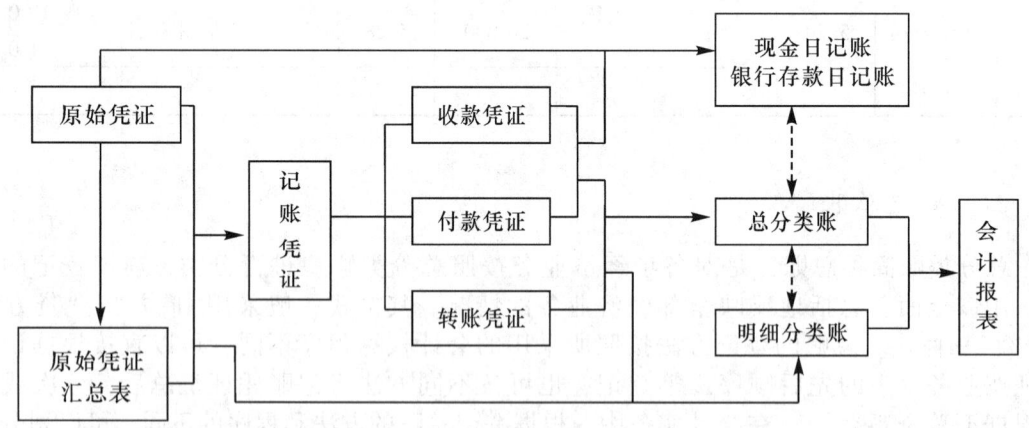

图 5-2-7 记账凭证核算程序

采用记账凭证核算程序，优点是总分类账户记录较为详细，简单明了，易于理解。缺点是登记总分类账户的工作量较大。因此，一般适用于经营规模较小、经济业务较简单的企业。

2. 总账的登记方法

企业采用记账凭证核算程序时，直接根据记账凭证内容依次登记账簿的日期、凭证编号、摘要、借方金额或贷方金额,定期结出余额,并与有关凭证、账簿、实物相核对。具体登记方法如图 5-2-8 所示。

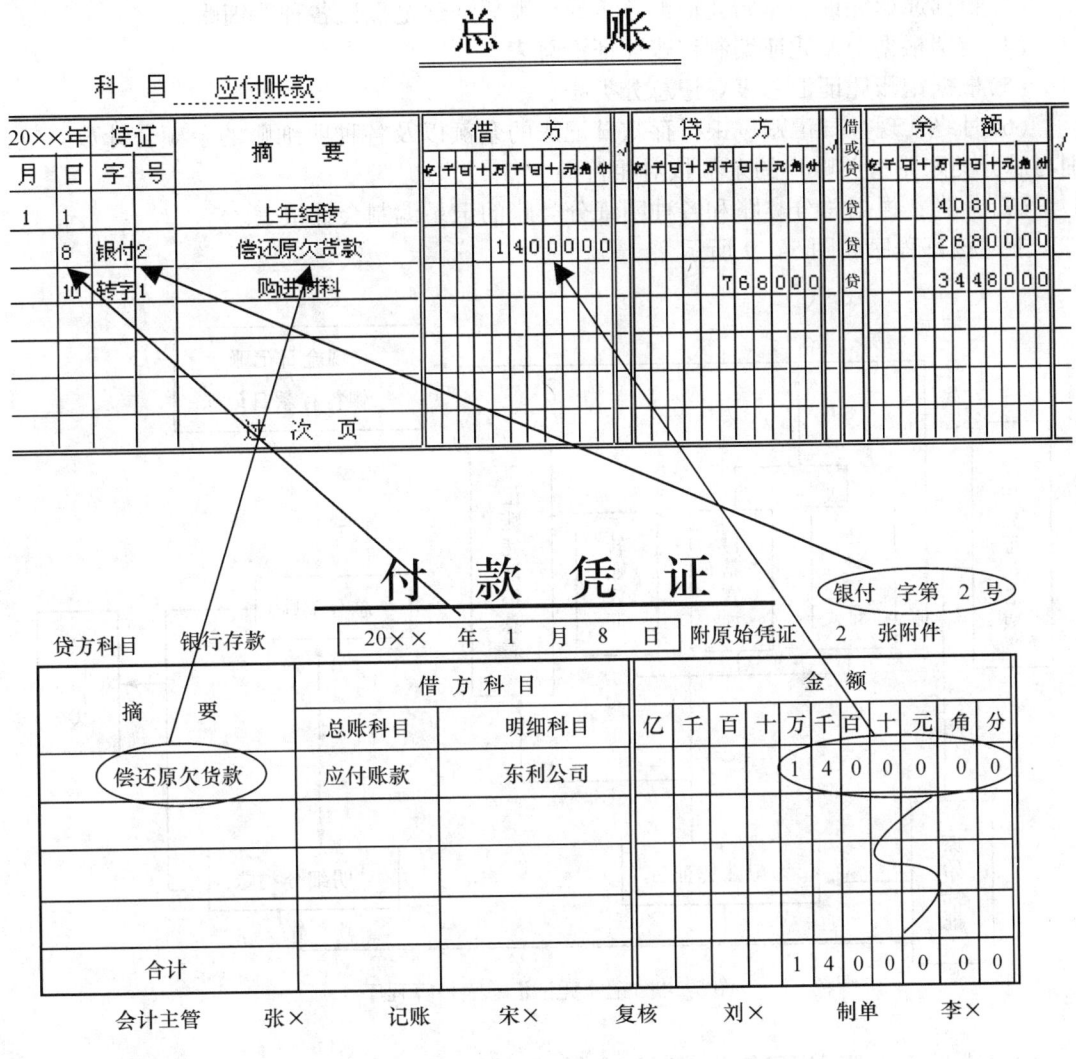

图 5-2-8　总账登记方法

(二)记账凭证汇总表核算程序及其总账的登记

1. 记账凭证汇总表核算程序

记账凭证汇总表核算程序,又称科目汇总表核算程序,其特点是:先定期将全部记账凭证汇总编制成记账凭证汇总表(科目汇总表),然后根据汇总表登记总账。

采用记账凭证汇总表核算程序对记账凭证和账簿的种类与格式无特殊要求,会计凭证、账簿设置与记账凭证账务处理程序相同,另外,为了定期对记账凭证进行汇总,还需设置科目汇总表。

记账凭证汇总表核算程序的工作步骤概括如下:

(1) 根据原始凭证和原始凭证汇总表填制记账凭证。
(2) 根据收款凭证、付款凭证及所附原始凭证逐笔顺序登记现金日记账和银行存款日记账。
(3) 根据原始凭证、原始凭证汇总表或记账凭证逐笔登记各种明细账。
(4) 定期根据记账凭证编制记账凭证汇总表。
(5) 根据记账凭证汇总表登记总分类账。
(6) 月终，现金日记账、银行存款日记账的余额以及各种明细账的余额合计数，应分别与总分类账中有关账户的余额核对相符。
(7) 月终，根据总分类账和各种明细分类账的记录编制会计报表。
上述核算程序如图 5-2-9 所示。

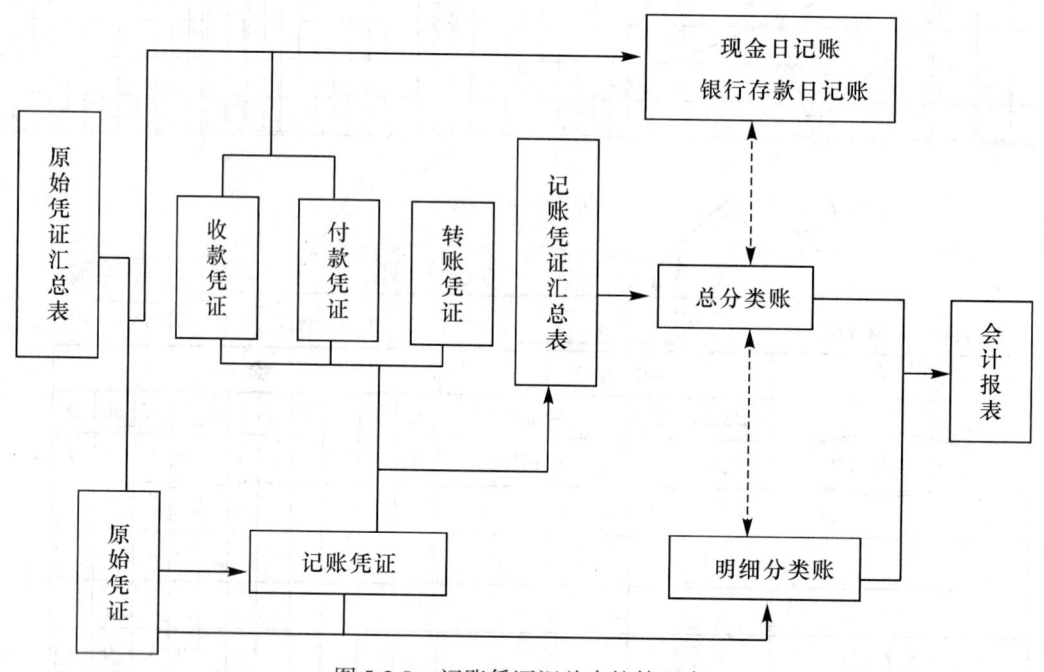

图 5-2-9　记账凭证汇总表核算程序

由上述账务处理程序可知，编制记账凭证汇总表（科目汇总表）并据以登记总账是这种核算形式的主要特点，所以这种核算形式称为"记账凭证（科目）汇总表核算程序"。

记账凭证汇总表核算程序的优点是能够简化总账的登记工作，而且在登记总账以前，通过编制记账凭证汇总表，起到了试算平衡的作用，可以保证总账登记的正确性。其不足之处在于：记账凭证汇总表和总账中不反映账户对应关系，不便对经济业务进行分析和检查。这种账务处理程序主要适用于规模较大、业务较多的企业，而对于规模较小、业务不多的企业，则起不到简化核算的作用。

2. 总账的登记方法

企业采用记账凭证汇总表核算程序时，应定期根据记账凭证编制科目汇总表，并据以登记总分类账。

记账凭证汇总表应定期编制，间隔天数可以根据单位的业务量的多少而定，一般可按每旬或每月汇总编制一次。具体步骤如下：

(1)定期编制记账凭证汇总表。记账凭证汇总表是根据记账凭证按相同会计账户归类定期汇总编制的。通常有两种汇总方法：一种是全部汇总法，即将一定时期的记账凭证，全部汇总到一张记账凭证汇总表上；另一种是分类汇总法，是将一定时期的收款凭证、付款凭证和转账凭证分类汇总，分别编制收款凭证汇总表、付款凭证汇总表和转账凭证汇总表；也可按现金收付业务、银行存款收付业务和转账业务分类汇总，分别编制现金收付款凭证汇总表、银行存款收付款凭证汇总表和转账凭证汇总表。

(2)登记总账。根据记账凭证汇总表的日期、凭证编号和各科目借方金额与贷方金额登记总账对应账户有关项目，并结计出余额。为防止错漏，应按记账凭证汇总表中科目排列顺序逐个记入总账，登记完毕后，在记账凭证汇总表过账栏中画"√"，然后再用同样的方法登记下一个科目，直至将记账凭证汇总表中所有科目的借贷方发生额记入相应的总账账户。最后，由登记总账的会计人员在记账凭证汇总表下方的"记账"处签名或盖章。

具体登记方法如图5-2-10所示。

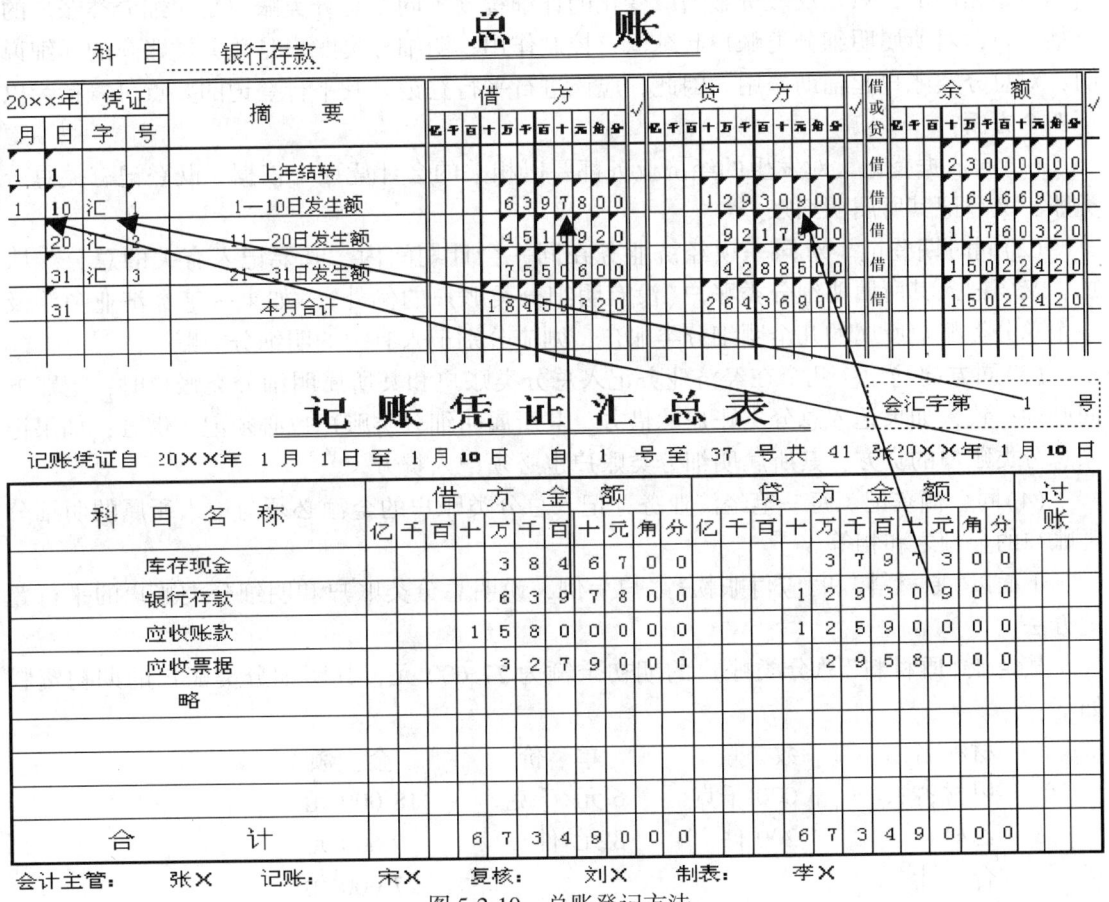

图 5-2-10 总账登记方法

（三）汇总记账凭证核算程序及其总账的登记

汇总记账凭证核算程序是一种与记账凭证汇总表核算程序相类似的核算程序，只是记账凭证汇总的方法不同。汇总记账凭证账务处理程序是根据记账凭证定期编制汇总记账凭证，并据以登记总分类账的一种账务处理程序。其特点是：定期根据记账凭证编制汇总收款凭证、汇总付款凭证和汇总转账凭证，并根据汇总记账凭证登记总分类账。由于这种方法在会计实务中运用较少，这里就不再详细介绍。

五、总账与明细账的平行登记

为了适应生产经营管理对会计信息的不同要求，便于总分类账和明细分类账的清查与核对，对总分类账户和明细分类账户进行平行登记，是十分必要的。

（一）平行登记方法

总分类账户和明细分类账户的平行登记，就是对同一经济业务，一方面要依据记账凭证在有关的总分类账户中进行总括的登记，另一方面要依据记账凭证或原始凭证在明细分类账户中进行详细的登记。总分类账户和明细分类账户的核算内容是相同的，登记的原始依据也是相同的，只是反映资金增减变化的详细程度不同。总分类账户是明细分类账户的总括资料，对所属明细分类账户起统驭、控制作用；明细分类账户是总分类账户的详细说明，对总分类账户起辅助作用。因此，应该进行平行登记。其平行登记的要点可概括为以下四个方面：

（1）同依据登记。对发生的经济业务都要以相关的会计凭证为依据，既登记有关总分类账，又登记其所属明细账。

（2）同时期登记。对同一项经济业务在同一会计期间内，既要记入有关的总分类账户，又要记入其所属明细分类账户（没有明细分类账户的例外）。如果一笔经济业务涉及一个总分类账户所属的几个明细分类账户，则应分别记入有关的明细分类账户。

（3）同方向登记。几个在经济业务记入总分类账户和其所属明细分类账户时，记账方向必须一致，如果记入总分类账户的借方，其所属明细分类账户也必须记入借方；如果记入总分类账户的贷方，其所属明细分类账户也必须记入贷方。

（4）同金额登记。每一笔经济业务，记入总分类账户的金额必须与记入所属的明细分类账户的金额之和相等。

下面以"原材料"和"应付账款"账户为例，说明总分类账户和明细分类账户的平行登记方法。

某企业"原材料"总分类账户的期初余额为 27 600 元，其明细分类账户的期初资料如下：

材料名称	数　量	单　价	金　额
甲材料	3 000 千克	6 元/千克	18 000 元
乙材料	1 200 件	8 元/件	9 600 元
合　计			27 600 元

"应付账款"总分类账户的期初余额为 40 800 元，其明细分类账户的期初余额如下：

华兴公司　　　24 000 元

东利公司　　　16 800 元
　　合　　计　　　40 800 元

本月发生的与供货单位的结算业务和有关材料的收发业务如下：

(1) 5 日向双丰公司购进乙材料 120 件，每件 8 元，货款 960 元以银行存款支付。作会计分录如下：

　　借：原材料——乙材料　　　　　　　　　　　　　　　　960
　　　　贷：银行存款　　　　　　　　　　　　　　　　　　　　960

(2) 8 日以银行存款偿还东利公司货款 14 000 元。作会计分录如下：

　　借：应付账款——东利公司　　　　　　　　　　　　　14 000
　　　　贷：银行存款　　　　　　　　　　　　　　　　　　　14 000

(3) 10 日购入下列材料，价款共计 7 680 元，货款尚未支付。

① 向华兴公司购进甲材料 360 千克，每千克 6 元，共计 2 160 元。
② 向东利公司购进乙材料 540 件，每件 8 元，共计 4 320 元。
③ 向双丰公司购进丙材料 60 吨，每吨 20 元，共计 1 200 元。

作会计分录如下：

　　借：原材料——甲材料　　　　　　　　　　　　　　　2 160
　　　　原材料——乙材料　　　　　　　　　　　　　　　4 320
　　　　原材料——丙材料　　　　　　　　　　　　　　　1 200
　　　　贷：应付账款——华兴公司　　　　　　　　　　　　2 160
　　　　　　应付账款——东利公司　　　　　　　　　　　　4 320
　　　　　　应付账款——双丰公司　　　　　　　　　　　　1 200

(4) 仓库发出下列材料，用于生产产品。

材料名称	数量	单价	金额
甲材料	1 400 千克	6 元/千克	8 400 元
乙材料	800 件	8 元/件	6 400 元
丙材料	10 吨	20 元/吨	200 元
合　　计			15 000 元

作会计分录如下：

　　借：生产成本　　　　　　　　　　　　　　　　　　　15 000
　　　　贷：原材料——甲材料　　　　　　　　　　　　　　8 400
　　　　　　原材料——乙材料　　　　　　　　　　　　　　6 400
　　　　　　原材料——丙材料　　　　　　　　　　　　　　　200

根据上述资料，总分类账户与明细分类账户的平行登记程序如下：

首先，将期初余额记入有关总分类账户和其所属明细分类账户；其次，根据各项经济业务编制记账凭证（会计分录），用平行登记的方法记入有关总分类账户及其所属明细分类账户；最后，期末计算出总分类账及所属明细分类账"本期发生额"和"期末余额"，以便进行核对。

按上述步骤，在"原材料"和"应付账款"及其所属明细分类账中进行平行登记的结果如图 5-2-11 至图 5-2-18 所示。

总 账

科目：原材料

20:年		凭证		摘要	借方	贷方	借或贷	余额
月	日	字	号					
1	1			上年结转			借	2760000
	5	银付	1	购进材料	96000		借	2856000
	10	转字	1	购进材料	768000		借	3624000
	30	转字	2	生产领用		1500000	借	2124000
	30			本月合计	864000	1500000	借	2124000
				过次页				

图 5-2-11

总 账

科目：应付账款

20:年		凭证		摘要	借方	贷方	借或贷	余额
月	日	字	号					
1	1			上年结转			贷	4080000
	8	银付	2	偿还原欠货款	1400000		贷	2680000
	10	转字	1	购进材料		768000	贷	3448000
	30			本月合计	1400000	768000	贷	3448000
				过次页				

图 5-2-12

原材料明细账

最高存量 10000　最低存量 1000　存储地点 C仓库　规格 略　类别 略　计量单位 千克　品名 甲材料

总页号　分页号　编号 1481

20××年		凭证		摘要	借方			贷方			余额		
月	日	种类	号数		数量	单价	金额	数量	单价	金额	数量	单价	金额
1	1			上年结转							3000	6.00	1800000
	10	转字	1	购进材料	360	6.00	216000				3360	6.00	2016000
	30	转字	2	生产领用				1400	6.00	840000	1960	6.00	1176000
	30			本月合计	360		216000	1400	6.00	840000	1960	6.00	1176000
				过次页									

图 5-2-13

原材料明细账

总页号　分页号
编号 1482

最高存量 8000
最低存量 1000　存储地点 B仓库　规格 略　类别 略　计量单位 千克　品名 乙材料

20××		凭证		摘要	借方			贷方			余额		
月	日	种类	号数		数量	单价	金额	数量	单价	金额	数量	单价	金额
1	1			上年结转							1200	3.00	360000
	5	银付	1	购进材料	120	3.00	36000				1320	3.00	396000
	10	转	1	购进材料	540	3.00	162000				1860	3.00	558000
	30	转	2	生产领用				800	3.00	240000	1060	3.00	318000
	30			本月合计	660		198000	800	3.00	240000	1060	3.00	318000
				过次页									

图 5-2-14

原材料明细账

总页号　分页号
编号 1483

最高存量 200
最低存量 50　存储地点 A仓库　规格 略　类别 略　计量单位 千克　品名 丙材料

20××		凭证		摘要	借方			贷方			余额		
月	日	种类	号数		数量	单价	金额	数量	单价	金额	数量	单价	金额
1	10	转	1	购进材料	60	20.00	120000				60	20.00	120000
	30	转	2	生产领用				10	20.00	20000	50	20.00	100000
	30			本月合计	60	20.00	120000	10	20.00	20000	50	20.00	100000
				过次页									

图 5-2-15

应付账款明细账

总页号　分页号
一级科目
子目或户名 华兴公司

20××年		凭证		摘要	借方	贷方	借或贷	余额
月	日	字	号					
1	1			上年结转			贷	2400000
	10	转字	1	购进材料欠款		216000	贷	2616000
	30			本月合计		216000	贷	2616000
				过次页				

图 5-2-16

应付账款明细账

一级科目
子目或户名 东利公司

20××年 月	日	凭证 字号	摘要	借方	贷方	借或贷	余额
1	1		上年结转			贷	1680000
	8	银付2	偿还贷款	1400000		贷	280000
	10	转字1	购进材料		432000	贷	712000
	30		本月合计	1400000	432000	贷	712000
			过次页				

图 5-2-17

应付账款明细账

一级科目
子目或户名 双丰公司

20××年 月	日	凭证 字号	摘要	借方	贷方	借或贷	余额
1	10	转字1	购进材料欠款		120000	贷	120000
	30		本月合计		120000	贷	120000
			过次页				

图 5-2-18

(二) 总分类账户与明细分类账户的核对

为了检验总分类账户和其所属明细分类账户的登记是否正确，还必须将总分类账与其所属明细分类账进行核对。其核对方法是：一般先根据某一个总分类账户的所属明细分类账户记录分别编制"明细账本期发生额及余额表"，然后再据以与总分类账户核对。现以前例"原材料"和"应付账款"两个账户的所属明细账为例，编制"明细账本期发生额及余额表"，如表5-2-3和表5-2-4所示。

表 5-2-3　　　　　　　　　　　原材料明细账本期发生额及余额表

明细账户名称	计量单位	单价	期初余额		本期发生额				期末余额	
					收入		发出			
			数量	金额	数量	金额	数量	金额	数量	金额
甲材料	千克	6	3 000	18 000	360	2 160	1 400	8 400	1 960	11 760
乙材料	件	8	1 200	9 600	660	5 280	800	6 400	1 060	8 480
丙材料	吨	20			60	1 200	10	200	50	1 000
合　计				27 600		8 640		15 000		21 240

表 5-2-4　　　　　　　　　　　应付账款明细账本期发生额及余额表

明细账户名称	期初余额		本期发生额		期末余额	
	借　方	贷　方	借　方	贷　方	借　方	贷　方
华兴公司		24 000		2 160		26 160
东利公司		16 800	14 000	4 320		7 120
双丰公司				1 200		1 200
合　计		40 800	14 000	7 680		34 480

将上述"原材料"与"应付账款"两个总分类账户的记录与所属明细分类账户的"本期发生额及余额表"分别加以核对，可以看出，"原材料"和"应付账款"总分类账户的期初余额、本期借方发生额、本期贷方发生额、期末余额和其所属明细分类账户的期初余额合计、本期借方发生额合计、本期贷方发生额合计、期末余额合计完全相等，说明总分类账户和明细分类账户的平行登记是正确的。如果不符，应当查明原因，予以更正。

六、记账凭证汇总表核算程序实例

汉江公司采用记账凭证汇总表核算程序。该公司20××年12月总分类账户期初余额表、各种经济业务的会计分录、现金日记账和银行存款日记账、有关明细账、记账凭证汇总表、总分类账、总分类账本期发生额及余额表等有关资料如表5-2-5至表5-2-44所示（本例只说明账理，不涉及增值税）。

（1）总分类账户期初余额表如表5-2-5所示。

（2）根据发生的经济业务填制凭证（为简化起见，记账凭证的格式从略，以会计分录来替代记账凭证，如表5-2-6所示）。

（3）根据记账凭证登记现金日记账、银行存款日记账，如表5-2-7、表5-2-8所示。

（4）根据原始凭证、原始凭证汇总表或记账凭证逐笔登记各种明细账（以下列示应收账款、应付账款、原材料、库存商品的明细账，如表5-2-9至表5-2-17所示，其余从略）。

（5）根据记账凭证按照全部汇总的方法编制记账凭证汇总表如表 5-2-18 所示。

（6）根据记账凭证汇总表登记总账如表 5-2-19 至表 5-2-43 所示。

（7）编制总分类账户本期发生额及余额表如表 5-2-44 所示。

表 5-2-5

汉江公司
总分类账户期初余额表
20××年 月 日　　　　　　　　　　　　　　单位：元

账户名称	借方金额	账户名称	贷方金额
库存现金	240	短期借款	148 520
银行存款	44 562	应付账款	9 600
应收账款	5 556	应交税费	8 420
在途物资	1 442	应付利息	1 340
原材料	66 000	实收资本	271 800
生产成本	23 280	累计折旧	52 200
库存商品	28 800	本年利润	35 880
固定资产	348 000	资本公积	2 000
利润分配	35 880	盈余公积	24 000
合　计	553 760	合　计	553 760

表 5-2-6　　　　　　　　　　　　　　　　　　　　　　　　　　单位：元

20××年		记账凭证号	摘　要	借方		贷方	
月	日			账户名称	金额	账户名称	金额
12	2	记001	国家投入新机器一台	固定资产	42 000	实收资本	42 000
	2	记002	向红旗工厂购入甲材料300吨，价款未付	在途物资	32 550	应付账款	32 550
	2	记003	支付购入甲材料运杂费	在途物资	450	银行存款	450
	2	记004	甲材料验收入库，按实际成本转账	原材料	33 000	在途物资	33 000
	4	记005	售出A产品50件，货款存入银行	银行存款	15 000	主营业务收入	15 000
	5	记006	购厂部办公用品	管理费用	65	库存现金	65
	6	记007	收到大明工厂账款	银行存款	5 556	应收账款	5 556
	6	记008	偿付红旗工厂账款	应付账款	9 600	银行存款	9 600

续 表

20××年		记账凭证号	摘 要	借方		贷方	
月	日			账户名称	金额	账户名称	金额
	7	记009	向红旗工厂购入甲材料200吨,价款未付	在途物资	21 700	应付账款	21 700
	7	记010	支付购入甲材料运杂费	在途物资	300	银行存款	300
	7	记011	甲材料验收入库,按实际成本转账	原材料	22 000	在途物资	22 000
	8	记012	发出甲材料,其中制造A产品用150吨,B产品用150吨	生产成本	34 500	原材料	34 500
	8	记013	售给大明工厂A产品50件,货款未收	应收账款	15 000	主营业务收入	15 000
	8	记014	支付销售产品运杂费	销售费用	120	银行存款	120
	8	记015	向东方工厂购入乙材料250千克,价款未付	在途物资	5 450	应付账款	5 450
	8	记016	支付购入乙材料运杂费	在途物资	50	库存现金	50
	8	记017	乙材料验收入库,按实际成本转账	原材料	5 500	在途物资	5 500
12	9	记018	发出乙材料,制造A产品用100千克,B产品用200千克	生产成本	6 300	原材料	6 300
	12	记019	发出甲材料100吨,用于制造B产品	生产成本	11 500	原材料	11 500
	13	记020	向银行借入生产周转借款	银行存款	8 000	短期借款	8 000
	13	记021	偿付红旗工厂账款	应付账款	50 000	银行存款	50 000
	15	记022	发出乙材料100千克,用于制造B产品	生产成本	2 100	原材料	2 100
	18	记023	偿还东方工厂账款	应付账款	5 450	银行存款	5 450
	18	记024	采购员王新借支差旅费	其他应收款	80	库存现金	80
	19	记025	支付购入丙材料200千克价款	在途物资	960	银行存款	960
	19	记026	提取现金	库存现金	200	银行存款	200
	20	记027	支付购入丙材料运杂费	在途物资	40	库存现金	40

续　表

20××年		记账凭证号	摘　要	借方		贷方	
月	日			账户名称	金额	账户名称	金额
	20	记028	丙材料验收入库，按实际成本转账	原材料	1 000	在途物资	1 000
	20	记029	管理部门领用丙材料	管理费用	1 200	原材料	1 200
	21	记030	采购员王新报销差旅费	管理费用	43	其他应收款	43
	21	记031	采购员王新交还借支余款	库存现金	37	其他应收款	37
	22	记032	售给新华工厂A产品100件，货款未收	应收账款	30 000	主营业务收入	30 000
	23	记033	售出A产品40件，收到货款	银行存款	12 000	主营业务收入	12 000
	23	记034	以银行存款支付销售产品运杂费	销售费用	168	银行存款	168
	25	记035	收到大明工厂货款	银行存款	10 000	应收账款	10 000
	25	记036	收到新华工厂货款	银行存款	30 000	应收账款	30 000
	26	记037	提取现金备发工资	库存现金	18 800	银行存款	18 800
12	26	记038	发放工资	应付职工薪酬	18 800	库存现金	18 800
	28	记039	购厂部办公用品	管理费用	40	库存现金	40
	28	记040	偿还红旗工厂账款	应付账款	4 250	银行存款	4 250
	31	记041	支付本月管理部门水费	管理费用	78	银行存款	78
	31	记042	支付本月仓库租金	管理费用	222	银行存款	222
	31	记0431/2	分配本月生产工人工资	生产成本	14 600	应付职工薪酬	14 600
	31	记0432/2	分配本月行政管理人员工资	管理费用	4 200	应付职工薪酬	4 200
	31	记0441/2	计提本月厂部固定资产折旧	管理费用	3 440	累计折旧	3 440
	31	记0442/2	支付本月生产用电电费(其中：A产品耗用246元，B产品耗用1 540元)	生产成本	1 786	银行存款	1 786
	31	记045	支付本月一般照明用电电费	管理费用	192	银行存款	192
	31	记046	支付本月的保险费	管理费用	155	银行存款	155

续 表

20××年		记账凭证号	摘 要	借方		贷方	
月	日			账户名称	金额	账户名称	金额
	31	记047	结转本月管理费用	本年利润	9 635	管理费用	9 635
	31	记048	结转本月完工A产品200件、B产品180件的实际成本	库存商品	75 834	生产成本	75 834
	31	记049	结转销售A产品240件的实际成本	主营业务成本	56 390.4	库存商品	56 390.4
	31	记050	交纳本月销售税金	营业税金及附加	3 600	银行存款	3 600
	31	记051	结转本月主营业务收入	主营业务收入	72 000	本年利润	72 000
	31	记052	结转本月销售成本	本年利润	56 390.4	主营业务成本	56 390.4
	31	记053	结转本月销售税金	本年利润	3 600	营业税金及附加	3 600
12	31	记054	结转本月销售费用	本年利润	288	销售费用	288
	31	记055 1/2 记055 2/2	计算本月应交所得税 结转本月所得税费用	所得税费用 本年利润	688.58 688.58	应交税费 所得税费用	688.58 688.58
	31	记056	按规定从税后利润中提取盈余公积金	利润分配	139.80	盈余公积	139.80
	31	记057	按规定计算应付给投资者的利润	利润分配	650	应付利润	650
	31	记058	年终将利润账户余额转入利润分配账户	本年利润	37 966.60	利润分配	37 966.6

表5-2-7

汉江公司
现金日记账

第12页

20××年		凭证号	摘 要	对方账户	收入	付出	结余
月	日						
12	1		月初余额				240
	5	记006	购厂部办公用品	管理费用		65	175
	8	记016	购入乙材料运杂费	在途物资		50	125
	18	记024	采购员王新借支差旅费	其他应收款		80	45
	19	记026	提取现金	银行存款	200		245

续 表

20××年		凭证号	摘要	对方账户	收入	付出	结余
月	日						
	20	记027	购入丙材料运杂费	在途物资		40	205
	21	记031	采购员王新交还借支差旅费	其他应收款	37		242
	26	记037	提取现金备发工资	银行存款	18 800		19 042
	26	记038	发放工资	应付职工薪酬		18 800	242
	28	记039	购厂部办公用品	管理费用		40	202
	31		本月发生额和月末余额		19 037	19 075	202

表 5-2-8

汉 江 公 司

银 行 存 款 日 记 账　　　　　　　　　　第 18 页

20××年		凭证号	摘要	对方账户	收入	付出	结余
月	日						
12	1		月初余额				44 562
	2	记003	购入甲材料运费	在途物资		450	44 112
	4	记005	售出A产品50件货款	主营业务收入	15 000		59 112
	6	记007	收到大明工厂货款	应收账款	5 556		64 668
	6	记008	偿还红旗工厂账款	应付账款		9 600	55 068
	7	记010	购入甲材料运费	在途物资		300	54 768
	8	记014	销售产品运杂费	销售费用		120	54 648
	13	记020	借入流动资金借款	短期借款	8 000		62 648
	13	记021	偿还红旗工厂账款	应付账款		50 000	12 648
	18	记023	偿还东方工厂账款	应付账款		5 450	7 198
	19	记025	购入丙材料价款	在途物资		960	6 238
	19	记026	提取现金	库存现金		200	6 038
	23	记033	售出A产品40件货款	主营业务收入	12 000		18 038
	23	记034	销售产品运杂费	销售费用		168	17 870
	25	记035	收到大明工厂货款	应收账款	10 000		27 870
	25	记036	收到新华工厂货款	应收账款	30 000		57 870
	26	记037	提取现金备发工资	库存现金		18 800	39 070

续 表

20××年		凭证号	摘 要	对方账户	收入	付出	结余
月	日						
	28	记040	偿还红旗工厂账款	应付账款		4 250	34 820
	31	记041	支付本月水费	管理费用		78	34 742
	31	记042	支付本月仓库租费	管理费用		222	34 520
	31	记044	支付本月生产电费	生产成本		1 786	32 737
	31	记045	支付本月一般照明用电电费	管理费用		192	32 542
	31	记045	支付本月保险费	管理费用		155	32 387
	31	记050	交纳销售税金	主营业务税金及附加		3 600	28 787
	31		本月发生额和月末余额		80 556	96 331	28 787

表 5-2-9
汉 江 公 司
应 收 账 款 明 细 账

户名：大明工厂　　　　　　　　　　　　　　　　　　　　　　　　第 1 页

20××年		凭证号	摘 要	借方	贷方	借或贷	余额
月	日						
12	1		月初余额			借	5 556
	6	记007	收到账款		5 556	平	0
	8	记013	A产品50件货款	15 000		借	15 000
	25	记035	收到账款		10 000	借	5 000
	31		本月发生额和月末余额	15 000	15 556	借	5 000

表 5-2-10
汉 江 公 司
应 收 账 款 明 细 账

户名：新华工厂　　　　　　　　　　　　　　　　　　　　　　　　第 2 页

20××年		凭证号	摘 要	借方	贷方	借或贷	余额
月	日						
12	22	记032	A产品100件货款	30 000		借	30 000
	25	记036	收到账款		30 000	平	0
	31		本月发生额和月末余额	30 000	30 000	平	0

表 5-2-11

汉江公司
应付账款明细账

户名：红旗工厂　　　　　　　　　　　　　　　　　　　　　　　　　　　　　　　　第 1 页

20××年		凭证号	摘　要	借方	贷方	借或贷	余额
月	日						
12	1		月初余额			贷	9 600
	2	记002	甲材料300吨价款		32 550	贷	42 150
	6	记008	偿付账款	9 600		贷	32 550
	7	记009	甲材料200吨价款		21 700	贷	54 250
	13	记021	偿付账款	50 000		贷	4 250
	28	记040	偿付账款	4 250		平	0
	31		本月发生额和月末余额	63 850	54 250	平	0

表 5-2-12

汉江公司
应付账款明细账

户名：东方工厂　　　　　　　　　　　　　　　　　　　　　　　　　　　　　　　　第 2 页

20××年		凭证号	摘　要	借方	贷方	借或贷	余额
月	日						
12	8	记015	乙材料250千克价款		5 450	贷	5 450
	18	记023	偿付账款	5 450		平	0
	31		本月发生额和月末余额	5 450	5450	平	0

表 5-2-13

汉江公司
材料明细账

材料编号：1501　　　　　　　　　　　　　　　　　　　　　　　计量单位：吨
材料类别：（略）　　　　　　　　　　　　　　　　　　　　　　最高存量：（略）
材料名称及规格：甲材料　　　　　　　　　　　　　　　　　　　最低存量：（略）第 5 页

20××年		凭证号	摘要	收入			发出			结存		
月	日			数量	单价	金额	数量	单价	金额	数量	单价	金额
12	1		月初余额							500	120	60 000
	2	收料511	购入	300	110	33 000				800	116.25	93 000
	7	收料512	购入	200	110	22 000				1 000	115	115 000
	8	领料833	制造产品领用				300	115	34 500	700	115	80 500

续表

20××年		凭证号	摘要	收入			发出			结存		
月	日			数量	单价	金额	数量	单价	金额	数量	单价	金额
	12	领料835	制造产品领用				100	115	11 500	600	115	69 000
	31		本月发生额和月末余额	500		55 000	400		46 000	600	115	69 000

表5-2-14

汉江公司
材料明细账

材料编号：1602　　　　　　　　　　　　计量单位：吨
材料类别：（略）　　　　　　　　　　　最高存量：（略）
材料名称及规格：乙材料　　　　　　　最低存量：（略）第12页

20××年		凭证号	摘要	收入			发出			结存		
月	日			数量	单价	金额	数量	单价	金额	数量	单价	金额
12	1		月初余额							250	20	5 000
	8	收料513	购入	250	22	5 500				500	21	10 500
	9	领料834	制造产品领用				300	21	6 300	200	21	4 200
	15	领料836	制造产品领用				100	21	2 100	100	21	2 100
	31		本月发生额和月末余额	250		5 500	400		8 400	100	21	2 100

表5-2-15

汉江公司
材料明细账

材料编号：2011　　　　　　　　　　　　计量单位：吨
材料类别：（略）　　　　　　　　　　　最高存量：（略）
材料名称及规格：丙材料　　　　　　　最低存量：（略）第21页

20××年		凭证号	摘要	收入			发出			结存		
月	日			数量	单价	金额	数量	单价	金额	数量	单价	金额
12	1		月初余额							200	5	1 000
	20	收料514	购入	200	5	1 000				400	5	2 000
	20	领料837	车间领用				190	5	950	210	5	1 050
	20	领料838	厂部领用				50	5	250	160	5	800
	31		本月发生额和月末余额	200		1 000	240		1 200	160	5	800

表 5-2-16

汉江公司
库存商品明细账

产品编号：711
产品名称及规格：A 产品　　　　　　　　　　　　计量单位：件　　第 4 页

20××年		凭证号	摘要	收入			发出			结存		
月	日			数量	单价	金额	数量	单价	金额	数量	单价	金额
12	1		月初余额							120	240	28 800
	4	发货 272	售出				50			70		
	8	发货 273	售出				50			20		
	21	入库 196	完工入库	200						220		
	22	发货 274	售出				100			120		
	23	发货 275	售出				40			80		
	31		本月发生额和月末余额	200	229.92	45 984	240	234.96	56 390.40	80	229.92	18 393.60

表 5-2-17

汉江公司
库存商品明细账

产品编号：961
产品名称及规格：B 产品　　　　　　　　　　　　计量单位：件　　第 5 页

20××年		凭证号	摘要	收入			发出			结存		
月	日			数量	单价	金额	数量	单价	金额	数量	单价	金额
12	31	入库 191	完工入库	180		29 850				180		29 850
	31		本月发生额和月末余额	180	165.83	29 850				180	165.83	29 850

表 5-2-18

记账凭证汇总表
20××年 12 月 1 日至 31 日

会计科目	总账页数	本期发生额	
		借方	贷方
库存现金	（略）	19 037	19 075
银行存款		80 556	96 331
应收账款		45 000	45 556
其他应收款		80	80

续 表

会计科目	总账页数	本期发生额	
		借方	贷方
在途物资		61 500	61 500
原材料		61 500	55 600
生产成本		70 786	75 834
库存商品		75 834	56 390.40
管理费用		9 635	9 635
主营业务成本		56 390.4	56 390.40
主营业务税金及附加		3 600	3 600
销售费用		288	288
固定资产		42 000	
利润分配		1 478.38	37 966.60
短期借款			8 000
应付账款		69 300	59 700
应付职工薪酬		18 800	18 800
应交税费			688.58
应付利润			650
盈余公积			139.8
实收资本			42 000
累计折旧			3 440
主营业务收入		72 000	72 000
本年利润		107 880	72 000
合　　计		795 664.78	795 664.78

表 5-2-19

总 分 类 账

账户名称： 库存现金　　　　　　　　　　　　　　　　　　　　　第 12 页

20××年		凭证		摘　要	借方	贷方	借或贷	余额
月	日	字	号					
12	1			月初余额			借	240.00
	31	汇	12	汇总本月凭证	19 037.00	19 075.00	借	202.00
	31			月　结	19 037.00	19 075.00	借	202.00

表 5-2-20

总 分 类 账

账户名称：银行存款　　　　　　　　　　　　　　　　　　　　　　　　　　　第 18 页

20××年		凭证		摘 要	借方	贷方	借或贷	余额
月	日	字	号					
12	1			月初余额			借	44 562.00
	31	汇	12	汇总本月凭证	80 556.00	96 331.00	借	30 920.00
	31			月　结	80 556.00	96 331.00	借	28 787.00

表 5-2-21

总 分 类 账

账户名称：应收账款　　　　　　　　　　　　　　　　　　　　　　　　　　　第 25 页

20××年		凭证		摘 要	借方	贷方	借或贷	余额
月	日	字	号					
12	1			月初余额			借	5 556.00
	31	汇	12	汇总本月凭证	45 000	45 556.00	借	5 000.00
	31			月　结	45 000	45 556.00	借	5 000.00

表 5-2-22

总 分 类 账

账户名称：其他应收款　　　　　　　　　　　　　　　　　　　　　　　　　　第 31 页

20××年		凭证		摘 要	借方	贷方	借或贷	余额
月	日	字	号					
12	31	汇	12	汇总本月凭证	80.00	80.00		0
	31			月　结	80.00	80.00	平	0

表 5-2-23

总 分 类 账

账户名称：在途物资　　　　　　　　　　　　　　　　　　　　　　　　　　　第 39 页

20××年		凭证		摘 要	借方	贷方	借或贷	余额
月	日	字	号					
12	1			月初余额			借	1 442.00
	31	汇	12	汇总本月凭证	61 500.00	61 500.00		
	31			月　结	61 500.00	61 500.00	借	1 442.00

表 5-2-24

总 分 类 账

账户名称：原材料　　　　　　　　　　　　　　　　　　　　　　　　　　　　第 42 页

20××年		凭证		摘 要	借方	贷方	借或贷	余额
月	日	字	号					
12	1			月初余额			借	66 000.00
	31	汇	12	汇总本月凭证	61 500.00	55 600.00	借	71 900.00
	31			月　结	61 500.00	55 600.00	借	71 900.00

表 5-2-25

总 分 类 账

账户名称：生产成本　　　　　　　　　　　　　　　　　　　　　　　　　　　　第 48 页

20××年		凭证		摘要	借方	贷方	借或贷	余额
月	日	字	号					
12	1			月初余额			借	23 280.00
	31	汇	12	汇总本月凭证	70 786.00	75 834.00	借	18 232.00
	31			月　结	70 786.00	75 834.00	借	18 232.00

表 5-2-26

总 分 类 账

账户名称：库存商品　　　　　　　　　　　　　　　　　　　　　　　　　　　　第 50 页

20××年		凭证		摘要	借方	贷方	借或贷	余额
月	日	字	号					
12	1			月初余额			借	28 800.00
	31	汇	12	汇总本月凭证	75 834.00	56 390.40	借	48 243.60
	31			月　结	75 834.00	56 390.40	借	48 243.60

表 5-2-27

总 分 类 账

账户名称：管理费用　　　　　　　　　　　　　　　　　　　　　　　　　　　　第 55 页

20××年		凭证		摘要	借方	贷方	借或贷	余额
月	日	字	号					
12	31	汇	12	汇总本月凭证	9 635.00	9 635.00		
	31			月　结	9 635.00	9 635.00	平	0

表 5-2-28

总 分 类 账

账户名称：主营业务成本　　　　　　　　　　　　　　　　　　　　　　　　　　第 58 页

20××年		凭证		摘要	借方	贷方	借或贷	余额
月	日	字	号					
12	31	汇	12	汇总本月凭证	56 390.40	56 390.40		
	31			月　结	56 390.40	56 390.40	平	0

表 5-2-29

总 分 类 账

账户名称：主营业务税金及附加　　　　　　　　　　　　　　　　　　　　　　　第 62 页

20××年		凭证		摘要	借方	贷方	借或贷	余额
月	日	字	号					
12	31	汇	12	汇总本月凭证	3 600.00	3 600.00		
	31			月　结	3 600.00	3 600.00	平	0

表 5-2-30

账户名称：销售费用

总 分 类 账

第 67 页

20××年		凭证		摘要	借方	贷方	借或贷	余额
月	日	字	号					
12	31	汇	12	汇总本月凭证	288.00	288.00		
	31			月　结	288.00	288.00	平	0

表 5-2-31

账户名称：固定资产

总 分 类 账

第 72 页

20××年		凭证		摘要	借方	贷方	借或贷	余额
月	日	字	号					
12	1			月初余额			借	348 000.00
	31	汇	12	汇总本月凭证	42 000.00		借	390 000.00
	31			月　结	42 200.00		借	390 000.00

表 5-2-32

账户名称：利润分配

总 分 类 账

第 76 页

20××年		凭证		摘要	借方	贷方	借或贷	余额
月	日	字	号					
12	1			月初余额			借	35 880.00
	31	汇	12	汇总本月凭证	1 478.38	37 966.60	贷	608.22
	31			月　结	1 478.38	37 966.60	贷	608.22

表 5-2-33

账户名称：短期借款

总 分 类 账

第 83 页

20××年		凭证		摘要	借方	贷方	借或贷	余额
月	日	字	号					
12	1			月初余额			贷	148 520.00
	31	汇	12	汇总本月凭证		8 000.00	贷	156 520.00
	31			月　结		8 000.00	贷	156 520.00

表 5-2-34

账户名称：应付账款

总 分 类 账

第 88 页

20××年		凭证		摘要	借方	贷方	借或贷	余额
月	日	字	号					
12	1			月初余额			贷	9 600
	31	汇	12	汇总本月凭证	69 300.00	59 700.00	平	0
	31			月　结			平	0

表 5-2-35

总 分 类 账

账户名称：应付职工薪酬　　　　　　　　　　　　　　　　　　　　　　　第 90 页

20××年		凭证		摘要	借方	贷方	借或贷	余额
月	日	字	号					
12	31	汇	12	汇总本月凭证	18 800.00	18 800.00	平	0
	31			月　结	18 800.00	18 800.00	平	0

表 5-2-36

总 分 类 账

账户名称：应交税费　　　　　　　　　　　　　　　　　　　　　　　　　第 92 页

20××年		凭证		摘要	借方	贷方	借或贷	余额
月	日	字	号					
12	1			月初余额			贷	8 420.00
	31	汇	12	汇总本月凭证		688.58	贷	9 108.58
	31			月　结		688.58	贷	9 108.58

表 5-2-37

总 分 类 账

账户名称：实收资本　　　　　　　　　　　　　　　　　　　　　　　　　第 110 页

20××年		凭证		摘要	借方	贷方	借或贷	余额
月	日	字	号					
12	1			月初余额			贷	271 800.00
	31	汇	12	汇总本月凭证		42 000.00	贷	313 800.00
	31			月　结			贷	313 800.00

表 5-2-38

总 分 类 账

账户名称：累计折旧　　　　　　　　　　　　　　　　　　　　　　　　　第 120 页

20××年		凭证		摘要	借方	贷方	借或贷	余额
月	日	字	号					
12	1			月初余额			贷	52 200.00
	31	汇	12	汇总本月凭证		3 440.00	贷	55 640.00
	31			月　结			贷	55 640.00

表 5-2-39

总 分 类 账

账户名称：主营业务收入　　　　　　　　　　　　　　　　　　　　　　　第 126 页

20××年		凭证		摘要	借方	贷方	借或贷	余额
月	日	字	号					
12	31	汇	12	汇总本月凭证	72 000.00	72 000.00	平	0
	31			月　结	72 000.00	72 000.00	平	0

表5-2-40

总 分 类 账

账户名称：本年利润　　　　　　　　　　　　　　　　　　　　　　　第 134 页

20××年		凭证		摘要	借方	贷方	借或贷	余额
月	日	字	号					
12	1			月初余额			贷	35 880.00
	31	汇	12	汇总本月凭证	107 880.00	72 000.00	平	0
	31			月　结	107 880.00	72 000.00	平	0

表5-2-41

总 分 类 账

账户名称：盈余公积　　　　　　　　　　　　　　　　　　　　　　　第 140 页

20××年		凭证		摘要	借方	贷方	借或贷	余额
月	日	字	号					
12	1			月初余额			贷	24 000.00
	31	汇	12	汇总本月凭证		139.80	贷	24 139.80
	31			月　结		139.80	贷	24 139.80

表5-2-42

总 分 类 账

账户名称：应付利润　　　　　　　　　　　　　　　　　　　　　　　第 143 页

20××年		凭证		摘要	借方	贷方	借或贷	余额
月	日	字	号					
12	31	汇	12	汇总本月凭证		650.00	贷	650.00
	31			月　结		650.00	贷	650.00

表5-2-43

总 分 类 账

账户名称：资本公积　　　　　　　　　　　　　　　　　　　　　　　第 145 页

20××年		凭证		摘要	借方	贷方	借或贷	余额
月	日	字	号					
12	1			月初余额			贷	2 000.00
	31			月　结			贷	2 000.00

表 5-2-44

汉江公司
总分类账户本期发生额及余额表
20××年12月

账户名称	期初余额 借方	期初余额 贷方	本期发生额 借方	本期发生额 贷方	期末余额 借方	期末余额 贷方
库存现金	240.00		19 037.00	19 075.00	202.00	
银行存款	44 562.00		80 556.00	96 331.00	28 787.00	
应收账款	5 556.00		45 000.00	45 556.00	5 000.00	
其他应收款			80.00	80.00		
在途物资	1 442.00		61 500.00	61 500.00	1 442.00	
原材料	66 000.00		61 500.00	55 600.00	71 900.00	
生产成本	23 280.00		70 786.00	75 834.00	18 232.00	
库存商品	28 800.00		75 834.00	56 390.40	48 243.60	
管理费用			9 635.00	9 635.00		
主营业务成本			56 390.40	56 390.40		
主营业务税金及附加			3 600.00	3 600.00		
销售费用			288.00	288.00		
固定资产	348 000.00		42 000.00		390 000.00	
利润分配	35 880.00		1 478.38	37 966.60		608.22
短期借款		148 520.00		8 000.00		156 520.00
应付账款		9 600.00	69 300.00	59 700.00		
应付利息		1 340.00				1 340.00
应付职工薪酬			18 800.00	18 800.00		
应交税费		8 420.00		688.58		9 108.58
资本公积		2 000.00				2 000.00
盈余公积		24 000.00		139.80		24 139.80
实收资本		271 800.00		42 000.00		313 800.00
应付利润				650.00		650.00
累计折旧		52 200.00		3 440.00		55 640.00
主营业务收入			72 000.00	72 000.00		
本年利润		35 880.00	107 880.00	72 000.00		
合　计	553 760.00	553 760.00	795 664.78	795 664.78	563 806.60	563 806.60

学习情境五 建账和登账

思考与练习

一、单项选择题

1. 假如某账户本期期初余额为2 600元，本期期末余额为5 300元，本期减少发生额为2 800元，则该账户本期增加发生额为(   )。
   A. 900　　　　B. 10 500　　　　C. 700　　　　D. 5 500
2. 假如某账户本期增加发生额为1 500元，减少发生额为600元，期末余额为1 300元，则该账户本期期初余额为(   )元。
   A. 400　　　　B. 1 400　　　　C. 1,200　　　　D. 1 000
3. 明细账按用途分类属于(   )。
   A. 备查账簿　　B. 序时账簿　　C. 订本账簿　　D. 分类账簿
4. 原材料明细账的格式一般应采用(   )。
   A. 三栏式　　　B. 数量金额式　　C. 多栏式　　　D. 横线登记式
5. 管理费用明细账的格式一般应采用(   )。
   A. 三栏式　　　B. 数量金额式　　C. 多栏式　　　D. 横线登记式
6. 固定资产明细账一般使用(   )。
   A. 多栏账簿　　B. 订本账簿　　C. 卡片账簿　　D. 序时账簿
7. "委托加工材料登记账簿"按用途分类属于(   )。
   A. 三栏式明细分类账簿　　　　B. 分类账簿
   C. 备查账簿　　　　　　　　　D. 日记账簿
8. (   )账簿在使用结束不再登记时，必须装订成册，妥善保管。
   A. 订本　　　　B. 卡片　　　　C. 活页　　　　D. 分类
9. 现金日记账的格式一般是(   )。
   A. 三栏式　　　B. 数量金额式　　C. 多栏式　　　D. 横线登记式
10. 对于从银行提取现金的业务登记现金日记账的依据是(   )。
    A. 现金收款凭证　　　　　　B. 现金付款凭证
    C. 银行存款收款凭证　　　　D. 银行存款付款凭证
11. 将所有的记账凭证按相同的科目分借方、贷方定期汇总编制成一种汇总表，然后据以登记总分类账的账务处理程序称为(   )。
    A. 科目汇总表账务处理程序　　B. 日记总账账务处理程序
    C. 记账凭证账务处理程序　　　D. 汇总记账凭证账务处理程序
12. 各种账务处理程序的主要区别是(   )。
    A. 登记总分类账的依据和方法不同　　B. 登记明细分类账的依据和方法不同
    C. 登记日记账的依据和方法不同　　　D. 编制科目汇总表的方法不同
13. 科目汇总表的主要缺点是(   )。
    A. 登记总分类账的工作量大　　B. 不能进行试算平衡

C. 不能反映账户的对应关系　　　　D. 不能反映各账户的借方、贷方发生额

14. 需要结计本月发生额的账户，结计账簿过次页的合计数应是(　　)。
    A. 年初至本日止　　　　　　　　B. 年初至本页末止
    C. 本月初至本日止　　　　　　　D. 本月初至本页末止

15. 需要结计本年累计发生额的账户，结计账簿过次页的合计数应是(　　)。
    A. 年初至本日止　　　　　　　　B. 年初至本页末止
    C. 本月初至本日止　　　　　　　D. 本月初至本页末止

16. 不能作为登记现金日记账的记账凭证的是(　　)。
    A. 现金收款凭证　　　　　　　　B. 现金付款凭证
    C. 银行存款收款凭证　　　　　　D. 银行存款付款凭证

17. 在登记账簿时，可以不附原始凭证的记账凭证是(　　)。
    A. 收款凭证　　　　　　　　　　B. 付款凭证
    C. 转账凭证　　　　　　　　　　D. 用于结账的记账凭证

二、多项选择题

1. 账簿按其用途，可以分为(　　)。
    A. 序时账簿　　B. 订本账簿　　C. 分类账簿　　D. 备查账簿
2. 账簿按其外表形式，可以分为(　　)。
    A. 订本账簿　　B. 活页账簿　　C. 三栏账簿　　D. 卡片账簿
3. 会计账簿的基本内容包括(　　)。
    A. 封面　　　　B. 账户　　　　C. 扉页　　　　D. 账页
4. 下列账户的明细账应采用多栏式的有(　　)。
    A. 管理费用　　B. 制造费用　　C. 应付账款　　D. 应收账款
5. 下列账户的明细账应采用数量金额式的有(　　)。
    A. 原材料　　　B. 生产成本　　C. 库存商品　　D. 管理费用
6. 企业从银行提取现金 1 000 元，此项业务应在(　　)中登记。
    A. 现金日记账　　　　　　　　　B. 银行存款日记账
    C. 总分类账　　　　　　　　　　D. 明细分类账
7. 登记总账的依据可以是(　　)。
    A. 记账凭证　　B. 科目汇总表　C. 汇总记账凭证　D. 原始凭证
8. 总账和明细账的平行登记，应满足的要求有(　　)。
    A. 原始依据相同　B. 同期登记　　C. 同金额登记　　D. 同方向登记
9. 账簿登记完毕后，应在记账凭证上(　　)。
    A. 注明已经登账的符号　　　　　B. 注明登账的日期
    C. 注明登账的名称　　　　　　　D. 签名或者盖章
10. 使用活页式账簿的具体做法是(　　)。
    A. 应当按账户顺序编号
    B. 必须定期装订成册

C. 装订后再按实际使用的账页顺序编定页码

D. 装订后应另加目录，标明每个账户的名称和页次

11. 在账簿中使用红笔的情况有（　　）。

　　A. 按照红字冲账的记账凭证，冲销错误记录

　　B. 在不分借贷方向的多栏式账页中，登记减少数

　　C. 当余额栏前未设借贷方向时，用以登记反向余额

　　D. 结账画线

12. 登记现金日记账的依据有（　　）。

　　A. 现金收款凭证　　　　　　B. 现金付款凭证

　　C. 银行存款收款凭证　　　　D. 银行存款付款凭证

　　E. 转账凭证

13. 记账时不得隔页、跳行登记，当发生隔页、跳行时，不得随意涂改，而应采取的处理方法是（　　）。

　　A. 将空页、空行用红线画掉　　B. 应将账页撕下并装入档案保存

　　C. 应加盖"作废"字样　　　　D. 应注明"此页空白"或"此行空白"

　　E. 应按规定由相关人员签章

14. 各种账务处理程序下登记明细分类账的依据是（　　）。

　　A. 原始凭证　　B. 汇总原始凭证　　C. 记账凭证

　　D. 科目汇总表　E. 汇总记账凭证

三、判断题（正确的打"√"，错误的打"×"）

1. 账簿是以原始凭证为依据，由具有一定格式而又相互联系的账页所组成，用来全面、系统、连续地记录各项经济业务的簿籍。（　　）
2. 总分类账是分类连续地反映企业经济业务总括情况的账簿，总分类账一般采用借、贷、余三栏式的订本账。（　　）
3. 银行存款日记账是用来逐日逐笔序时登记银行存款的收入、支出和结存情况的账簿，它是出纳员仅根据审核后的银行存款收款凭证和付款凭证逐笔序时登记的。（　　）
4. 卡片式账簿的优点是实用性强、能够避免账页散失，防止不合法地抽换账页。（　　）
5. 总分类账、现金及银行存款日记账一般都采用活页式账簿。（　　）
6. 记账凭证账务处理程序适用于规模较大、业务较多的单位。（　　）
7. 科目汇总表账务处理程序和汇总记账凭证账务处理程序的主要相同点在于汇总凭证的格式相同。（　　）
8. 同一个企业可以同时采用几种不同的账务处理程序。（　　）
9. 登记银行存款日记账时，若有多个对应科目，则应按每一对应科目分多行登记，以明确账户间的对应关系，反映经济业务的来龙去脉。（　　）

四、名词解释

　　账簿　总分类账　明细分类账　日记账

五、简答题

1. 简述建账的基本步骤。
2. 简述记账凭证核算程序的工作步骤、优缺点及适用范围。
3. 简述科目汇总表核算程序的工作步骤、优缺点及适用范围。

学习情境六

对账与结账

任务一 对账

单元引言： 实际会计工作中，在填制凭证、记账、过账、算账、计算等过程中，由于多种原因，账簿记录难免会出现错记、漏记的情况，出现账账、账款、账物不符等，任何一个环节出现错误，都将影响会计信息的准确性和真实性。因此，在期末结账前必须进行会计对账工作，以保证账簿记录的正确性，为编制会计报表提供真实可靠的资料。

任务描述： 期末对账工作主要是进行账证核对、账账核对、账实核对，在具体核对前要有详细、具体的实施方案，成立工作小组，涉及生产、物资保管等部门的，要进行协调和沟通。会计人员的主要工作是根据检查的结果，编制总账发生额及余额试算平衡表、总账与明细账发生额及余额对照表、银行存款余额调节表、实存账存对比表、往来结算款项对账单等，以保证账簿记录的准确性和财产物资的安全与完整。

任务分析： 对账任务一般是在期末进行，为了保证对账任务的顺利进行，必须按照工作任务的先后顺序，在保证账证、账账核对相符的基础上进行账实核对。要完成对账工作，必须掌握账证核对、账账核对、账实核对的具体内容和方法。

在会计工作中，由于种种原因会出现一些账簿记录差错和账实不符的情况，如填制记账凭证差错、记账差错、数量和金额计算错误、财产物资盘盈或盘亏等，因此就有必要进行对账。所谓对账就是定期地对各种账簿的记录进行核对，以做到账证相符、账账相符、账实相符，保证账簿记录和会计报表的数字真实。

对账的内容包括以下几个方面：

一、账证核对

账证核对即将账簿记录与会计凭证相核对。会计凭证是记账的根据，在账簿登记的过程中，要加强复核。账证核对一般包括总分类账的记录应同有关记账凭证核对相符，明细分类账和日记账的记录与记账凭证和原始凭证核对相符。其中，账簿与原始凭证核对，主要是对账簿记录的经济业务的真实性、合法性和合理性进行检查；账簿与记账凭证进行核对，主要是检查过账工作是否正确，即是否根据记账凭证记入相关的日记账、明细账和总分类账，记录的金额和方向是否与记账凭证上指明的金额和方向相同。如现金日记账的记录与收付款凭证的日期、金额、方向等相符,原材料明细分类账的记录要与收料单、发料单的数额核对相符,库存商品明细分类账的记录要与入库单、发货单的数额核对相符。

账证核对,主要是在日常工作中通过复核进行。进行账证核对,做到账证相符,这是保证账账相符、账实相符的基础。

账证核对的方法如图 6-1-1 所示。

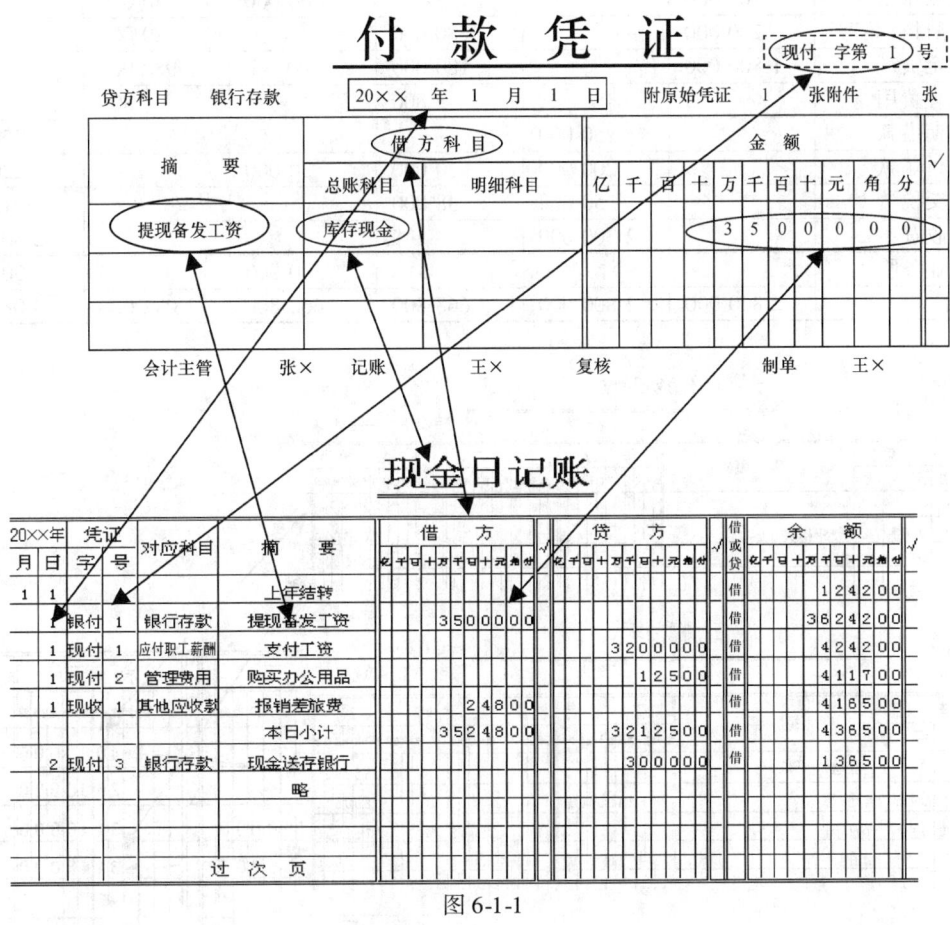

图 6-1-1

二、账账核对

账账核对即将本单位有关账簿之间的数额进行核对。账簿系统是一个结构严谨的体系,因此可以利用账户之间借贷对应关系、总分类账和明细分类账的控制与被控制关系对各种账簿的本期发生额及期末余额进行核对,来检查账簿记录正确与否,从而及时发现问题,纠正错误。具体内容包括:

(1)总分类账中全部账户的借方余额合计数应与总分类账中全部账户贷方余额合计数核对相符。这主要是通过编制"总分类账户发生额及余额试算平衡表"来完成,如表 6-1-1 所示。

(2)各总分类账户余额应与所属各明细分类账户余额合计数核对相符。核对方法如图 6-1-2 所示。

表 6-1-1　　　　　　　　　　　总分类账户发生额及余额试算平衡表
　　　　　　　　　　　　　　　　　　20××年4月30日　　　　　　　　　　　　　　单位：元

账户名称	期初余额 借方	期初余额 贷方	本期发生额 借方	本期发生额 贷方	期末余额 借方	期末余额 贷方
现　　金	5 000			800	4 200	
银行存款	695 000		360 000	278 000	777 000	
应收账款	100 000			60 000	40 000	
原材料	200 000		80 000		280 000	
固定资产	1 800 000		180 000		1 980 000	
管理费用			800		800	
短期借款		250 000				250 000
应付账款		200 000	10 000	30 000		220 000
应交税费		50 000	38 000			12 000
实收资本		2 300 000				2 300 000
主营业务收入				300 000		300 000
合　　计	2 800 000	2 800 000	668 800	668 800	3 082 000	3 082 000

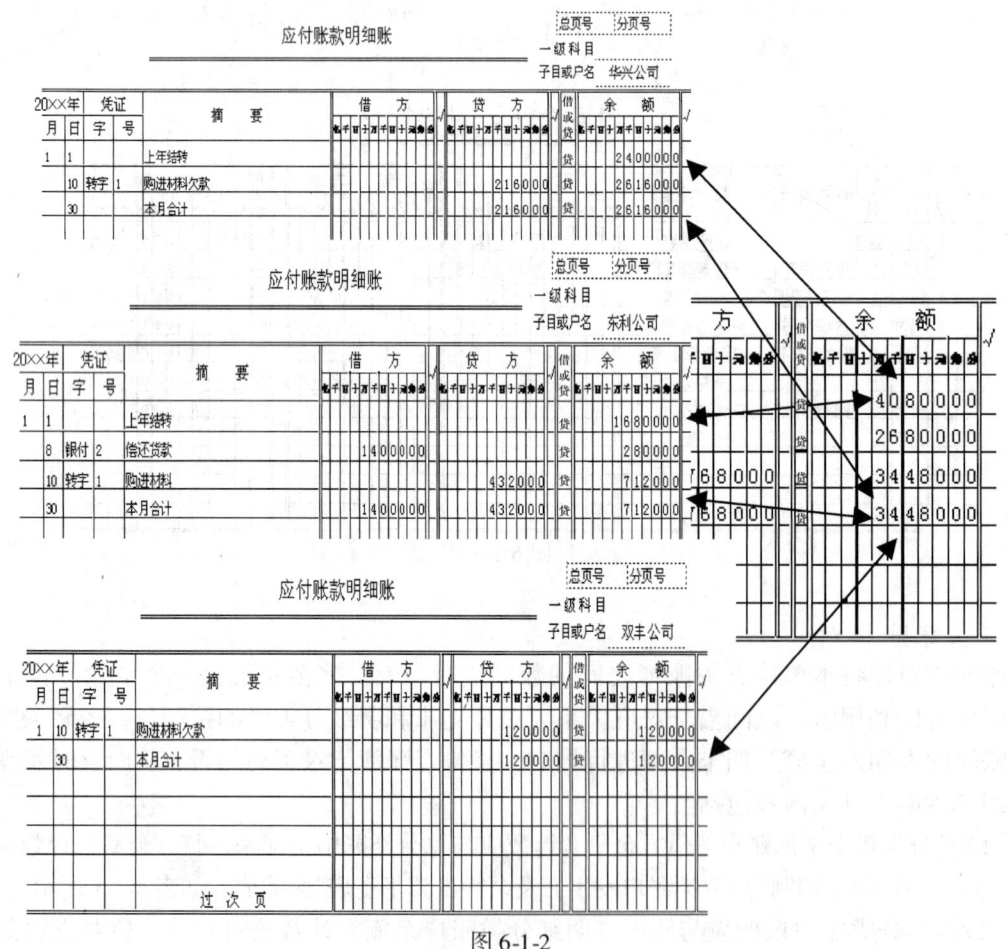

图 6-1-2

在具体核对过程中，一般通过编制"明细账本期发生额及余额表"，然后再据以与总分类账户核对来完成，如表6-1-2所示。

表6-1-2　　　　　　　　　应付账款明细账本期发生额及余额表

明细账户名称	期初余额		本期发生额		期末余额	
	借方	贷方	借方	贷方	借方	贷方
华兴公司		24 000		2 160		26 160
东利公司		16 800	14 000	4 320		7 120
双丰公司				1 200		1 200
合　计		40 800	14 000	7 680		34 480

（3）现金、银行存款日记账的月末余额应与各有关总分类账的月末余额核对相符。

在具体核对过程中，主要通过出纳现金或银行存款日记账余额同"库存现金"和"银行存款"总账余额核对来完成。核对方法如图6-1-3所示。

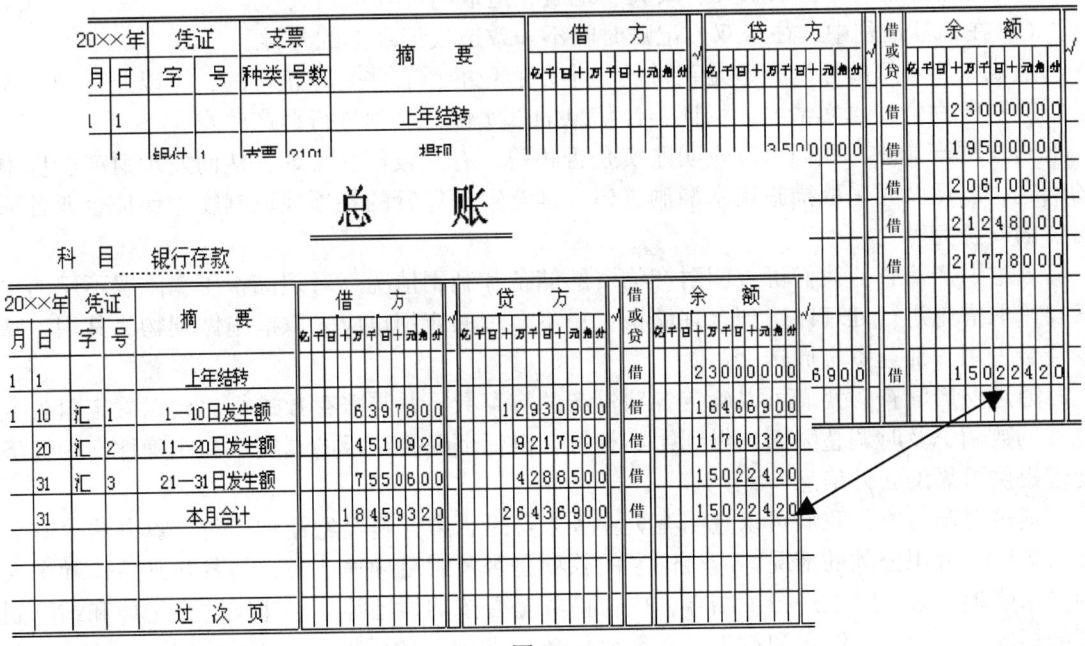

图 6-1-3

（4）会计部门各种财产物资明细分类账的期末余额应与有关的财产物资保管和使用部门的明细分类账期末余额核对相符。

三、账实核对

账实核对是在账证核对、账账核对的基础上,将各种财产物资的账面余额与实存数核对,以保证账簿记录能真实地反映财产物资的实有数。在实际工作中,账实核对是通过财产清查来进行的。

(一)财产清查的意义和种类

1. 财产清查的意义

财产清查,是指通过对实物、现金、有价证券的实地盘点和对银行存款、债权债务进行核对,查明各项财产物资、货币资金、往来款项的实有数与账面数是否相符的一种专门方法。

在实际工作中,由于多种原因造成各项财产物资的账面结存数与实际结存数不符,一般来讲,造成账实不符的原因主要有以下几种:

(1)工作人员在填制凭证、登记账簿的过程中,出现重记、漏记、错记或计算错误。

(2)财产物资收发时,由于度量衡具的误差造成差异。

(3)财产物资在保管中发生自然损耗,如鲜活商品的腐烂变质、易挥发物资的自然挥发等造成数量减少或质量下降。

(4)由于管理不善或工作人员失职而发生的财产物资残损、变质、短缺,如将物资露天堆放,遭受雨淋发生霉变等。

(5)贪污盗窃、营私舞弊造成财产损失。

(6)发生自然灾害,如水灾、火灾、地震,造成财产物资损失。

(7)在结算过程中,往来双方记账时间不一致造成记录上的差异。

造成账实不符的原因有些是正常的,难以避免的;有些是非正常的,可以避免的。为了掌握财产物资的真实情况,保证会计信息的真实性,必须进行财产清查。

通过财产清查,我们可以查明账实是否相符,有无毁损和短缺,从而发现财产管理中的问题,以便及时采取措施堵塞漏洞,建立健全财产保管的各项规章制度,保证企业各项财产的安全完整。

通过财产清查,我们可查明财产物资的储备和利用情况,对超储积压、闲置不用的物资要采取措施进行处理以达到合理储备;对不合理的应用也应采取措施做到物尽其用,减少资金占用,加速资金周转。

通过财产清查,我们可以确定各项资产的实存数,并与账存数进行比较以确定盘盈或盘亏的数额,及时调整账面,做到账实相符,以保证账簿记录的真实性和正确性,为经济管理提供可靠的会计信息。

通过财产清查,我们可以查明有关业务人员是否遵守财经纪律和支付结算办法,有无贪污盗窃、挪用公款的情况,应交国家的款项是否及时足额地上缴,与各往来单位和个人的往来账项是否及时地进行了结算,应付债券是否按期偿还等。对违反财经纪律和结算制度的情况,必须坚决制止和纠正;对债权债务长期拖欠的问题,要查明原因,采取措施,特别是对长期未能收回的应收账款,要加紧催收,尽量避免坏账损失的发生。

2. 财产清查的种类

财产清查按不同分类标准,可分为不同的类别。

(1) 按清查的范围和对象，可分为全面清查和局部清查。

全面清查是指对全部财产进行盘点与核对。由于全面清查的范围广、内容多、工作量大，为了保证年度会计报表的正确性和真实性，一般在年终决算前对财产进行全面的清查。另外，单位撤销、合并或改变隶属关系以及中外合资、国内合资、企业股份制改造应按规定进行全面的财产清查。

局部清查是指根据需要对部分财产物资进行盘点核对，主要是对货币资金和存货等流动性较大的财产进行清查。虽然局部清查范围小、内容少、工作量小，但专用性较强，如现金应每日清点一次，银行存款每月至少同银行核对一次，债权债务每年至少核对一至两次，各项存货应有计划、有重点地抽查，贵重的物品应每月清查一次。

(2) 按清查的时间，可分为定期清查和不定期清查。

定期清查是指根据计划安排的时间对财产物资进行的清查，如规定年度、季度和每月结账时要进行财产清查。定期清查一般在期末进行，清查的范围可以是全面清查，也可以是局部清查。

不定期清查是指事先未规定清查日期，根据实际需要而进行的临时性清查。不定期清查可以根据需要，进行全面清查或局部清查，如调换保管员而进行的有关方面财产的清查；在关、停、并、转等情况下，应进行全面清查，以确定实有资产情况。

(3) 按财产清查的执行单位，可分为内部清查和外部清查。

内部清查是指由本单位内部人员对本单位的财产物资进行的清查。

外部清查是指由上级主管部门、审计机关、司法部门、注册会计师等，根据国家有关的规定或实际需要进行的财产清查。

3. 财产清查前的准备工作

财产清查是一项涉及面较广、工作量较大、既复杂又细致的工作。因此，必须有计划、有组织地进行。财产清查前的准备工作，主要包括组织准备和业务准备。

(1) 组织准备。财产清查，尤其是全面清查，必须成立专门的清查组织。清查组织应在总会计师（或财务主管）及单位主要负责人的领导下，成立由财会部门牵头，有生产、技术、设备、行政及各有关部门参加的财产清查领导小组，具体负责财产清查的领导和组织工作。其主要任务是在财产清查前，研究制订财产清查的详细计划；在清查过程中，做好具体组织、检查和督促工作，及时研究和处理清查中出现的问题；在清查结束后，及时总结，将清查结果和处理意见上报有关机构审批。

(2) 业务准备。为了做好财产清查工作，会计部门和有关业务部门要在财产清查领导小组的指导下，做好各项业务准备工作，主要包括：

①会计部门应在财产清查之前，将有关账簿登记齐全，结出余额并进行核对，做到账簿记录完整、计算正确、账证相符、账账相符，为账实核对提供正确的账簿资料。

②财产物资保管和使用部门应在财产清查之前，登记所经管的各种财产物资明细账，结出余额。将所保管和使用的物资整理好，挂上标签，标明品种、规格、结存数量，以便盘点核对。

③准备好必要的各种计量器具，并进行仔细检查，保证计量准确。

④银行存款、银行借款和结算款项的清查，需要取得对账单以便查对。

⑤准备好有关财产清查应用的登记表册。
（二）财产清查的内容和方法
1. 库存现金的清查

库存现金的清查是通过实地盘点的方法，确定库存现金的实存数，再与现金日记账余额相核对，以查明现金的盈亏情况。

在清查前，出纳员应将收、付款凭证全部登记入账，并结计出余额。清点时出纳人员、财产清查人员都必须在场，逐张查点库存现钞，盘点结束后，根据盘点结果和现金日记账余额填制"库存现金盘点报告表"，其格式如表6-1-3所示，并由清查人员和出纳员签章，作为调整账簿记录的重要原始凭证，也是分析账实差异原因、明确经济责任的依据。盘点时要注意不能以借条、收据代替现金（称为"白条抵库"），盘点时如发现库存现金超过规定限额应及时将超限额部分送存银行。

表6-1-3　　　　　　　　　　　**库存现金盘点报告表**

单位：　　　　　　　　　　　　　　年　月　日

实存金额	账存金额	对比结果		备注
		盈	亏	

盘点人：　　　　　　　　　　　　　　出纳员：

2. 银行存款的清查

银行存款的清查一般采用核对的方法，即将银行对账单与单位银行存款日记账相互核对，以查明银行存款是否正确。银行存款应至少每月与银行核对一次。

一般来讲，造成银行对账单与单位银行存款日记账不符的原因，主要有两个：一是记账错误，包括单位记录银行存款日记账有误或银行记录对账单有误或两者皆有错误；二是存在未达账项。

未达账项是指由于结算手续和凭证传递时间的影响，本单位与银行（或往来单位）之间对发生的经济业务一方已经入账，而另一方因尚未接到有关凭证还没有入账的账项。

企业和银行之间的未达账项有四种情况：

（1）企业存入银行的款项，企业已经入账，增加了企业银行存款数额，银行尚未入账。

（2）企业开出支票等付款凭证交其他企业，企业已记账，减少了企业银行存款数额，银行尚未入账。

（3）银行代企业收入的款项（如销售的货款），银行已记账，增加了企业银行存款数额，企业尚未入账。

（4）银行代企业付出的款项（如购货款），银行已记账，减少了企业银行存款数额，企业尚未入账。

上述任何一种情况发生，都有可能使双方的账面存款余额不相一致，因此在核对双方账目时，必须注意有无未达账项。把双方账目上都有的记录排除掉，挑出有可能是未达账项的记录，并根据未达账项编制"银行存款余额调节表"，据以调节双方账面余额。该表所列调节后的左右方存款余额一般相等，如果不等，表明记账有差错，或是单位错账，或是银行错账，应予查明，及时更正。其调节公式为：

银行存款日记账余额 + 银行已收本单位未入账的款项 – 银行已付本单位未入账的款项 = 银行对账单余额 + 本单位已收银行未入账的款项 – 本单位已付银行未入账的款项

下面举例说明"银行存款余额调节表"的具体编制方法。

某厂20××年9月30日银行存款日记账余额是32 540元，银行对账单的余额是36 020元，经逐笔核对后，查明有以下几笔未达账项：

(1) 企业于月末存入从其他单位取得的转账支票1 920元，银行尚未入账。
(2) 企业于月末开出转账支票440元，持票人尚未向银行办理转账，银行尚未入账。
(3) 企业委托银行代收外埠销货款5 200元，银行已收到入账，但企业尚未收到银行收款通知，没有入账。
(4) 银行代付电话费240元，但企业尚未收到银行付款通知，没有入账。

根据上述资料编制"银行存款余额调节表"，如表6-1-4所示。

必须注意的是，银行存款余额调节表左右两边调节后的余额是企业银行存款的真正数据，应该相等，但不能据以调整账面，即对银行已入账而企业尚未入账的各项未达账项，不能根据银行存款余额调节表来编制会计分录，改动账面记录，而必须在收到银行的通知凭证后才能入账。

表6-1-4 **银行存款余额调节表**

20××年9月30日

项 目	金 额	项 目	金 额
银行对账单的存款余额	36 020	企业账面的存款余额	32 540
加：企业已作存款增加，银行未入账款	1 920	加：银行已作存款增加，企业未入账款	5 200
减：企业已作存款减少，银行未入账款	440	减：银行已作存款减少，企业未入账款	240
调节后的存款余额	37 500	调节后的存款余额	37 500

3. 往来款项的清查

往来款项的清查一般采用发函询证的方法进行核对。往来款项主要包括应收款、暂付款、应付款、暂收款等。其清查方法一般是：

第一，确认本单位的往来款项记录准确无误，总分类账余额与所属明细分类账的余额合计相等，各明细账的发生额与记账凭证及原始凭证相符。

第二，在保证往来账户记录完整正确的基础上，编制"往来结算款项对账单"，通过电函、信函或面询等方式，请对方单位核对。对账单应按明细账户逐笔摘抄，一式两联，其中一联是回单。对方单位核对后，盖章退还本单位。如果发现双方账目不符，应在回单上注明，以便进一步查对。其格式如表6-1-5所示。

表6-1-5

函 证 信

××单位

本公司与贵单位的业务往来款项有下列项目，为了清兑账目，特函请查证，是否相符，请在回执中注明后盖章寄回。此致敬礼。

往来结算款项对账单

单位：　　　　　　　　　地址：　　　　　　　　　编号：

明细账名称	截止日期	经济事项摘要	账面余额

第三，收到上述回单后，据此填制"往来款项清查表"，由清查人员和记账人员共同签名盖章，注明核对相符与不相符的款项，对不符的款项按有争议的账项、未达账项、无法收回等情况归类合并，并针对具体情况及时采取措施予以解决。往来款项清查表如表6-1-6所示。

表6-1-6　　　　　　　　　　往来款项清查表

清查日期：　　年　月　日　　　　　制表日期：　　年　月　日

总分类账户名称：　　　　　总分类账户结余金额：　　　　　　　第　　页

明细账户名称	账面结存余额	清查结果		核对不符的原因和金额				备注
		核对相符金额	核对不符金额	有争执的账项	未达账项		合计	

清查人员签章：　　　　　　　　　　　　　记账人员签章：

4. 实物的清查

（1）盘存制度。财产实物账面结存数的确定方法，有"永续盘存制"和"实地盘存制"两种。

①永续盘存制。永续盘存制也叫账面盘存制，是指通过设置财产物资明细账，对各种

财产物资的收入和发出逐笔或逐日连续登记,并随时结出账面结存数的核算方法,即:

账面期末结存数=账面期初结存数+账面本期增加数−账面本期减少数

例如:某公司甲材料单位成本为5元/千克,20××年10月1日实际结存2 000千克,本月甲材料的购进和发出情况如下:

10月4日,购进5 000千克;

10月8日,生产领用3 000千克;

10月12日,生产领用500千克;

10月20日,购进6 000千克;

10月25日,生产领用500千克;

10月30日,生产领用800千克。

采用永续盘存制,登记明细分类账如图6-1-4所示。

原材料明细账

最高存量 10000
最低存量 1000 存储地点 略 规格 略 类别 略 计量单位 千克 品名 甲材料

20××年		凭证		摘要	借方			贷方			余额		
月	日	种类	号数		数量	单价	金额	数量	单价	金额	数量	单价	金额
10	1			期初余额							2000	5.00	10000.00
	4	记字	5	购入材料	5000	5.00	25000.00				7000	5.00	35000.00
	8	记字	12	生产领用				3000	5.00	15000.00	4000	5.00	20000.00
	12	记字	23	生产领用				500	5.00	2500.00	3500	5.00	17500.00
	20	记字	37	购入材料	6000	5.00	30000.00				9500	5.00	47500.00
	25	记字	48	生产领用				500	5.00	2500.00	9000	5.00	45000.00
	30	记字	68	生产领用				800	5.00	4000.00	8200	5.00	41000.00
				过次页									

图6-1-4

通过上述登记明细账的过程,我们可以看出永续盘存制核算手续严密,在存货明细账中,可以随时反映出各种存货的收、发、结存情况,并能进行数量和金额的双重控制。明细账的结存数量可以与实地盘点数进行核对,如发生库存溢余(账面数小于实存数)或短缺(账面数大于实存数),可查明原因,及时纠正;明细账的结存数还可以随时与预定的最高和最低库存限额进行比较,以便取得库存积压或不足的信息,及时组织财产物资的购销或处理,加速资金周转。这种盘存制度的明细账核算工作量较大。

②实地盘存制。实地盘存制也称以存计耗制或以存计销制,是指在期末通过实物盘点来确定存货的数量,并据以计算期末存货成本和本期发出存货成本的一种盘存制度。采用这种方法平时在明细账上只登记收入数,不登记发出数,期末结账时,根据实地盘点的结存数倒挤出发出数,并据以登记入账。

期末倒挤本期发出数的公式为:

期末存货成本＝期末实地盘存数×单位成本

本期发出存货成本＝期初存货成本＋本期收入存货成本－期末存货成本

在实地盘存制下，平时对发出的财产物资不作明细记录，不计算财产物资结存数，因而可以简化核算工作。实地盘点制的缺点是：第一，这种办法的所谓账存数实际上就是实存数，因而它们之间无法控制和相互核对；第二，实地盘点制不能随时反映库存财产物资的收入、发出、结存动态；第三，由于以存计耗或以存计销，倒挤耗用成本或销售成本，这就把非耗用或非销售的存货损耗，如差错事故和短缺等，全部算入耗用或销售成本之中，从而削弱了对存货的控制作用，影响了成本计算的正确性；第四，它只适用于定期结转耗用成本或销售成本，而不能随时结转耗用成本或销售成本。

由于实地盘点制存在上述缺点，这种方法一般只适用于一些价值低、品种杂、交易频繁的财产物资和一些损耗大、数量不稳定的鲜活商品。即使采用实地盘点制，也应采取相应的管理措施。

举例来说：20××年3月，某企业原煤的期初结存和本月购进情况如下：

3月1日　　期初结存　　10吨　　单价180元/吨　　计1 800元
3月10日　　购　　进　　 8吨　　单价180元/吨　　计1 440元
3月25日　　购　　进　　20吨　　单价180元/吨　　计3 600元
　　　　　合　　　计　　38吨　　　　　　　　　　合计6 840元

月末，通过实地盘点原煤数量为7吨，本月原煤的发出成本的具体计算过程如下：

首先，计算月末原煤的存货成本（为了简化计算，假定单价不变）：

$$7 \times 180 = 1\,260(元)$$

然后，倒挤出本月发出成本：

$$1\,800 + 5\,040 - 1\,260 = 5\,580(元)$$

原煤的明细账登记如表6-1-7所示。

表6-1-7　　　　　　　　　　　　　原材料明细账

材料编号：1501　　　　　　　　　　　　　　　　　　　　计量单位：吨
材料类别：（略）　　　　　　　　　　　　　　　　　　　　最高存量：（略）
材料名称及规格：原煤　　　　　　　　　　　　　　　　　　最低存量：（略）第　页

20××年		凭证号数	摘要	收入			发出			结存		
月	日			数量	单价	金额	数量	单价	金额	数量	单价	金额
3	1		月初余额							10	180	1 800
	10		购入	8	180	1 440						
	25		购入	20	180	3 600						
	31		本月合计	28	180	5 040	31		5 580	7	180	1 260

注意：本例也可先倒挤出数量，然后再乘单价，即10＋28－7＝31（吨），31×180＝5 580（元）。

（2）实物的清查方法。实物的清查主要通过实地盘点进行。盘点时实物的保管人员必须在场，并参加盘点工作。由于实物的形态、体积、重量、码放方式等不同，采用的清查方法也不同，应根据实物的不同特点采用不同的盘点方法。

①实地盘点法。是指在财产物资存放现场逐一清点数量或用计量仪器确定其实存数的一种方法。该方法盘点数字准确可靠，但工作量较大，适用于现金和各种实物的清查。

②技术推算法。是指利用技术方法推算财产物资实存数的方法，适用于煤炭、沙石等笨重、大堆、难以逐一点数、丈量、过磅等大宗物资的清查。

盘点结束后，应将盘点结果如实地登记在"盘存单"上，并由盘点人员和实物保管人签章，以明确经济责任。"盘存单"是记录实物盘点结果的书面证明，也是反映资金实有数的原始凭证。盘存单的一般格式如表6-1-8所示。

表6-1-8　　　　　　　　　　　　　盘　存　单

编制单位：　　　　　　　　　　　　　　　　　　　　　　　　盘点时间：
财产类别：　　　　　　　　　　　　　　　　　　　　　　　　存放地点：

编号	名称	规格或型号	计量单位	数量	单价	金额	备注

盘点人：　　　　　　　　　　　　　实物保管人：

实物的实有数量确定以后，应根据实存数和账簿记录编制"实存账存对比表"（或称盘点盈亏报告表），以确定盘盈盘亏数。实存账存对比表既是分析发生差异原因和明确经济责任的依据，又是调整账簿记录的重要依据。其一般格式如表6-1-9所示。

表6-1-9　　　　　　　　　　　　实存账存对比表

编制单位：　　　　　　　　　　年　月　日　　　　　　　　　　　　第　　页

编号	类别及名称	规格或型号	计量单位	单价	实存		账存		对比结果				备注
									盘盈		盘亏		
					数量	金额	数量	金额	数量	金额	数量	金额	

单位主管：　　　　　　　　主办会计：　　　　　　　　制表：

(三) 财产清查结果的处理

1. 财产清查结果的处理程序

财产清查工作结束后，对于盘盈盘亏，必须根据国家的政策和财务会计制度，按规定的程序进行处理。财产清查结果的处理步骤如下。

(1) 认真分析差异的性质和产生的具体原因，按规定程序报批。

对于财产清查中所确定的各项财产的账实之间的差异和质量上的问题，如财产物资的盘盈、盘亏、毁损等，都要认真地进行调查和研究，查明其性质和产生的具体原因，明确经济责任，提出处理意见，并按规定的程序，呈报有关领导审批处理。

(2) 积极处理多余积压的财产物资。

对于在财产清查中发现的不需要的固定资产和超储积压的原材料、商品等，在报请有关部门批准后，要积极组织外调外销，以充分发挥财产物资的应有效能；对于材料物资储备不足和不配套等问题，也应提请有关部门注意，认真加以解决。

(3) 认真清理长期不清的债权债务。

对于长期不清和有争议的债权债务，应当指定专人负责，查明原因，限期清理。

(4) 认真总结经验教训，提出改进工作的措施，建立和健全财产管理制度。

每次财产清查以后，应在彻底查明财产清查中所发现的各种问题的原因基础上，及时地总结经验教训，并据以制订改进工作的具体措施，建立和健全以岗位责任制为中心的财产管理制度，保护企业财产的安全和完整。

(5) 调整账簿记录，做到账实相符。

对于财产清查中所发现的各种差异以及对这些差异的处理，都应当及时进行账务处理，以保证账实相符。

2. 财产清查结果的核算

(1) 设置和应用的主要账户。为了核算和监督财产清查中查明的各种财产物资的盘盈、盘亏、毁损及处理情况，应设置"待处理财产损溢"账户。

"待处理财产损溢"账户核算企业在清查财产过程中查明的各种财产物资的盘盈、盘亏和毁损及其处理情况。该账户的性质属资产类。其借方登记发生的各种材料、库存商品、固定资产等的盘亏、毁损数和结转已批准处理的各种材料、库存商品、固定资产等的盘盈数；贷方登记发生的财产盘盈数和结转已批准处理的盘亏、毁损数。期末如为借方余额，表示尚未处理的各种财产物资的净损失；如为贷方余额，表示尚未处理的各种财产物资的净溢余。"待处理财产损溢"一般应设置"待处理固定资产损溢"和"待处理流动资产损溢"两个明细分类账户，进行明细分类核算。

(2) 核算举例。

【例 6-1-1】 某企业在现金清查中，发现库存现金比账面余额多出 38 元，无法查明原因。

①批准前，根据"现金盘点报告表"确定现金盘盈数，作如下会计分录：

借：库存现金　　　　　　　　　　　　　　　　　　　　　38
　　贷：待处理财产损溢——待处理流动资产损溢　　　　　　　38

②经批准，盘盈的现金作营业外收入处理，应根据批准文件作如下会计分录：

借：待处理财产损溢——待处理流动资产损溢　　　　　　38

　　　　贷：营业外收入　　　　　　　　　　　　　　　　　　　　　　　　　　　　　　38

【例 6-1-2】 某企业在现金清查中，发现库存现金较账面余额短缺 90 元。经查，上述现金短缺 50 元属于出纳员王露的责任，应由其赔偿，另外 40 元无法查明原因。

①批准前，根据"现金盘点报告表"确定现金盘亏数，作如下会计分录：

借：待处理财产损溢——待处理流动资产损溢　　　　　　　　　　　　　　　90
　　贷：库存现金　　　　　　　　　　　　　　　　　　　　　　　　　　　　90

②批准后，根据批准处理意见作如下会计分录：

借：其他应收款——王露　　　　　　　　　　　　　　　　　　　　　　　　50
　　管理费用　　　　　　　　　　　　　　　　　　　　　　　　　　　　　　40
　　贷：待处理财产损溢——待处理流动资产损溢　　　　　　　　　　　　　　90

【例 6-1-3】 某企业在财产清查中，发现甲材料盘盈 7 000 元，原因待查。

①批准前，根据盘存单和实存账存对比表编制会计分录如下：

借：原材料——甲材料　　　　　　　　　　　　　　　　　　　　　　　　7 000
　　贷：待处理财产损溢——待处理流动资产损溢　　　　　　　　　　　　 7 000

②经查，上述材料盘盈属收发计量错误造成。经批准，上述多余的材料冲减管理费用，作如下会计分录：

借：待处理财产损溢——待处理流动资产损溢　　　　　　　　　　　　　　7 000
　　贷：管理费用　　　　　　　　　　　　　　　　　　　　　　　　　　 7 000

【例 6-1-4】 某企业在财产清查中，发现乙材料盘亏 2 000 元（不考虑增值税）。

①批准前，根据盘存单和实存账存对比表作如下会计分录：

借：待处理财产损溢——待处理流动资产损溢　　　　　　　　　　　　　　2 000
　　贷：原材料——乙材料　　　　　　　　　　　　　　　　　　　　　　 2 000

②批准后，应根据原因分别处理。

属于定额内损耗或计量原因，应记入"管理费用"账户。

借：管理费用　　　　　　　　　　　　　　　　　　　　　　　　　　　　2 000
　　贷：待处理财产损溢——待处理流动资产损溢　　　　　　　　　　　　 2 000

属于责任人的责任，应由责任人赔偿。

借：其他应收款——某责任人　　　　　　　　　　　　　　　　　　　　　2 000
　　贷：待处理财产损溢——待处理流动资产损溢　　　　　　　　　　　　 2 000

属于非常损失，也应区别情况处理。假如本例中应由保险公司赔偿 1 500 元，其余列为营业外支出。

借：其他应收款——保险公司　　　　　　　　　　　　　　　　　　　　　1 500
　　营业外支出　　　　　　　　　　　　　　　　　　　　　　　　　　　　500
　　贷：待处理财产损溢——待处理流动资产损溢　　　　　　　　　　　　 2 000

【例 6-1-5】 某企业在财产清查中，发现短缺设备一台，原值 10 000 元，已提折旧 6 000 元，原因待查。

①对盘亏的固定资产在未经批准之前，应根据盘存单和实存账存对比表所确定的盘亏数作如下会计分录：

借：待处理财产损溢——待处理固定资产损溢　　　　　　　　4 000
　　　累计折旧　　　　　　　　　　　　　　　　　　　　　　6 000
　　贷：固定资产　　　　　　　　　　　　　　　　　　　　　　10 000
②经批准，作为营业外支出处理，应根据批准文件作如下会计分录：
借：营业外支出　　　　　　　　　　　　　　　　　　　　　　4 000
　　贷：待处理财产损溢——待处理固定资产损溢　　　　　　　　4 000

四、错账的查找与更正方法

(一) 错账的查找方法

在结账和对账时，有可能发现错账。记账出现错误一般有两种情况。

1. 影响借贷不平衡的错误

会计期末进行会计资料综合试算时，编制总分类账户发生额及余额对照表就可以发现借贷记录是否平衡，若对照表不平衡，则能判定在记账或算账某个环节存在问题。查找方法一般有下列两种。

(1) 除 2 法。就是将差错数除以 2，若能除尽，有可能是重复记录的错误。

例如，对照表中的借方发生额合计数大于贷方发生额合计数 66 元，除以 2 为 33，可查找有无一笔 33 元的贷方记录被当成借方记录了。

(2) 除 9 法。就是将差错数除以 9，若能除尽，则可能属于以下错误。

第一，两位数的数字位置颠倒。比如把 12 写成 21，把 13 写成 31 等，这样的错误查找方法如下：

如果对照表中的借、贷方发生额合计数相差 72，则用 9 除，即 72÷9＝8，那么差错可能发生在 91 与 19、80 与 8 之间，因 9－1＝8，8－0＝8；如果差额是 54，则用 9 除，即 54÷9＝6，那么差错可能发生在 93 与 39、82 与 28、71 与 17、60 与 6 之间，其余类推。

第二，数字错位。比如把 60 写成 600 或 6，把 14 写成 140 或 1.4 等。这样的错误查找方法如下：

如果已发现的差错数是 207，则用 9 除，即 207÷9＝23，那么差错可能是把 23 写成 230 或把 230 写成 23。

上边列举的是错一位数的问题，如果错了二位、三位……怎么查呢？方法是把差错数用 9 除后所得商数，如能继续用 11、111、1111 等除尽，就是错了二位、三位、四位等，例如把 3 写成了 300，相差 300－3＝297，297÷9＝33，33÷11＝3，即可断定错了两位数。

2. 不影响借贷记录平衡的错误

最常见的是重记或漏记了一笔会计记录，这种错误不影响对照表借贷平衡，只是本期发生额不正确，查找方法是将对照表的本期发生额合计同本期全部记账凭证的合计数核对，如果前者大于后者，可能是重记；反之，可能是漏记。

例如，总分类账户发生额及余额对照表的本期发生额合计为 121 718 元，本期全部记账凭证的合计数为 121 118 元，前者比后者多 600 元，可能有一笔金额为 600 元的记账凭证重记所致。如果本期全部记账凭证的合计数为 121 998 元，则前者比后者少 280 元，可能有一笔金额为 280 元的记账凭证漏记所致。

此外记账凭证中用错了会计科目或者会计科目虽然正确但借贷方向颠倒了等，都不会影响借贷记录平衡，这些错误较难查找，只有重新审核每张记账凭证，因此要求平时填制会计凭证和登记账簿时认真仔细，加强复核。

(二)错账的更正方法

会计人员填制会计凭证和登记账簿时，文字或数字应正确、清楚，保证会计账簿记录的正确性。如果记账发生错误，应根据不同情况，按规定的方法进行更正，不得涂改、刮擦、挖补或用褪色药水更正。错账更正方法主要有以下几种。

1. 画线更正法

画线更正法是在结账之前，发现账簿中所记文字或数字有笔误或者数字计算错误，或者只是记账有误，而记账凭证并无错误等情况下使用的一种错误更正方法。

更正时，应先在错误的文字或数字上画一条红线加以注销，然后用蓝字在已注销的文字或数字上面书写正确的文字或数字，但必须使原有字迹仍可辨认，最后在改错处加盖更正人员名章，以明确责任。在采用画线更正法时要将错误的数据全部画去，而不能只更正整个数据的错误部分。

例如，登记账簿时把 2 763 误记为 2 736，则更改方法如图 6-1-5 所示。

总　账

科　目　库存现金

20××年		凭证		摘要	借方		贷方		借或贷	余额	
月	日	字	号		亿千百十万千百十元角分	√	亿千百十万千百十元角分	√		亿千百十万千百十元角分	√
1	1			上年结转					借	1 2 4 2 0 0	
	1	银付	1	提现备发工资	3 5 0 0 0 0 0				借	3 6 2 4 2 0 0	
	1	现付	1	支付工资			3 2 0 0 0 0 0		借	4 2 4 2 0 0	
	1	现付	2	购买办公用品			1 2 5 0 0		借	4 1 1 7 0 0	
	1	现收	1	报销差旅费	2 4 8 0 0				借	4 1 6 5 0 0	
	1	现付	3	支付业务招待费			宋× 2 7 6 3 0 0 2 7 3 6 0 0		借	1 4 0 2 0 0	

图 6-1-5

2. 红字更正法

红字更正法是用红字冲销原有错误的凭证记录或账户记录，以更正或调整账簿记录的一种方法。通常适用于以下两种情况：

(1)记账以后，发现记账凭证中应借、应贷科目用错，从而引起记账错误。

更正时，先用红字填制一张内容与错误的记账凭证完全相同的记账凭证，据以用红字登记入账，以冲销原记的错误记录，然后再用蓝字填制一张正确的记账凭证，据以登记入账。

例如，3月制造产品领用材料 79 000 元，原来记账凭证误写为：

205

借：管理费用 79 000
　　贷：原材料 79 000

记账以后发现错误时，先用红字编一张同样的凭证（红字可用□表示），然后再用蓝字编制一张正确凭证，并据以入账。

借：管理费用 |79 000|
　　贷：原材料 |79 000|
借：生产成本 79 000
　　贷：原材料 79 000

在上述一红一蓝两张记账凭证的摘要栏中，都应该注明"更正××号凭证的错误"。

（2）记账后发现记账凭证和账簿记录中应借、应贷会计科目无误，只是所记金额大于应记金额所引起的错误。

更正时，按多记金额用红字编制一张与原来记账凭证应借、应贷科目完全相同的记账凭证，以冲销多记金额，并据以记账。

例如，3月15日用银行存款56 000元支付广告费，填制的记账凭证如下：

借：销售费用 65 000
　　贷：银行存款 65 000

上述错误于5月8日被发现，多记了9 000元（即65 000-56 000），应填制一张红字记账凭证，冲销9 000元。

借：销售费用 |9 000|
　　贷：银行存款 |9 000|

3. 补充登记法

补充登记法是在记账以后，发现记账凭证的所记金额小于应记金额，但其会计科目并未用错而采用的一种错账更正方法。

更正时，只需把少记的金额用蓝字编制一张与原来记账凭证应借、应贷科目完全相同的记账凭证，并将其补充登记入账。

例如，向某单位销售产品一批，计44 000元，销项税款7 480元，款尚未收到。原来填制的记账凭证如下，并已入账：

借：应收账款 11 880
　　贷：应交税费——应交增值税（销项税额） 7 480
　　　　主营业务收入 4 400

发现这一错误时，可将少记的39 600元（即44 000-4 400）用蓝字填制一张对应科目相同的记账凭证，并据以入账。

借：应收账款 39 600
　　贷：主营业务收入 39 600

任务二　结　账

单元引言：会计工作经过日常的填制凭证、记账、过账、算账、对账等过程之后，一般在一定的会计期间内必须进行结账。结账包括月结、季结和年结。通过结账，可取得本期财务状况及经营成果的核算资料，为编制会计报表提供依据。

任务描述：结账就是在将一定时期内所发生的经济业务全部登记入账的基础上，结算出各种账户的本期发生额及期末余额的一种方法。要完成期末结账工作，必须了解结账的基本程序，掌握不同时期即月度、季度、年度结账的基本方法。

任务分析：结账工作一般是在期末进行，基本工作程序是：(1)业务全部入账。检查本期内发生的所有经济业务是否均已填制或取得了会计凭证，并据以登记入账。(2)调整有关账项。采用权责发生制的单位按照权责发生制的原则，对应计的收入和费用作相应的账项调整，对应摊销或折旧的要摊销折旧，对预提费用未提取的要预提。(3)结转有关账户。将各种费用、成本、收入在各有关账户之间进行结转，并计算出本期的成本、利润或亏损，最后结算出所有账户的本期发生额和余额，并结转下期。

在一定时期结束时(如月末、季末或年末)，为了编制会计报表，需要进行结账。结账的内容通常包括三个方面：一是处理应计应摊业务；二是结清各种损益类账户，并据以计算确定本期利润；三是结清各资产、负债和所有者权益账户，分别结算出本期发生额和余额。

一、处理应计应摊业务

会计期末，根据权责发生制的要求，调整有关账项，合理确定本期应计的收入和应摊的费用。具体包括两类：

(一)应计收入和应计费用的调整

1. 应计收入调整

应计收入是指那些已在本期实现、因款项未收到而未登记入账的收入。例如20××年6月1日，企业将闲置的设备对外出租，租期3个月，每月租金1 000元，到期归还时一次性支付。到6月30日时，虽然款项尚未收到，根据权责发生制，6月收入已经实现，应当确认6月收入，则应编制如下记账凭证并据以登记入账：

借：应收账款　　　　　　　　　　　　　　　　　　　　　　　1 000
　　贷：主营业务收入　　　　　　　　　　　　　　　　　　　　1 000

2. 应计费用调整

应计费用是指那些已在本期发生、因款项未付而未登记入账的费用。企业发生的应计费用，本期已经受益，如租用房屋但尚未支付租金，应付未付的借款利息等。例如，20××年3月1日，企业向银行借入6个月期的短期借款100 000元，年利率6%，合同约定到期一次性还本付息。20××年3月31日,由于借款已在本期受益,即使利息尚未支付,也应在本期确认利息费用500元(100 000×6%÷12)。应编制如下记账凭证并据以登记入账:

  借:财务费用   500
    贷:应付利息   500

(二)收入分摊和成本分摊的调整

1. 收入分摊调整

收入分摊是指企业已经收取有关款项,但未完成或未全部完成销售商品或提供劳务,需在期末按本期已完成的比例,分摊确认本期已实现收入的金额,并调整以前预收账款。

例如,某企业20××年4月初与一客户签订一个为期两个月劳务维修合同,每月收取修理费2 000元,并预收全部价款4 000元,则在收到修理费时应编制如下记账凭证并据以登记入账:

  借:银行存款   4 000
    贷:预收账款   4 000

月末,应将本月已实现的修理费转入当期收入,编制如下记账凭证并登记入账:

  借:预收账款   2 000
    贷:主营业务收入   1 709.4
      应交税费——应交增值税(销项税额)   290.6

2. 成本费用分摊调整

成本费用分摊是指企业的支出已经发生,能使若干个会计期间受益,为正确计算各个会计期间的盈亏,将这些支出在其受益的会计期间进行分配。

例如,企业期末对本期车间使用固定资产计提折旧2 400元,应编制如下记账凭证并据以登记入账:

  借:制造费用   2 400
    贷:累计折旧   2 400

二、结转损益,确认本期财务成果

损益类账户一般无余额,因此,期末应将损益类账户的发生额结计转入"本年利润",计算确认本期财务成果,具体步骤是:

(1)将本期取得的各项收入由收入相关账户结转到"本年利润"账户。结转本期收入时编制如下记账凭证并据以入账:

  借:主营业务收入
    其他业务收入
    ……
    贷:本年利润

(2)将本期发生的成本费用由成本费用相关账户结转到"本年利润"账户。结转本期成本费用时编制如下记账凭证并据以入账:

借：本年利润
　　贷：主营业务成本
　　　　其他业务成本
　　　　……

（3）计算并结转所得税费用。以本期的利润总额为基础，按照税法的规定进行相关纳税调整，依据本企业适用的所得税税率计算并结转本月应交所得税（本书假定没有纳税调整项目，会计利润就是应税所得额）。

$$应交所得税 = 应税所得额（会计利润）× 适用所得税税率$$

根据计算结果编制如下记账凭证并登记入账：

借：所得税费用
　　贷：应交税费——应交所得税

同时编制如下记账凭证并登记入账：

借：本年利润
　　贷：所得税费用

三、结账

结账就是在将一定时期内所发生的经济业务全部登记入账并在对账无误的基础上，结算出各种账簿的本期发生额及期末余额的一种方法。

习惯上将每年1—11月的结账工作称为月结，将每年12月的结账工作称为年结。结账时，应根据不同的会计期间和不同账户记录，分别采用不同的方法。

（1）对不需按月结计本期发生额的账户，如各项应收应付款明细账和各项财产物资明细账等，每次记账以后，都要随时结出余额，每月最后一笔余额即为月末余额。也就是说，月末余额就是本月最后一笔经济业务记录的同一行的余额。月末结账时，只需要在最后一笔经济业务记录之下通栏画单红线，不需要再结计一次余额。

（2）现金、银行存款日记账和需要按月结计发生额的收入、费用等明细账，每月结账时，要在最后一笔经济业务记录下通栏画单红线，结出本月发生额和余额，在摘要栏内注明"本月合计"字样，在下面通栏画单红线。

（3）需要结计本年累计发生额的某些账户，如损益类账户，每月结账时，应在"本月合计"行下结出自年初起至本月末止的累计发生额，登记在月份发生额下面，在摘要栏内注明"本年累计"字样，并在下面通栏画单红线。12月末的"本年累计"就是全年累计发生额，全年累计发生额下通栏画双红线。

（4）总账账户平时只需结出月末余额。年终结账时，为了总括地反映全年各项资金运动情况的全貌以及核对账目，要对所有总账账户结出全年发生额和年末余额，在摘要栏内注明"本年累计"字样，并在合计数下通栏画双红线。

（5）年度终了结账时，有余额的账户，要将其余额结转下年，并在摘要栏注明"结转下年"字样；在下一会计年度新建有关会计账户的第一行余额栏内填写上年结转的余额，并在摘要栏注明"上年结转"字样。其结账过程见图6-2-1。

银行存款日记账

20××年		凭证		支票		摘要	借方	贷方	借或贷	余额	
月	日	字	号	种类	号数						√
1	1					上年结转			借	230000 00	
	1	银付	1	支票	2101	提现		35000 00	借	195000 00	
	1	银收	1	支票	3201	销售商品收入	11700 00		借	206700 00	
	1	银收	2	委收	5805	收回前欠货款	5780 00		借	212480 00	
	2	银收	3	支票	3202	销售商品收入	65300 00		借	277780 00	
						略					
	31					本月合计	184593 20	264369 00	借	150224 20	
						1—11月累计	1649382 60	1598732 80	借	736498 00	
12	1	银收	1	支票	4703	收回前欠货款	85000 00		借	821498 00	
	1	银收	2	转存	1137	向银行取得借款	600000 00		借	1421498 00	
	1	银付	1	支票	4712	支付购料款		1170000 00	借	251498 00	
	2					略					
	31					本月合计	314684 00	357928 00	借	304058 00	
	31					本年累计	1964066 00	1956660 80	借	304058 00	
						结转下年					

银行存款日记账

20××年		凭证		支票		摘要	借方	贷方	借或贷	余额	
月	日	字	号	种类	号数						√
1	1					上年结转			借	304058 00	
						过次页					

图 6-2-1 期末结账过程

四、结束旧账

(一)会计账簿的更换

会计账簿的更换通常在新会计年度建账时进行。总账、日记账和多数明细账应每年更换一次。备查账簿可以连续使用。

一般情况下,总账、日记账、明细账在年度终了时应更换新账簿,将各账户的余额结转到新账簿第一行的余额栏内,并注明方向,同时在摘要栏内注明"上年结转"字样。对于变动较小的明细账,可以连续使用,不必每年更换,如固定资产明细账。

(二)会计账簿的保管

年度终了,各种账户在结转下年、建立新账后,一般都要把旧账送交总账会计集中统一管理。会计账簿暂由本单位财务会计部门保管1年,期满之后,由财务会计部门编造清册移交本单位的档案部门保管。

会计账簿应当按照 1999 年 1 月 1 日正式施行的《会计档案管理办法》的有关规定，建立健全保管、借阅和销毁制度。

总账、明细账、日记账、辅助账簿的保管期限为 15 年，现金和银行存款日记账的保管期限为 25 年，固定资产卡片账在固定资产报废清理后保管 5 年。

思考与练习

一、单项选择题

1. 技术推算盘点法通常用于(　　)的盘点。
   A. 固定资产　　　　　　　　　B. 流动资产
   C. 现金　　　　　　　　　　　D. 大量成堆，难以逐一清点的材料
2. 以下情况中宜采用局部清查的是(　　)。
   A. 企业被兼并　　　　　　　　B. 企业清产核资
   C. 企业更换财产经管人员　　　D. 企业改为股份制试点企业
3. 某企业在财产清查中，盘盈材料一批，原因待查，此时，应根据(　　)进行会计账务处理。
   A. 盘存单　　　　　　　　　　B. 实存账存对比表
   C. 进货单　　　　　　　　　　D. 发货单
4. 企业库存材料发生非常损失，经批准应列入(　　)账户。
   A. 管理费用　　B. 营业外支出　　C. 其他业务支出　　D. 本年利润
5. 对库存现金进行清查时，一般进行(　　)。
   A. 账面清查　　B. 实地清查　　C. 账账核对　　D. 账证核对
6. 对于盘亏的存货，如属于自然损耗，经批准应列入(　　)账户。
   A. 管理费用　　B. 其他应收款　　C. 营业外支出　　D. 营业外收入
7. 一般来说，年终决算之前，要进行(　　)。
   A. 全面清查　　B. 实地清查　　C. 技术推算　　D. 局部清查
8. 财产物资的盘盈是指(　　)。
   A. 账存数大于实存数　　　　　B. 账存数小于实存数
   C. 实存数小于账存数　　　　　D. 记账差误导致多记的数额
9. 银行存款实有数的清查，主要是将(　　)进行核对。
   A. 银行存款日记账和总分类账　　　B. 银行存款日记账和收、付款凭证
   C. 银行存款日记账和对账单　　　　D. 银行存款总账和银行存款收、付款凭证
10. 在财产清查中，企业的在途材料、商品和货币资金(　　)。
    A. 不属于企业全面清查的范围　　B. 不需要进行清查
    C. 应属于企业全面清查的范围　　D. 不属于企业财产清查的范围
11. 在结账之前，若发现账簿记录有错误，而记账凭证没有错误，则采用(　　)进行

更正。

　　A. 画线更正法　　B. 红字更正法　　C. 补充登记法　　D. 直接冲销法

12. 记账后,发现记账凭证中的应借、应贷会计科目有错误,应采用(　　)进行更正。

　　A. 画线更正法　　B. 红字更正法　　C. 补充登记法　　D. 直接冲销法

13. 记账后,发现记账凭证和账簿中所记金额大于应记金额,而应借、应贷的会计科目并无错误,应采用(　　)进行更正。

　　A. 画线更正法　　B. 红字更正法　　C. 补充登记法　　D. 直接冲销法

14. 记账后,发现记账凭证和账簿中所记金额小于应记金额,而应借、应贷的会计科目并无错误,应采用(　　)进行更正。

　　A. 画线更正法　　B. 红字更正法　　C. 补充登记法　　D. 直接冲销法

15. 登记现金日记账时,误将记账凭证中的"15,300"抄成"1,530",应采用(　　)进行更正。

　　A. 画线更正法　　B. 红字更正法　　C. 补充登记法　　D. 蓝字更正法

16. 新的会计年度开始,可以继续使用不必更换新账的有(　　)。

　　A. 多栏式日记账　　　　　　　B. 银行存款日记账
　　C. 固定资产卡片账　　　　　　D. 管理费用明细账

17. 对于没有余额的账户,应在"借或贷"栏内标(　　)。

　　A. 借　　　　B. 贷　　　　C. 平　　　　D. 0

18. 会计账簿的扉页主要标明(　　)。

　　A. 账簿的名称　　　　　　　　B. 账户的名称
　　C. 科目索引　　　　　　　　　D. 账簿启用和经管人员一览表

19. 会计账簿的更换通常在(　　)进行。

　　A. 每月月初时　　　　　　　　B. 所有账页登记完毕时
　　C. 最先出现的预留账页登记完毕时　　D. 新会计年度建账时

20. 对需要结计本月发生额的账户,结计"过次页"的本页合计数应当为(　　)。

　　A. 自本页第一行起至本页末止的发生额合计数
　　B. 自本月初起至本页末止的发生额合计数
　　C. 自年初起至本页末止的累计数
　　D. 自上月最后一天起至本页末止的发生额合计数

21. 需要结计本年累计发生额的某些明细账户,12月末结账时应在12月合计行下结出自年初起至本年末止的累计发生额,登记在12月份发生额下面,在摘要栏内注明"本年累计"字样,并在(　　)。

　　A. 累计发生额下面画双红线　　　B. 累计发生额下面画单红线
　　C. 累计发生额下面画通栏双红线　D. 累计发生额下面画通栏单红线

22. 某企业财产物资账面期初余额为10 000元,本期增加额为5 000元,采用永续盘存制确定的本期减少额为2 000元。如果该企业对财产物资采用实地盘存制度,期末确定的实存额为4 000元。两种方法确定的本期减少额之间相差(　　)。

　　A. 9 000元　　B. 3 000元　　C. 1 300元　　D. 1 100元

23. 某企业银行存款日记账余额为 56 000 元，银行已收企业未收款项 10 000 元，企业已付银行未付款项 2 000 元，银行已付企业未付款项 8 000 元，调节后的银行存款余额是（　　）。

  A．58 000 元 B．54 000 元 C．62 000 元 D．56 000 元

24. 将本公司前欠的甲工厂的货款 80 000 元转作该厂对本企业的投资。张会计编制的分录如下：

  借：应付账款——甲工厂   8 000
    贷：实收资本——甲工厂   8 000

  假如你在审核凭证时发现其有错误，请告诉张会计正确的更正方法是（　　）。

  A．画线更正法   B．红字更正法
  C．补充登记法   D．撕掉重填一张

25. 用转账支票归还前欠 A 公司货款 50 000 元，会计人员编制的记账凭证为：借记"应收账款"50 000 元，贷记"银行存款"50 000 元，审核并已登记入账，该记账凭证（　　）。

  A．有错误，撕掉重编正确的记账凭证 B．有错误，使用画线更正法进行更正
  C．有错误，使用红字冲销法进行更正 D．正确无误

二、多项选择题

1. 企业财产清查的内容包括（　　）。

  A．实物清查 B．债权清查 C．货币资金清查 D．债务清查

2. 单位主要领导调离工作前进行的清查属于（　　）。

  A．全面清查 B．局部清查 C．定期清查 D．不定期清查

3. 存货盘存制度一般有（　　）。

  A．永续盘存制 B．定期盘点制 C．不定期盘点制 D．实地盘存制

4. 不定期清查主要是在（　　）进行的。

  A．更换财产、现金的保管人员时 B．发生自然灾害和意外损失时
  C．进行临时性清产核资时   D．年末

5. 以下可能既属于不定期清查又属于全面清查的有（　　）。

  A．单位撤销、改变隶属关系时的财产清查
  B．发生非常灾害和意外损失时的财产清查
  C．开展清产核资时的财产清查
  D．更换仓库保管员时的财产清查

6. 财产清查的准备工作有（　　）。

  A．对于已发生的经济业务全部入账，结算出总账和明细账户的余额
  B．核对账证、账账，使之分别相等
  C．准备好各种量具和验具
  D．填制盘存单

7. 造成账存、实存数差异的主要原因是（　　）。

A. 财产收发时的量具精度差异
B. 管理不善或自然因素的原因
C. 在填制凭证、登记账簿时,发生错记和计算错误
D. 未达账项原因

8. 属于往来账清查的有( )。
   A. 应收账款   B. 应付账款
   C. 现金及银行存款   D. 其他应收、应付款
9. 银行未达账项主要有( )。
   A. 企业存入的款项,企业已作存款增加,银行未入账
   B. 企业开出支票并已作存款减少而银行尚未入账
   C. 委托银行代付的款项,银行已付而企业尚未入账
   D. 银行同企业有争议的款项
10. 待处理财产损溢账户的借方登记( )。
    A. 企业盘盈的财产数额   B. 企业盘亏的财产数额
    C. 企业报批后转销的盘亏数额   D. 企业报批后转销的盘盈数额
11. 更正错账的方法有( )。
    A. 画线更正法   B. 补充登记法
    C. 增减登记法   D. 红字记账法
12. 会计上使用红色墨水记账的情况有( )。
    A. 错账更正   B. 无方向时登记减少
    C. 三栏式账中表示负数   D. 月结画线

三、判断题(正确的打"√",错误的打"✗")

1. 采用永续盘存制企业不需要进行实地盘点。   ( )
2. 全面清查是定期的,局部清查是不定期的。   ( )
3. 现金由于流动性大,因此每日终了必须由出纳员自行盘点一次,必要时可突击抽查。
                                                                  ( )
4. 对实物进行实地清查时,除清查人员必须在场外,其他人员一律不准在现场。( )
5. 只要账簿记录正确,就说明账簿所做的记录真实可靠,且不会造成账实不符,因此不需进行财产清查。
                                                                  ( )
6. 在实地盘存制下,月末对财产物资进行清查盘点的目的在于确定期末账面结存数,在此基础上倒推出本期减少数,据以登记账簿。
                                                                  ( )
7. 对于未达账项应编制银行存款余额调节表进行调节,同时对未达账项编制记账凭证调整入账。
                                                                  ( )
8. 对于无法收回的应收款项,应记入"待处理财产损溢"账户,批准后转入有关账户。
                                                                  ( )
9. 采用永续盘存制,能在账簿中及时反映财产物资的增减变动及结存情况,因此,无需

对财产物资进行清查盘点。 （　）
10. 单位改变隶属关系前应进行局部清查。 （　）
11. "银行存款余额调节表"可以作为登账的根据。 （　）
12. 借方或贷方发生额中，偶然发生多记或少记并相互抵消，此类错误不会影响试算平衡表的借贷平衡关系。 （　）
13. 启用订本式账簿，应当从第一页到最后一页按顺序编定页数，不得跳页缺号。 （　）
14. 每一账页登记完毕结转下页时，应将结出的本页合计数及余额写在下页第一行有关栏内，并在摘要栏内注明"承前页"字样。 （　）
15. 对既不需要结计本月发生额也不需要结计本年累计发生额的账户，可以只将每页末的余额结转次页。 （　）
16. 新的会计年度开始时，必须更换全部账簿。 （　）
17. 对于因未达账项而使企业银行存款日记账余额和银行对账单余额之间出现的差异，无需作账面调整，待结算凭证到达后再进行账务处理，登记入账。 （　）
18. 办理月结时，应在各账户最后一笔记录下面画一条通栏红线，在红线下计算出本月发生额及月末余额，并在摘要栏注明"本月合计"或"本月发生额及余额"字样，然后在下面再画一条双红线。 （　）

四、名词解释

对账　　　　结账　　　　财产清查
永续盘存制　实地盘存制　未达账项

五、简答题

1. 什么叫未达账项？未达账项有哪几种情况？
2. 永续盘存制和实地盘存制在计算期末余额的方法上有什么区别？

学习情境七

编制会计报表

任务一　会计信息与财务报告

单元引言：会计人员通过取得或填制原始凭证，以货币为主要计量单位，对企业发生的经济业务从不同侧面进行了详细的信息记录；通过编制记账凭证，对原始凭证所记录的经济业务内容进行了系统化的分类；通过账簿的登记，对生产经营活动进行了系统的、连续的记录和反映。但是会计的凭证及账簿都是按专业标准形成的资料，具有系统性和专业性，不是所有人都能够阅读和理解的，有些内容还涉及商业机密，不便向社会公众发布和披露。这就需要通过编制会计报表向管理者及社会有关各方披露相关信息。会计报表关系到决策的有用性和社会各方对企业及企业管理层的评价，是单位重要的会计信息，任何企业，不管规模大小，采用什么样的经营方式，从事何种生产经营活动，都必须按照统一的格式和标准编制会计报表。

任务描述：会计工作的中心内容是提供信息，而会计信息的提供主要依赖于编报各种财务报告。提供什么信息以及用什么方式提供信息是紧密相连的两个问题，在不同条件下，企业财务报告使用者对信息需求不尽相同，但对会计信息的质量要求是一致的。

任务分析：提供高质量的会计信息，必须充分理解会计信息的质量要求以及用什么方式提供会计信息，掌握财务报告的种类及会计报表编制的基本要求。

一、会计信息

会计是社会生产发展到一定阶段的产物。同时，会计是随社会经济发展而发展的。尽管会计已有几千年的历史，但作为一门科学，是人类社会从农业社会步入工业社会之后才形成的。人类社会正进入信息社会，会计也正在发生深刻的革命。

在企业管理当局制定决策所需借助的信息系统中，会计具有极其重要的地位。企业是从事生产和经营活动的一种经济组织。企业的大量信息属于经济信息。经济信息是企业活动的基础，是企业经营决策的依据。会计信息是企业经济信息的重要组成部分。会计是将一个企业的经济数据通过一定的程序和方法转化为制定财务决策所需要的信息系统。

会计信息为很多关心企业经济活动的人们所使用。这些使用者可以概括为两大类。一类是那些直接从取得的会计信息得到效益的使用者，包括企业管理当局、现在和潜在的投资者、现在和潜在的债权人、供应商、职工等，此类使用者的代表是证券分析师与顾问、工会、同业工会、证券交易所及律师事务所等。另一类是那些间接关心企业组织的使用者，包括顾客与公众、财政金融机构以及政府机关等。

以上两类会计信息使用者，也可以从企业组织的角度区分为内部使用者和外部使用者。企业管理当局是内部使用者，所有其他的使用者，诸如投资者、债权人、供货商和公众，都是外部使用者。管理当局在企业组织内部使用会计信息，以帮助制订直接影响企业经营的决策。他们使用会计信息，主要在于制订有关计划、指导和控制企业经营的内部决策。外部使用者在企业的外部使用会计信息，以帮助制订关于他们和该企业的关系的决策，但他们的决策不直接影响该企业的经营。外部使用者又可分为财务群体与公共团体两小类。财务群体是提供或可能提供管理当局所需资金的群体，包括投资者及潜在的投资者、债权人及潜在的债权人。公共团体是指与企业有关，但并非管理或提供资金的利害关系人。

会计工作的中心内容是提供信息，而会计信息的提供主要依赖于编报各种财务报告。具体包括四个问题：向谁提供信息——企业的管理者和其他利害关系人；为何提供信息——便于管理者进行明智的决策；提供什么信息——会计实践活动的总结；用何种方式提供信息——主要采用财务报告形式。

企业管理者可以根据会计提供的信息，对企业的经济活动过程进行控制，对企业的未来经济活动做出更明智的决策。企业的利害关系人主要指银行、其他金融机构、税务部门及其他投资者。投资者可以根据会计提供的信息，做出对企业是否投资或扩大、缩小投资的决策，税务部门可根据财务报告了解企业的纳税能力等。国家的财政、计划部门和企业的职工都需要通过会计信息来了解企业，衡量、评价企业，并据此对企业施加某种影响。

提供什么信息以及用什么方式提供信息是紧密相连的两个问题，在不同条件下，企业财务报告使用者对信息需求不尽相同，但对会计信息的质量要求是一致的。

为了规范企业的会计核算行为，提高会计信息质量，《企业会计准则——基本准则》规定了会计信息质量的一般要求，即会计信息的质量特征。它是指企业所提供的会计信息的质量标准，表现为会计信息对于信息使用者的决策有用的那些性质（或特征），包括可靠性、相关性、及时性、可比性、明晰性、重要性、稳健性和实质重于形式等。

（一）可靠性原则

可靠性原则要求会计核算应当以实际发生的交易或事项为依据进行会计确认、计量和报告，如实反映符合会计确认和计量要求的各项会计要素及其他相关信息，保证会计信息真实可靠，内容完整，如实反映企业的财务状况、经营成果和现金流量。

可靠性是对会计工作的基本要求。企业提供会计信息的目的是为了满足会计信息使用者的决策需要，因此就应做到内容真实、数字准确、资料可靠。可靠的会计信息是客观的，可靠的会计记录可以揭示经济活动的本来面目。在会计核算工作中坚持可靠性原则，就应当在会计核算时客观地反映企业的财务状况、经营成果和现金流量，保证会计信息的真实性；会计工作应当正确运用会计原则和方法，准确反映企业的实际情况；会计信息应当能够接受验证，以核实其是否真实。

如果企业的会计核算不以实际发生的交易或事项为依据，没有如实地反映企业的财务状况、经营成果和现金流量，会计工作就失去了存在的意义，甚至会误导会计信息使用者，导致决策的失误。

(二) 相关性原则

相关性原则是指企业提供的会计信息应当与财务报告使用者的经济决策需要相关，有助于财务报告使用者对过去、现在或者未来的情况作出评价或者预测。

信息的价值在于其与决策相关，有助于决策。相关的会计信息能够有助于会计信息使用者评价过去的决策，证实或修正某些预测，从而具有反馈价值；有助于会计信息使用者进行预测，作出决策，从而具有预测价值。在会计核算工作中坚持相关性原则，就要求在收集、加工、处理和提供会计信息过程中，充分考虑会计信息使用者的要求。对特定用途的会计信息，不一定都通过财务报告来提供，可以采用其他形式加以提供。

如果会计信息提供以后，没有满足会计信息使用者的需要，对会计信息使用者的决策没有什么作用，就不具有相关性。

(三) 及时性原则

及时性原则是指企业对于已经发生的交易或者事项，应当及时进行会计确认、计量和报告，不得提前或延后。

会计信息的价值在于帮助使用者作出经济决策，具有时效性。即使是真实、相关、可比的会计信息，如果不及时提供，对于会计信息使用者也没有任何意义，甚至误导会计信息使用者。在会计核算中坚持及时性原则，一是要求及时收集会计信息，即在经济业务发生后，及时收集整理各种原始单据；二是及时处理会计信息，即在国家统一的会计制度规定的时限内，及时编制出财务报告；三是及时传递会计信息，即在国家统一的会计制度规定的时限内，及时将编制出的财务报告传递给财务报告使用者。

如果企业的会计核算不能及时进行，会计信息不能及时提供，就无助于经济决策，就不符合及时性原则的要求。

(四) 可比性原则

可比性原则要求企业提供的会计信息应当具有可比性。这既包括同一企业不同时期发生的相同或相似的交易或者事项，应当采用一致的会计政策，不得随意变更，确需变更的，应当在报表附注中说明；也包括不同企业发生的相同或相似的交易或者事项，应当采用规定的会计政策，确保会计信息口径一致、相互可比。

第一，同一企业不同时期发生的相同或相似的交易或者事项，要求企业的会计核算方法前后各期应当保持一致，不得随意变更。若有必要变更，应当将变更的内容和理由、变更的累积影响数，以及累积影响数不能合理确定的原因等，在会计报表附注中予以说明。这是一种纵向比较，亦称一贯性原则。

企业发生的交易或事项具有复杂性和多样化的特点，对于某些交易或事项可以有多种会计核算方法。例如存货的领用和发出，可以采用先进先出法、加权平均法、移动平均法、个别计价法或后进先出法等确定其实际成本；固定资产计提折旧可以采用年限平均法、工作量法、双倍余额递减法、年数总和法等。保证会计信息一贯性的前提是企业在各个会计期间应尽可能地采用相同的会计核算方法。如果企业在不同的会计期间采用不同的会计核算方法，将不利于会计信息使用者对会计信息的理解，不利于会计信息作用的发挥。在会计核算工作中要求企业的会计核算方法前后各期应当保持一致，不得随意变更，并不意味着所选择的会计核算方法不能作任何变更，在符合一定条件的情况下，企业也可以变更会计核算方法，并在企业财务报告中作相应披露。

第二，不同企业发生的相同或相似的交易或者事项，应当采用规定的会计政策，确保会计信息口径一致、相互可比。这是一种横向的比较。会计处理方法的统一是保证会计信息可比的基础，因此按照可比性原则的要求，企业必须按照国家统一规定的会计处理方法和程序进行核算，从而保证同一时期不同企业的会计核算建立在可比的基础上，有利于信息使用者进行比较、分析。只要是相同的交易或事项，就应当采用相同的会计处理方法。由于各个企业所处的经济环境千差万别，不同的企业可能处于不同行业、不同地区，经济业务发生于不同时点，为了保证会计信息能够满足决策的需要，便于比较不同企业的财务状况、经营成果和现金流量，企业应当事先确定信息的可比性，对不可比的信息通过调整口径达到可比，从而遵循可比性原则的要求。

(五) 明晰性原则

明晰性原则是指企业的会计信息应当清晰明了，便于财务报告使用者理解和利用，亦称可理解性原则。

会计信息使用者要使用会计信息，首先必须了解会计信息的内涵，理解会计信息的内容，这就要求会计核算和财务报告必须清晰明了。坚持明晰性原则，要求企业在会计核算中，会计记录应当准确、清晰，填制会计凭证、登记会计账簿必须做到依据合法、账户对应关系清楚、文字摘要完整；在编制会计报表时，项目勾稽关系清楚、项目完整、数字准确。

如果企业在会计核算中违背明晰性原则，会计信息使用者就不能理解和使用财务报告所提供的会计信息，也就不能满足使用者的决策需求。

(六) 重要性原则

重要性原则是指企业提供的会计信息应当反映与企业财务状况、经营成果和现金流量等有关的所有重要交易或者事项。企业在会计核算过程中对交易或事项应当区别其重要程度，采用不同的核算方式。对资产、负债、损益等有较大影响，并进而影响财务报告使用者据以作出合理判断的重要会计事项，必须按照规定的会计处理方法和程序进行处理，并在财务报告中予以充分、准确的披露；对于次要的会计事项，在不影响会计信息真实性和不至于误导财务报告使用者作出正确判断的前提下，可适当简化处理。

所谓重要，是指会计信息能实质性地影响信息使用者的决策。重要程度一般应从质和量两个方面进行综合分析，并随企业本身的规模以及时间、地点与业务性质等不同而不同。从性质上来说，当某一事项有可能对决策产生一定影响时，就属于重要项目；从数量上来说，当某一项目的数量达到一定规模时，就可能对决策产生影响。我国会计准则未对重要性作出数量上的界定，故其区分尚有赖于企业会计师及注册会计师等的职业判断。

重要性原则与会计信息成本效益直接相关。坚持重要性原则，就能够使提供会计信息的收益大于成本。对于那些不重要的项目，如果也采用严格的会计程序，分别核算，分别反映，就会导致会计信息的成本大于收益。

(七)稳健性原则

稳健性原则又称谨慎性原则，是指企业对交易或者事项进行会计确认、计量和报告，应当保持应有的谨慎，不得高估资产或者收益、低估负债或者费用。

企业在经济活动中面临着多种风险和不确定因素，谨慎性原则要求会计人员在会计核算工作中，在企业面临不确定因素的情况下作出职业判断时，保持必要的谨慎性，充分估计到各种风险和损失，既不高估资产或收益，也不低估负债或费用。对某项经济业务或会计事项存在不同的会计处理方法和程序可供选择时，在不影响合理选择的前提下，尽可能选用不虚增利润和夸大所有者权益的会计处理方法与程序进行会计处理。这样，一方面提高会计信息使用者的警惕，及时应付复杂的经济环境的变化并作出正确的决策；另一方面，防止企业管理当局过于乐观，能够保护投资者和债权人的利益，并提高企业的竞争能力。

谨慎性原则的要求贯穿于会计核算的全过程，即在确认标准、计量和记录方法、报告的内容等方面均应体现稳健的要求。需要注意的是，谨慎性原则并不意味着企业可以任意设置各种秘密准备，随心所欲地调节企业的收益，否则，就属于滥用谨慎性原则，将视为重大会计差错，要进行相应的会计处理。因此，需要对该原则的具体运用作出规定，以避免谨慎性原则的滥用，保证会计信息的客观性。

(八)实质重于形式原则

实质重于形式原则，是指企业应当按照交易或事项的经济实质进行会计确认、计量和报告，而不应当仅仅以它们的法律形式作为会计核算的依据。

在会计实务中，交易或事项的实质内容并不都是以其外在的法律形式或人为形式进行反映的。因此，会计信息要想反映其所拟反映的交易或事项，就必须根据交易或事项的实质和经济现实，而不能仅仅根据它们的法律形式进行核算和反映。

例如，以融资租赁方式租入的固定资产，尽管从法律形式看，承租企业并不拥有该资产的所有权，但租赁合同中规定的租赁期接近于该资产的使用寿命，租赁结束时承租企业有优先购买该资产的选择权，在租赁期内承租企业有权支配资产并从中受益，所以，从其经济实质来看，企业能够控制其创造的未来经济利益，所以，会计核算上将以融资租赁方式租入的固定资产视为承租企业的资产。

如果企业的会计核算仅仅按照交易或事项的法律形式或者人为形式进行，而其法律形式或人为形式又没有反映其经济实质和经济现实，那么，其最终结果不仅不会有利于会计信息使用者的决策，反而会误导会计信息使用者的决策。

除了上述会计信息质量要求以外，企业在进行会计确认、计量时，还应遵循以下基本原则：

第一，权责发生制原则。前面我们已经学习，不再赘述。

第二，配比原则。配比原则是指企业在进行会计核算时，收入与其成本、费用应当相互配比，同一会计期间的各项收入和与其相关的成本、费用，应当在该会计期间确认，即根据收入与费用的内在联系，要求将一定时期的收入与为取得这些收入所发生的费用在同一会计期间进行确认和计量。在会计核算工作中坚持配比原则有两层含义：一是因果配比,将收入与其对应的成本相配比,如将主营业务收入与主营业务成本相配比,将其他业务收入与其他业务成本相配比;二是时间配比,将一定时期的收入与同时期的费用相配比,如将当期的收入与管理费用、财务费用等期间费用相配比等。

第三,历史成本原则。历史成本原则也称实际成本原则,是指企业的各项财产在取得时应当按照实际成本记账。其后,各项财产如果发生减值,应当按照规定计提相应的减值准备。除法律、行政法规和国家统一的会计制度另有规定者外,企业一律不得自行调整其账面价值。

根据实际成本原则的要求,企业的资产、负债、所有者权益等会计要素在计量时,应当依据经济业务的实际交易价格,使会计核算建立在真实、可靠的基础上。按实际成本计价具有客观性和可验证性,数据也易于取得。

第四,划分收益性支出与资本性支出原则。划分收益性支出与资本性支出原则是指企业的会计核算应当合理划分收益性支出与资本性支出的界限。凡支出的效益仅涉及本会计期间(或一个营业周期)的,应当作为收益性支出;凡支出的效益涉及几个会计期间(或几个营业周期)的,应当作为资本性支出。

根据划分收益性支出与资本性支出原则的要求,企业在会计核算工作中确认支出时,要区分两类不同性质的支出,将收益性支出计列于利润表中,计入当期损益,从当期收入中得到补偿;将资本性支出计列于资产负债表中,作为资产反映,从以后各期的收益中得到补偿。只有正确划分收益性支出与资本性支出的界限,才能真实反映企业的财务状况,正确计算企业当期的经营成果。

如果企业在会计核算工作中没有正确划分收益性支出与资本性支出,将原本应计入收益性支出的计入资本性支出,就会高估资产和当期收益;将原本应计入资本性支出的计入收益性支出,就会低估资产和当期收益;所有这些,都不利于会计信息使用者正确地理解企业的财务状况和经营成果,不利于会计信息使用者的决策。

二、财务报告

(一)财务报告的作用

在市场经济社会,企业的投资者和债权人、企业内部管理人员、税收和证券监管等政府管理部门,需要利用会计信息进行决策和控制。虽然在日常会计工作中,通过编制会计凭证和登记账簿,我们对企业的经济业务已经进行了连续、系统的记录,但会计凭证与账簿还不能高度概括会计信息。为了取得总括的会计信息,以便集中反映企业的资产、负债和所有者权益情况及一定期间的经营成果和现金流量信息,会计人员必须提供满足多类使用者需求的财务报告。

财务报告是指企业对外提供的反映企业某一特定日期财务状况和某一会计期间经营成果、现金流量的书面报告文件,一般包括会计报表及其附注和其他应当在财务报告中披露的相关信息和资料。

会计报表是财务报告的核心,包括资产负债表、利润表、现金流量表和所有者权益变动表及相关附表。

编制财务报告是对会计核算工作的全面总结,也是及时提供合法、真实、准确、完整会计信息的重要环节。其作用主要表现在以下几个方面：

(1)对企业管理的决策者来说，通过财务报告，可以全面、系统、总括地了解企业的经济活动情况、财务成本情况和经营成果，检查、分析财务和成本计划以及有关方针、政策的执行情况。

(2)对主管部门的决策者来说，利用财务报告资料，可以及时掌握和评价各经济单位的经营管理情况，加强指导和监督，并通过对比分析，找出差距，提高本系统的经营管理水平。

(3)对与企业有经济利害关系的往来单位、个人来说，通过财务报告，可以了解企业的财务状况、偿债能力、获利能力，从而作为是否与企业发生或保持投资、信贷、供货、劳务、租赁等经济关系的决策依据。

(4)对本单位职工和工会组织的决策者来说，财务报告显示企业整体的经营目标，这与职工个人物质利益息息相关，从而有利于实行民主管理，调动广大职工的积极性与创造性，保证企业经营的正常开展和职工利益的切实提高。

(5)对其他有关方面的决策者来说，财务报告能够满足多层次、多方面的需要。例如，各级财政和税务部门利用企业报送的会计报表，作为监督企业是否及时、足额地完成各项税收上交任务的依据；银行利用企业报送的会计报表，可以研究企业资金的正常需要数额，作为控制与调节市场货币流通量的依据；各级计划部门和其他综合部门利用经过逐级汇总的会计报表，作为考核国民经济计划执行情况和制订后期计划，进行综合平衡以及计算国民收入的依据；各级审计机构利用企业报送的会计报表，可以查明企业的各项会计处理是否符合现行会计制度的要求，是否正确表达某一特定期间的财务状况和经营成果，作为检查企业是否依法计算和缴纳国家税收，保证投资者权益不受侵犯的依据等。

总之，财务报告是反映企业生产经营活动状况、财务收支及其经营成果所必需的总括指标体系，是向企业管理者及与企业有关的各方提供进行各项决策所依据的财务信息的重要手段。正因为财务报告有着如此重要的作用，所以每一经济单位都必须按照一定的指标体系和一定的表格形式，对本单位一定时日的财务状况和一定期间的经营情况及成果进行综合总结。

(二)财务报告的种类

1. 会计报表

会计报表是会计核算的最终产品，它是以会计账簿资料为主要依据，以货币为计量单位，全面、总括反映会计主体在一定时期的财务状况、经营成果和现金流量等的报告文件。我国企业的会计报表，一般可以按以下标准分类：

(1)会计报表按其反映的经济内容不同，可分为资产负债表、利润表、现金流量表和所有者权益变动表(小企业不需编制所有者权益变动表)。

①资产负债表，是反映企业某一特定时日资产、负债及所有者权益情况的会计报表，提供有关财务状况的信息，也称财务状况表。

②利润表，是反映企业一定时期收入、费用和利润(或亏损)情况的会计报表，提供有关经营成果的信息，也称损益表或收益表。

③现金流量表，是反映企业一定期间现金的流入和流出情况的会计报表，提供企业在一定期间经营活动、投资活动和筹资活动所产生的现金流量的信息。

(2) 会计报表按编制的时间不同，可分为月份报表、季度报表、半年度报表和年度报表。

①月份报表，简称月报，是按月编报的会计报表，以简明扼要的形式反映某月份财务状况和经营成果，包括资产负债表和利润表。

②季度报表，简称季报，是每个季度编报一次的会计报表，是一种中期报告。

③半年度报表，简称半年报，是每半年度编报一次的会计报表，是一种中期报告。

④年度报表，简称年报，是按会计年度编报的会计报表，通常称为决算报告，包括资产负债表、利润表和现金流量表以及会计报表附注等。它所提供的信息最为完整、全面。

(3) 会计报表按其反映资金运动状态不同，可分为静态报表和动态报表。

①静态报表，是反映资金运动处于相对静止状态的会计报表，如资产负债表，从静态方面反映了企业在一定日期的资产构成和资金来源渠道。

②动态报表，是反映某一期间资金运动过程的会计报表，如利润表和现金流量表，它们从动态方面反映企业在一定时期经营成果和资金运动的变化情况。

(4) 会计报表按编报单位不同分类，可分为单位报表和合并报表。

①单位报表，是由各会计主体在日常会计核算基础上进一步加工编制的会计报表。

②合并报表，是指由母公司编制的，将母公司和子公司组成的企业集团作为一个会计主体，综合反映企业集团整体的财务状况、经营成果和现金流量的会计报表。

(5) 会计报表按报送对象不同，可分为外部报表和内部报表。

①外部报表，是为投资者、债权人、政府有关部门等外部信息使用者编报的会计报表。这类报表在格式、内容和编报时间等方面都有统一的规定。

②内部报表，是为适应本单位内部经营管理需要而编制的报表。这类报表在内容、形式和编报时间等方面没有统一规定，较为灵活。

2. 会计报表附注

会计报表附注是为帮助会计信息使用者正确理解会计报表而对报表的内容所作的解释和补充说明，一般包括不符合会计核算基本前提的说明，重要会计政策和会计估计的说明，重要会计政策和会计估计变更的说明，或有事项和资产负债表日后事项的说明，关联方关系及其交易的披露，重要资产转让及出售的说明，企业合并、分立的说明，会计报表中重要项目的明细资料，有助于理解和分析会计报表需要说明的其他事项。

(三) 会计报表的编制要求

1. 数字真实，计算准确

编制会计报表的数字来源于各账户，而各账户的数字来源于记账凭证，记账凭证的数字来源于经过确认的原始凭证，因此，为了保证会计报表数字的真实、准确，在报表数字来源正确的前提下，关键在于对原始凭证数字的确认和计量。不能以估计数代替实际数，更不能弄虚作假、隐瞒谎报。在编制报表之前，应完成以下几项工作：

(1) 按期结账，确认会计主体的所有交易和事项是否均已登记入账，是否存在应摊销而未摊销、应计提而未计提的费用。

(2) 认真做好对账和财产清查工作，以达到账证相符、账账相符、账实相符。

(3)通过编制试算平衡表，验证总分类账户本期发生额的正确性，为正确编制会计报表提供可靠的数据。

2. 内容完整，说明清楚

按照会计准则规定的编制基础、编制依据、编制原则和方法，按统一规定的报表种类、格式和内容编制会计报表；报表所涉及的所有表内项目及补充资料必须填列完整，必要时应对有关事项用文字加以简要说明。

3. 及时编制，及时报送

为了保证会计信息的及时性，要求各单位应及时编制会计报表，按国家或上级部门规定的期限和程序及时报送会计报表。

任务二　编制资产负债表

单元引言： 随着企业生产经营过程的不断进行，企业资金形态在不断发生变化，资金始终处在不断运动变化的过程中。要想知道资产、负债及所有者权益的具体数额，必须在某个时间点中断，从该时点观察资产及各项目的存量，负债、所有者权益及各具体项目的实际金额，分析企业的财务状况。为了实现这个目的，会计人员就必须完成资产负债表的编制任务。

任务描述： 编制资产负债表就是依据总账及相关明细账记录的会计信息，按照会计准则及有关法律法规规定的格式及应予披露的项目，运用资产负债表的编制方法进行编制，是会计人员在期末必须完成的重要工作任务之一。

任务分析： 为完成资产负债表的编制任务，必须了解资产负债表的基本结构及需要填报的内容，熟悉各填报项目的数据来源和编制方法。

一、资产负债表的结构

资产负债表是总括反映企业在某一特定日期资产、负债和所有者权益及其构成情况的会计报表。资产负债表的数字为时点数，反映的内容是资金循环相对静止状态下的表现形式，属静态报表。

资产负债表可以提供某一日期资产的总额及其结构，表明企业拥有或控制的资源及其分布情况，使用者可以一目了然地从资产负债表上了解企业在某一特定日期所拥有的资产总量及其结构；可以提供某一日期的负债总额及其结构，表明企业未来需要用多少资产或劳务清偿债务以及清偿时间；可以反映所有者所拥有的权益，据以判断资本保值、增值的情况以及对负债的保障程度。此外，资产负债表还可以提供进行财务分析的基本资料，如将流动资产与流动负债进行比较，计算出流动比率；将速动资产与流动负债进行比较，计算出速动比率等，可以表明企业的变现能力、偿债能力和资金周转能力，从而有助于报表使用者作出经济决策。

"资产＝负债＋所有者权益"会计方程式所包含的经济内容和数学上的等量关系是建立资产负债表的理论依据。

在我国，资产负债表采用账户式结构，报表分为左右两方，左方列示资产各项目，反映全部资产的分布及存在形态；右方列示负债和所有者权益各项目，反映全部负债和所有者权益的内容及构成情况。资产负债表左右双方平衡，资产总计等于负债和所有者权益总计，即"资产=负债+所有者权益"。此外，为了使用者通过比较不同时点资产负债表的数据，掌握企业财务状况的变动情况及发展趋势，企业需要提供比较资产负债表，资产负债表还就各项目再分为"年初余额"和"期末余额"两栏分别填列。小企业资产负债表的具体格式如表 7-2-1 所示。

表 7-2-1　　　　　　　　　　　　　　资产负债表

企01表

编制单位：　　　　　　　　　　　　　年　　月　　日　　　　　　　　　　　　单位：元

资　产	期末余额	年初余额	负债和所有者权益（或股东权益）	期末余额	年初余额
流动资产：			流动负债：		
货币资金			短期借款		
短期投资			应付票据		
应收票据			应付账款		
应收账款			预收账款		
预付账款			应付职工薪酬		
应收利息			应交税费		
应收股利			应付利息		
其他应收款			应付利润		
存货			其他应付款		
其他流动资产			其他流动负债		
流动资产合计			流动负债合计		
非流动资产：			非流动负债：		
长期债券投资			长期借款		
长期股权投资			递延收益		
固定资产原价			长期应付款		
减：累计折旧			其他非流动负债		
固定资产账面价值			非流动负债合计		
固定资产清理			负债合计	流动负债+非流动负债	
在建工程			所有者权益(或股东权益)：		
工程物资			实收资本(或股本)		
生产性生物资产			资本公积		
无形资产			盈余公积		
长期待摊费用			未分配利润		
其他非流动资产					
非流动资产合计			所有者权益(或股东权益)合计		
资产合计	流动资产+非流动资产		负债和所有者权益(或股东权益)合计	负债+所有者权益	

表内重要勾稽关系包括：
年初余额：资产合计＝负债和所有者权益合计
期末余额：资产合计＝负债和所有者权益合计

二、资产负债表的编制方法

（一）年初余额栏的填列方法

资产负债表"年初余额"栏内各项数字，应根据上年末资产负债表"期末余额"栏内所列数字填列。如果上年度资产负债表规定的各个项目的名称和内容同本年度不相一致，应对上年年末资产负债表各项目的名称和数字按照本年度的规定进行调整，填入表中"年初余额"栏内，如图7-2-1所示。

资产负债表

编制单位：××单位　　2010年12月31日　　企01表　单位：元

资产	期末余额	年初余额	负债和所有者权益（或股东权益）	期末余额	年初余额
流动资产：					
货币资金	100000				
短期投资	20000				
应收票据	40000				
应收账款	752350				
预付账款					
应收利息					
应收股利					
其他应收款	38940				
存货	1123209				
其他流动资产					
流动资产合计	2074499				
非流动资产：					

资产负债表

编制单位：××单位　　2011年1月31日　　企01表　单位：元

资产	期末余额	年初余额	负债和所有者权益（或股东权益）	期末余额	年初余额
流动资产：			流动负债：		
货币资金			短期投资		
短期投资			应付票据		

图7-2-1

（二）期末余额栏的填列方法（以小企业为基础）

资产负债表中的"期末余数"栏内各项目数字，应根据资产类、负债类、所有者权益类等账户的期末余额填列。编制方法有两种，一种是直接填列法，另一种是计算填列法，即可根据本期有关总分类账户或明细分类账户的期末余额直接填列，或对期末余额分析、加减计算后填列。主要包括以下方式：

第一，根据总账科目余额或余额合计填列。资产负债表中的有些项目，可直接根据有关总账科目的余额填列，如"短期投资"、"短期借款"、"应付票据"、"应付职工薪酬"等项目；有些项目则需根据几个总账科目的期末余额计算填列，如"货币资金"项目，需根据"库存现金"、"银行存款"总账科目的期末余额的合计数填列，如图7-2-2所示。

第二，综合运用上述填列方法分析填列。如资产负债表中的"存货"项目，需要根据"原材料"、"库存商品"、"委托加工物资"、"包装物"、"低值易耗品"、"材料采购"、

资产负债表

编制单位：××公司　　　20×9年1月31日　　　企01表　单位：元

资产	期末余额	年初余额	负债和股东权益	期末余额	年初余额
流动资产：			流动负债：		
货币资金	815131		短期投资		
短期投资			应付票据		
应收票据	7300+805831+2000=815131		应付账款		
应收账款					
……			……		
非流动资产合计					
资产总计			负债和股东权益总计		

总　账

科目　其他货币资金

×9年		凭证		摘要	借方	贷方	借或贷	余额	√
月	日	字	号		亿千百十万千百十元角分	亿千百十万千百十元角分		亿千百十万千百十元角分	
1	1			上年结转			借	4 0 0 0 0 0 0	
1	31	汇	1	1-31日汇总	7 3 0 0 0 0	4 0 0 0 0 0 0	借	7 3 0 0 0 0	
1	31			本月合计	7 3 0 0 0 0	4 0 0 0 0 0 0		7 3 0 0 0 0	

科目　银行存款

×9年		凭证		摘要	借方	贷方	借或贷	余额	√
月	日	字	号		亿千百十万千百十元角分	亿千百十万千百十元角分		亿千百十万千百十元角分	
1	1			上年结转			借	1 4 0 0 0 0 0 0	
1	31	汇	1	1-31日汇总	5 5 8 3 1 0 0	2 5 0 0 0 0 0 0	借	8 0 5 8 3 1 0 0	
1	31			本月合计	5 5 8 3 1 0 0	2 5 0 0 0 0 0 0		8 0 5 8 3 1 0 0	

科目　库存现金

×9年		凭证		摘要	借方	贷方	借或贷	余额	√
月	日	字	号		亿千百十万千百十元角分	亿千百十万千百十元角分		亿千百十万千百十元角分	
1	1			上年结转			借	6 3 0 0 0	
1	31	汇	1	1-31日汇总	7 0 0 0 0	5 0 0 0 0	借	2 0 0 0 0	
1	31			本月合计	7 0 0 0 0	5 0 0 0 0		2 0 0 0 0	

图 7-2-2

"在途物资"、"材料成本差异"等总账科目期末余额分析汇总填列。

资产负债表各项目的列报详细说明如下：

1. 资产项目的列报说明

（1）"货币资金"项目，反映企业库存现金、银行存款的合计数。本项目应根据"库存现金"、"银行存款"和"其他货币资金"科目的期末余额合计填列。

（2）"短期投资"项目，反映企业购入的各种能随时变现并准备随时变现的、持有时间不超过1年（含1年）的股票、债券和基金的余额。本项目应根据"短期投资"科目的期末余额填列。

（3）"应收票据"项目，反映企业收到的未到期收款也未向银行贴现的应收票据，包括商业承兑汇票和银行承兑汇票。本项目应根据"应收票据"科目的期末余额填列。

（4）"应收账款"项目，反映企业因销售商品、提供劳务应向购买单位或个人收取的销货款。本项目应根据"应收账款"科目的期末余额填列。

（5）"预付账款"项目，反映企业按照合同规定预付的款项，包括根据合同规定预付的购货款、租金。本项目应根据"预付账款"科目的期末余额填列。

（6）"应收股利"项目，反映企业因股权投资而应收取的现金股利。本项目应根据"应收股利"科目的期末余额填列。

（7）"应收利息"项目，反映企业因债权投资而应收取的利息。企业购入到期一次还本付息债券应收的利息，不包括在本项目内。本项目应根据"应收利息"科目的期末余额填列。

（8）"其他应收款"项目，反映企业对其他单位和个人应收与暂付的除销货款外的各种款项。本项目应根据"其他应收款"科目的期末余额填列。

（9）"存货"项目，反映企业期末在库、在途和在加工的各项存货的成本，包括各种原材料、在产品、半成品、产成品、商品、包装物、低值易耗品、消耗性生物资产等。本项目应根据"在途物资"、"原材料"、"生产成本"、"库存商品"、"包装物"、"低值易耗品"、"消耗性生物资产"等科目的期末余额合计填列。

（10）"其他流动资产"项目，反映企业除以上流动资产外的其他流动资产。本项目应根据有关科目的期末余额填列。

（11）"长期债券投资"项目，反映企业不准备在1年内(含1年)变现的各种债权性质的投资的成本。本项目应根据"长期债权投资"科目的期末余额填列。

（12）"长期股权投资"项目，反映企业不准备在1年内(含1年)变现的各种股权性质的投资的成本。本项目应根据"长期股权投资"科目的期末余额填列。

（13）"固定资产原价"和"累计折旧"项目，反映企业的各种固定资产的原价及累计折旧。这两个项目应根据"固定资产"科目和"累计折旧"科目的期末余额填列。

（14）"固定资产账面价值"项目，反映企业固定资产原价扣除累计折旧后的余额。本项目应根据"固定资产"科目的期末余额减去"累计折旧"科目的期末余额后的金额填列。

（15）"固定资产清理"项目，反映企业因出售、毁损、报废等原因转入清理但尚未清理完毕的固定资产的净额，以及固定资产清理过程中所发生的清理费用和变价收入等的差额。本项目应根据"固定资产清理"科目的期末借方余额填列，如"固定资产清理"科目期末为贷方余额，以"-"号填列。

（16）"在建工程"项目，反映企业正在建设尚未竣工投入使用的建设项目。本项目应根据"在建工程"科目的期末余额填列。

（17）"工程物资"项目，反映企业用于固定资产建造的各种物资。本项目应根据"工程物资"科目的期末余额填列。

（18）"生产性生物资产"项目，反映企业生产性生物资产的账面价值。本项目应根据"生产性生物资产"科目的期末余额减去"生产性生物资产累计折旧"科目的期末余额后的金额填列。

（19）"无形资产"项目，反映企业无形资产的账面价值。本项目应根据"无形资产"科目的期末余额填列。

（20）"长期待摊费用"项目，反映企业尚未摊销的摊销期限在1年以上的各种费用。本项目应根据"长期待摊费用"科目的期末余额填列。

（21）"其他非流动资产"项目，反映企业除以上非流动资产外的其他非流动资产。本项目应根据有关科目的期末余额填列。

2. 负债项目的列报说明

(1)"短期借款"项目,反映企业借入尚未偿还的1年期以下(含1年)的借款。本项目应根据"短期借款"科目的期末余额填列。

(2)"应付票据"项目,反映企业开出的未到期付款的应付票据,包括商业承兑汇票和银行承兑汇票。本项目应根据"应付票据"科目的期末余额填列。

(3)"应付账款"项目,反映企业购买原材料、商品和接受劳务等应付给供应单位或个人的款项。本项目应根据"应付账款"科目的期末余额填列。

(4)"预收账款"项目,反映企业根据合同规定销售产品、商品、提供劳务预收购买单位或个人的款项。本项目应根据"预收账款"科目的期末余额填列。

(5)"应付职工薪酬"项目,反映企业应付未付的职工薪酬。本项目应根据"应付职工薪酬"科目的期末余额填列。

(6)"应交税费"项目,反映企业期末未交、多交或未抵扣的各种税费。本项目应根据"应交税费"科目的期末贷方余额填列,如"应交税费"科目期末为借方余额,以"-"号填列。

(7)"应付利息"项目,反映企业尚未支付的借款利息。本项目应根据"应付利息"科目的期末余额填列。

(8)"应付利润"项目,反映企业尚未向投资者支付的利润。本项目应根据"应付利润"科目的期末余额填列。

(9)"其他应付款"项目,反映企业除上述应付款外所有其他应付与暂收其他单位与个人的款项。本项目应根据"其他应付款"科目的期末余额填列。

(10)"其他流动负债"项目,反映企业除以上流动负债以外的其他流动负债。本项目应根据有关科目的期末余额填列。

(11)"长期借款"项目,反映企业借入尚未偿还的1年期以上(不含1年)的借款本金。本项目应根据"长期借款"科目的期末余额填列。

(12)"递延收益"项目,反映企业收到的应在以后期间计入收入的款项。本项目应根据"递延收益"科目的期末余额填列。

(13)"长期应付款"项目,反映企业除了长期借款以外的其他长期应付款。本项目应根据"长期应付款"科目的期末余额填列。

(14)"其他非流动负债"项目,反映企业除以上非流动负债项目以外的其他非流动负债。本项目应根据有关科目的期末余额填列。

3. 所有者权益项目的列报说明

(1)"实收资本(或股本)"项目,反映企业各投资者实际投入构成注册资本的资本总额。本项目应根据"实收资本"科目的期末余额填列。

(2)"资本公积"项目,反映企业资本公积的期末余额。本项目应根据"资本公积"科目的期末余额填列。

(3)"盈余公积"项目,反映企业盈余公积的期末余额。本项目应根据"盈余公积"科目的期末余额填列。

(4)"未分配利润"项目,反映企业尚未分配的利润。本项目应根据"本年利润"科目和"利润分配"科目的余额计算填列,未弥补的亏损以"-"号填列。

任务三 编制利润表

单元引言： 为了全面掌握企业在一定时期生产经营的最终成果，考核企业的经营业绩，会计人员必须在月末编制利润表。利润表是企业最基本的报表之一。

任务描述： 编制利润表就是根据有关损益类账户的发生额，运用利润表的编制方法进行编制，是会计人员在期末必须完成的重要工作任务之一。

任务分析： 完成利润表的编制任务，必须了解利润表的基本结构及需要填报的内容，熟悉各填报项目的数据来源和编制方法。

一、利润表的结构

利润表，是总括反映企业一定会计期间（年度、季度、月份）经营成果（利润或亏损）的会计报表。

利润表的数字属于时期数字，反映的内容是经营资金循环的动态表现，即收入、费用和利润。因此，利润表是动态报表。

利润表的主要作用表现在以下几个方面：

(1) 利润表可以反映企业一定会计期间的收入实现情况、费用耗费情况、生产经营活动的成果即净利润的实现情况，据以判断资本保值、增值情况，为企业管理人员作出未来经营决策提供依据。

(2) 投资者可根据利润表预测、评价企业的经济效益及盈利能力，据此决定是否投资或再投资。

(3) 债权人可根据利润表预测、评价企业的偿债能力，进而决定是维持、增加还是收缩对企业的信贷及信贷的条件。

(4) 比较、分析利润表的各项构成因素，可知道各项收入、费用及利润之间的消长趋势，发现各方面工作存在的问题，揭露矛盾，找出差距，改善经营管理，找出今后工作的重点，作出合理的经营决策。

(5) 利润表还是考核管理者管理绩效的工具，比较前后期利润的增减变化情况，并寻找产生差异的原因，进而评价各职能部门的业绩，以及它们的业绩与整个企业经营成果的关系，以便评判部门管理的功过得失，提出奖罚任免的建议。

"收入-费用=利润（或亏损）"会计方程式所包含的经济内容和数学上的等量关系是建立利润表的理论依据。

利润表有多步式和单步式两种。我国企业的利润表一般采用多步式。

多步式利润表是通过对当期的收入、费用、支出项目按性质加以归类，按利润形成的主要环节列示一些中间性利润指标，分步计算当期净损益。

多步式利润表的优点是，通过列示中间性利润指标，分步反映净利润的计算过程，准确地提示了净利润各构成要素之间的内在联系，便于报表使用者进行盈利分析，能够满足现有和潜在的投资者、债权人对企业财务信息的需求。

我国小企业的利润表包括三部分内容：一是营业利润，即企业日常营业活动所取得的收入，扣除与其相关的成本、税金及销售费用、管理费用、财务费用后的余额再加上投资收益；二是利润总额，即营业利润加上营业外收入，再减去营业外支出后的余额，也称为税前利润；三是净利润，即利润总额扣除所得税费用后的利润，也称税后利润。利润表的一般格式如表7-3-1所示。

表7-3-1

利 润 表

编制单位：　　　　　　　　　　　　　　　年　　月　　　　　　　　　　　　　单位：元

项　　　　目	行次	本年累计金额	本期金额
一、营业收入	1		
减：营业成本	2		
营业税金及附加	3		
其中：消费税	4		
营业税	5		
城市维护建设税	6		
资源税	7		
土地增值税	8		
城市土地使用税、房产税、车船税、印花税	9		
教育费附加、矿产资源补偿费、排污费	10		
销售费用	11		
其中：商品维护费	12		
广告费和业务招待费	13		
管理费用	14		
其中：开办费	15		
业务招待费	16		
研究费用	17		
财务费用	18		
其中：利息费用（收入以"-"号填列）	19		
加：投资收益（损失以"-"号填列）	20		
二、营业利润（亏损以"-"号填列）	21		
加：营业外收入	22		
其中：政府补助	23		
减：营业外支出	24		
其中：坏账损失	25		
无法收回的长期债券投资损失	26		
无法收回的长期股权投资损失	27		
自然灾害等不可抗力因素造成损失	28		
税收滞纳金	29		
三、利润总额（亏损以"-"号填列）	30		
减：所得税费用	31		
四、净利润（净亏损以"-"号填列）	32		

二、利润表的编制方法

利润表"本月金额"栏反映各项目的本月实际发生额，在编报年度会计报表时，填列上年全年实际发生额。本表"本期累计金额"栏反映各项目自年初起至报告期末止的累计实际发生额。利润表各项目的内容及其具体填列方法如下：

（1）"营业收入"项目，反映企业经营业务所取得的收入总额。本项目应根据"主营业务收入"和"其他业务收入"科目的发生额合计填列。

（2）"营业成本"项目，反映企业经营业务所发生的实际成本。本项目应根据"主营业务成本"和"其他业务成本"科目的发生额合计填列。

（3）"营业税金及附加"项目，反映企业经营业务应负担的营业税、消费税、城市维护建设税、资源税、土地增值税和教育费附加等。本项目应根据"营业税金及附加"科目的发生额填列。

（4）"销售费用"项目，反映企业在销售商品过程中发生的费用。本项目应根据"销售费用"科目的发生额填列。

（5）"管理费用"项目，反映企业发生的管理费用。本项目应根据"管理费用"科目的发生额填列。

（6）"财务费用"项目，反映企业发生的财务费用。本项目应根据"财务费用"科目的发生额填列。

（7）"投资收益"项目，反映企业以各种方式对外投资所取得的收益。本项目应根据"投资收益"科目的发生额填列，如为投资损失，以"－"号填列。

（8）"营业利润"项目，反映企业当期营业活动实现的利润。本项目根据营业收入加上投资收益，扣除营业成本、营业税金及附加、销售费用、财务费用和管理费用后的净额填列。如为亏损，以"－"号填列。

（9）"营业外收入"项目，反映企业实现的各项营业外收入的金额。本项目根据"营业外收入"科目的发生额填列。

（10）"营业外支出"项目，反映企业发生的各项营业外支出金额。本项目应根据"营业外支出"科目的发生额填列。

（11）"利润总额"项目，反映企业实现的利润总额。本项目根据营业利润加上营业外收入减去营业外支出后的金额填列。如为亏损，以"－"号填列。

（12）"所得税费用"项目，反映企业按规定从本期应纳税所得额中扣除的所得税费用。本项目应根据"所得税费用"科目的发生额填列。

（13）"净利润"项目，反映企业实现的净利润。本项目应根据应纳税所得额扣除所得税费用后的金额填列。如为净亏损，以"－"号填列。

任务四　编制现金流量表

单元引言： 在现代企业的发展过程中，决定企业兴衰存亡的是现金流，最能反映企业本质的是现金流，在众多价值评价指标中基于现金流的评价是最具权威性的。现金流量比传统的利润指标更能说明企业的盈利质量。利润表虽能反映一定时期的经营成果，但有利润并不等于企业的日常运转良好、资金供应充足。利润和现金流之间到底有多大的差距，我们可以通过编制现金流量表进行分析。

任务描述： 企业一定期间的生产经营活动主要包括经营活动、投资活动和筹资活动，每种活动都可能产生相应的现金流入和流出，为此就需要对这些现金流量进行分类，编制现金流量表，借以分析企业经营、投资、理财等活动对经营成果和财务状况的影响。

任务分析： 完成现金流量表的编制任务，必须了解现金流量表的基本结构及需要填报的内容，熟悉各填报项目的数据来源和编制方法。

一、现金流量表概述

现金流量表是反映企业一定期间现金的流入和流出情况的会计报表。

现金流量表以现金的流入和流出反映企业一定期间的经营活动、投资活动和筹资活动的动态情况。

现金流量表的数字为时期数，反映的内容是经营资金循环的动态表现，属动态报表。

编制现金流量表的目的，是为会计报表使用者提供企业一定时期有关现金的流入和流出的信息。企业一定时期内现金流入和流出是由各种因素产生的，如销售商品、购买材料、向银行借款等，均有现金的流入和流出，它们之间的关系可以概括为"现金流入-现金流出=现金净增加额"的会计等式。

"现金流入-现金流出=现金净增加额"会计等式所包含的经济内容和数学上的等量关系是建立现金流量表的理论依据。

现金流量表是以现金为基础编制的。这里的现金是广义的概念，它包括现金及现金等价物。现金是指企业库存现金以及可以随时用于支付的存款，由库存现金、银行存款和其他货币资金几个部分组成。现金等价物是指企业持有的期限短、流动性强、易于转换为已知金额现金、价值变动风险很小的投资。现金等价物虽然不是现金，但当企业需要时往往可以随时变现，具有很强的支付能力，因而可视同现金。

(一) 现金流量表的作用

现金流量表的主要作用是：

(1) 能够说明企业一定期间现金流入和流出的多少及原因。
(2) 反映企业的偿债能力和支付股利的能力。
(3) 有助于分析企业未来获取现金的能力。
(4) 能够分析企业投资和理财活动对经营成果和财务状况的影响。

(二) 现金流量表的内容

现金流量表通常按照经营业务的性质，将企业一定期间产生的现金流量分为经营活动产生的现金流量、投资活动产生的现金流量和筹资活动产生的现金流量三类。

1. 经营活动产生的现金流量

经营活动是指企业投资活动和筹资活动以外的所有交易和事项，主要包括：销售商品、提供劳务、购买商品、接受劳务、支付工资、交纳税款等。经营活动的现金流入主要是指销售商品或提供劳务等所收到的现金；经营活动的现金流出主要是指购买货物、接受劳务、支付工资、广告宣传、交纳税款等所支付的现金。通过现金流量表所反映的经营活动产生的现金流量,我们可以说明企业经营活动对现金流入和流出净额的影响程度。

2. 投资活动产生的现金流量

投资活动是指企业长期资产的购建和不包括在现金等价物范围内的投资及其处置活动,主要包括:取得和收回投资、购建和处置固定资产、无形资产和其他长期资产等。投资活动的现金流入主要包括收回投资所收到的现金、取得投资权益所收到的现金,以及处置固定资产、无形资产和其他长期资产收到的现金等;投资活动的现金流出则是指购建固定资产、无形资产和其他长期资产所支付的现金,以及投资所支付的现金等。投资活动产生的现金流量中不包括将现金转换为现金等价物这类投资产生的现金流量,因为现金转化为现金等价物属于现金内部项目变动,不会影响现金流量净额的变动。通过现金流量表所反映的投资活动产生的现金流量,我们可以分析企业通过投资获取现金流量的能力,以及投资活动产生的现金流量对企业现金流量净额的影响程度。

3. 筹资活动产生的现金流量

筹资活动是指导致企业资本及债务规模和构成发生变化的活动,主要有吸收投资、发行股票、分配利润、借入款项等。筹资活动的现金流入主要包括吸收投资所收到现金、借款所收到的现金等;筹资活动的现金流出主要包括偿还债务所支付的现金、分配股利或利润或者偿付利息所支付的现金等。通过现金流量表所反映的筹资活动产生的现金流量,我们可以分析企业的筹资能力,以及筹资活动产生的现金流量对企业现金流量净额的影响程度。

(三)现金流量表的结构

现金流量表由五项内容构成:一是经营活动产生的现金流量;二是投资活动产生的现金流量;三是筹资活动产生的现金流量;四是现金净增加额;五是期末现金余额。

现金流量表的基本格式如表7-4-1所示。

表 7-4-1 现 金 流 量 表

编制单位: _____年度 单位:元

项　　目	行次	金额
一、经营活动产生的现金流量:		
销售产成品、商品、提供劳务收到的现金	1	
收到其他与经营活动有关的现金	2	
购买原材料、商品、接受劳务支付的现金	3	
支付的职工薪酬	4	
支付的税费	5	
支付其他与经营活动有关的现金	6	
经营活动产生的现金流量净额	7	
二、投资活动产生的现金流量:		
处置固定资产和无形资产收回的现金净额	8	
收回短期投资、长期债券投资和长期股权投资收到的现金	9	

续表

项　　　　目	行次	金额
取得投资收益收到的现金	10	
购建固定资产和无形资产支付的现金	11	
短期投资、长期债券投资和长期股权投资支付的现金	12	
投资活动产生的现金流量净额	13	
三、筹资活动产生的现金流量：		
取得借款收到的现金	14	
吸收投资者投资收到的现金	15	
偿还借款本息支付的现金	16	
分配利润支付的现金	17	
筹资活动产生的现金流量净额	18	
四、现金净增加额	19	
加：期初现金余额	20	
五、期末现金余额	21	

二、现金流量表的编制方法

(一) 经营活动产生的现金流量

(1)"销售产成品、商品、提供劳务收到的现金"项目,反映企业本期销售产成品、商品、提供劳务收到的现金。本项目可以根据"库存现金"、"银行存款"和"主营业务收入"科目的发生额分析填列。

(2)"收到其他与经营活动有关的现金"项目,反映企业收到的其他与经营活动有关的现金。本项目可以根据"库存现金"、"银行存款"科目的发生额分析填列。

(3)"购买原材料、商品、接受劳务支付的现金"项目,反映企业本期购买原材料、商品、接受劳务支付的现金。本项目可以根据"库存现金"、"银行存款"、"原材料"、"库存商品"等科目的发生额分析填列。

(4)"支付的职工薪酬"项目,反映企业本期向职工支付的薪酬。本项目可以根据"库存现金"、"银行存款"、"应付职工薪酬"科目的本期发生额填列。

(5)"支付的税费"项目,反映企业本期支付的税费。本项目可以根据"库存现金"、"银行存款"、"应付税费"科目的本期发生额填列。

(6)"支付其他与经营活动有关的现金"项目,反映企业支付的其他与经营活动有关的现金。本项目可以根据"库存现金"、"银行存款"等科目的发生额分析填列。

(二) 投资活动产生的现金流量

(1)"处置固定资产和无形资产收回的现金净额"项目,反映企业处置固定资产和无形资产取得的现金,减去为处置这些资产而支付的有关费用后的净额。本项目可以根据"库存现金"、"银行存款"、"固定资产清理"等科目的记录分析填列。

(2)"收回短期投资、长期债券投资和长期股权投资收到的现金"项目,反映企业出售、转让或到期收回短期投资、长期股权投资而收到的现金,以及收回长期债券投资本金而收到的现金,不包括长期债权投资收回的利息。本项目可以根据"库存现金"、"银行存款"、"短期投资"、"长期股权投资"、"长期债券投资"等科目的记录分析填列。

(3)"取得投资收益收到的现金"项目,反映企业因权益性投资和债权性投资取得的现金股利和利息。本项目可以根据"库存现金"、"银行存款"、"投资收益"等科目的记录分析填列。

(4)"购建固定资产和无形资产支付的现金"项目,反映企业购买、建造固定资产和取得无形资产支付的现金。本项目可以根据"库存现金"、"银行存款"、"固定资产"、"在建工程"、"无形资产"等科目的记录分析填列。

(5)"短期投资、长期债券投资和长期股权投资支付的现金"项目,反映企业进行权益性投资和债权性投资支付的现金,包括企业进行短期股票投资、短期债券投资、短期基金投资、长期债券投资、长期股权投资支付的现金,以及支付的佣金、手续费等交易费用。本项目可以根据"库存现金"、"银行存款"、"短期投资"、"长期债券投资"、"长期股权投资"等科目的记录分析填列。

(三)筹资活动产生的现金流量

(1)"取得借款收到的现金"项目,反映企业举借各种短期、长期借款收到的现金。本项目可以根据"库存现金"、"银行存款"、"短期借款"、"长期借款"等科目的记录分析填列。

(2)"吸收投资者投资收到的现金"项目,反映企业收到的投资者投入的现金。本项目可以根据"库存现金"、"银行存款"、"实收资本"等科目的记录分析填列。

(3)"偿还借款本息支付的现金"项目,反映企业以现金偿还借款的本金和利息。本项目可以根据"库存现金"、"银行存款"、"短期借款"、"长期借款"、"应付利息"等科目的记录分析填列。

(4)"分配利润支付的现金"项目,反映企业实际支付的利润。本项目可以根据"库存现金"、"银行存款"、"应付利润"等科目的记录分析填列。

思考与练习

一、填空题

1. 财务会计报告是企业对外提供的反映企业某一特定日期的_____和某一会计期间的_____、_____等会计信息的文件,包括_____及其_____和其他应当在财务会计报告中披露的相关信息和资料。
2. 企业的会计报表至少应当包括_____、_____、_____、所有者权益(或股东权益)变动表和附注。小企业编制的会计报表可以不包括_____。
3. 会计报表按编报的时间不同可分为_____和_____,其中_____是年度终了对外提供的会计报表,_____是指一年以内的报表,主要包括_____、_____和_____。
4. 会计报表的编报要求_____、_____、_____和_____。
5. 建立资产负债表的理论依据是_____。

6. 在资产负债表中，资产和负债项目按其＿＿＿＿＿＿的顺序排列。

7. 资产负债表中的"货币资金"项目应按＿＿＿＿、＿＿＿＿和其他货币资金账户的期末余额填列。

8. 资产负债表是指反映企业在某一＿＿＿＿的＿＿＿＿的会计报表，属于＿＿＿＿态报表。

9. 利润表的基本结构是以＿＿＿＿这一会计平衡公式作为理论基础的，其具体格式有＿＿＿＿和＿＿＿＿两种。

10. 利润表是指反映企业在一定＿＿＿＿的＿＿＿＿的报表，属于＿＿＿＿态报表。

二、单项选择题

1. 在资产负债表中，可按总分类账户的余额直接填列的是(　　)。
   A．货币资金　　　　B．存货　　　　C．应收账款　　　　D．应付职工薪酬
2. 在资产负债表中，应按几个总分类账户的余额计算填列的是(　　)。
   A．货币资金　　　　B．应付职工薪酬　　C．应交税费　　　D．短期借款
3. 资产负债表中的"应收账款"项目，应根据(　　)填列。
   A．"应收账款"总分类账户的期末余额
   B．"应收账款"总分类账户所属的明细分类账户的期末余额
   C．"应收账款"和"应付账款"总分类账户的本期借方余额的差额
   D．"应收账款"和"预收账款"总分类账户所属各明细分类账户的期末借方余额合计数
4. 资产负债表中"未分配利润"项目应根据(　　)账户的期末余额填列。
   A．本年利润　　　　　　　　　　　B．利润分配
   C．本年利润和利润分配　　　　　　D．应付利润
5. 利润表应根据(　　)分析填列。
   A．"本年利润"账户　　　　　　　　B．"利润分配"账户
   C．损益类账户的发生额　　　　　　D．损益类账户的余额
6. 利润表是反映企业(　　)经营成果的报表。
   A．一个时点　　　B．某一特定日期　　C．一年　　　　D．某一特定期间
7. 下列经济业务会影响营业利润的是(　　)。
   A．转让无形资产使用权　　　　　　B．固定资产清理
   C．处置无形资产所有权　　　　　　D．计提所得税费用

三、多项选择题

1. 根据规定，小企业编制的财务报表至少应当包括(　　)。
   A．资产负债表　　　　　　　　　　B．利润表
   C．现金流量表　　　　　　　　　　D．所有者权益(股东权益)变动表
2. 以下报表中应按月编制的是(　　)。
   A．资产负债表　　　　　　　　　　B．利润表

C. 现金流量表 　　　　　　　　　D. 股东权益增减变动表
3. 在资产负债表中，应按几个总分类账户的余额计算填列的是（　　）。
   A. 货币资金　　B. 应付职工薪酬　　C. 应交税费　　D. 存货
4. 资产负债表中的"存货"项目包括（　　）。
   A. 在途物资　　B. 原材料　　C. 库存商品　　D. 生产成本
5. 资产负债表的以下项目中，可以根据相关总账科目余额直接填列的有（　　）。
   A. 应付利润　　B. 应收账款　　C. 实收资本　　D. 应付票据
6. 应在财务会计报告上签名并盖章的人有（　　）。
   A. 董事长　　B. 总经理　　C. 单位负责人　　D. 会计主管人员

四、名词解释

会计报表　　资产负债表　　利润表

五、判断题（正确的打"√"、错误的打"×"）

1. 资产负债表是反映企业某一特定期间资产、负债和所有者权益的报表。（　　）
2. 资产负债表中的"存货"项目应根据"原材料"账户的期末余额填列。（　　）
3. 资产负债表是根据"资产＝负债+所有者权益"这一会计方程式编制的。（　　）
4. 对外会计报表是向外部有关方面提供的会计报表，因此，企业管理人员一般不利用它为内部管理服务。（　　）
5. 会计等式"收入-费用=利润"是编制利润表的基础。（　　）
6. 资产负债表"年初余额"栏内各项数字，应根据上年末资产负债表"期末余额"栏内所列数字填列。如果上年度资产负债表规定的各个项目的名称和内容同本年度不相一致，则应对上年末资产负债表各项目的名称和数字按照本年度的规定进行调整，填入表中"年初余额"栏内。（　　）

学习情境八

整理归档会计资料

任务一　整理归档会计资料

单元引言：会计人员日常工作过程中所取得或填制的会计凭证、登记的会计账簿、编制的会计报表等资料，是会计人员的劳动成果，是记录和反映单位经济业务事项的重要历史资料和证据。这些资料必须按要求规范整理，妥善保管，经过整理归档以后的会计资料即为会计档案。

任务描述：整理归档会计资料是将平时工作过程中所形成的会计凭证、账簿、报表等资料分类别、按一定的顺序整理装订成便于长期保管和利用的会计档案资料。整理归档会计资料是一项非常重要的工作任务，要求负责整理装订的人员认真细心，按规范的要求操作。

任务分析：整理归档会计档案的基本方法是，首先明确会计档案管理办法的具体要求，熟悉会计档案范围，把不属于会计档案的内容剔除；其次是熟悉整理会计档案的操作步骤，对操作过程中的每一个步骤都烂熟于心，这样工作起来才会应用自如。学习的重点是会计凭证的整理归档，难点是会计报表的整理。

一、会计凭证的整理与装订归档

第一，业务发生时将原始凭证附于记账凭证后面。页面很小的单据贴在粘贴单上，附在记账凭证后面。页面大小超过记账凭证的单据，应裁去毛边，以左边上边为齐折叠。

第二，根据凭证类别，按顺序号或日期顺序将记账凭证逐张排放好。补充遗漏的必不可少的核算资料，剔除不属于会计档案范围和没有必要归档的一些资料，清除订书钉、曲别针、大头针等金属物，将每一类记账凭证按适当厚度分成若干本墩齐。

第三，进行装订。装订好的会计凭证要四边成线，有棱有角，坚固、规整。装订线上应有封口，并加盖骑缝章。

第四，填写凭证及凭证盒的封面、封脊，将凭证装盒，存于柜中。

第五，填写封面、全宗号、目录号和案卷号：

(1)封面各记事栏是事后查账和查证有关事项的最基础的索引。"启用日期"要把年、月、日写全；"单位名称"要写全称；要注明"本月共××册，本册是第××册"；"凭证张数"一栏中要填本册的凭证张数；记账凭证号数"自第×号至第×号"一栏要填写清晰；

239

"保管期限"要注明按规定要求本册凭证应保管多少年。另外，还要把记账凭证及原始凭证的总页数，按照记账凭证及所附原始凭证的张数加计清点，准确地填在封面上。装订年、月、日也要如实填写。会计主管人员和装订人员要盖章。

（2）全宗号，即档案馆给定立档单位的编号，有的可照实填写，没有的空着不填。

（3）目录号，即会计凭证案卷所属会计档案实体分类目录的编号。如"ZKP1"中 Z 表示专业类档案，K 表示会计类档案，P 表示凭证类，1 表示第一类记账凭证，如收款凭证等。

（4）案卷号，填写目录内每本凭证的顺序编号。

二、会计账簿的整理归档

第一，填写账簿启用表、目录内容。订本账（总账、现金账、银行账）保持账簿原来面貌，不要除去空白页，在目录中注明已使用页数和空白页数，如图 8-1-1 所示。

目 录							
编号	科目	页数	编号	科目	页数	编号	科目	页数
1001	库存现金	1	2001	短期借款	31			
1002	银行存款	3	2201	应付票据	33			
1012	其他货币资金	5	2202	应付账款	35			
1101	交易性金融资产	7	2241	其他应付款	37			
1121	应收票据	9	2211	应付职工薪酬	39			
1122	应收账款	11	2221	应交税费	41			
1123	预付账款	13	2231	应付利息	43			
1221	其他应收款	15	2232	应付股利	45			
1401	材料采购	17	2501	长期借款	47			
1403	原材料	19	4001	股本	49			
1411	周转材料	21	4101	盈余公积	51			
1405	库存商品	23	4104	利润分配	53			
1511	长期股权投资	25	4103	本年利润	55			
1601	固定资产	27		本账簿共使用页数	56			
1602	累计折旧	29		空白页数	44			

图 8-1-1

活页账除去账夹和空白账页，填齐账户目录页号，按会计科目在账页的右上方填写总页号和分页号；加装会计账簿封面、封底；按封面、账簿启用表、账户目录、账页、封底顺序排列，装订成册，每册一般不超过150页，如图8-1-2所示。

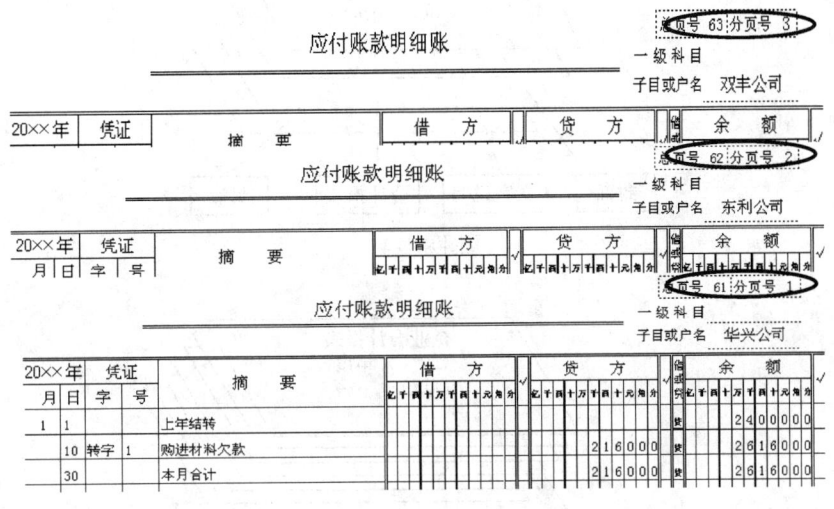

图 8-1-2

第二，填写账簿档案小标签贴在账本封面上，如总账的档案小标签见图8-1-3所示。

全宗号	1	年　度	20××年
目录号	ZKZ1	保管期限	15 年
案卷号	1	页　数	100
题名		总　账	

图 8-1-3

第三，将账簿单独存入档案柜中或先装入档案盒再入柜。

三、财务报告的整理

财务报告一般是按月报、季报、年报分别整理、装订、立卷的。

(一) 年度财务报告的整理

每年终了时年度财务报告装订的顺序是：封面、文字说明、会计报表、封底，如图8-1-4 所示。

若干年的年度财务报告装订在一起组成一卷，再编页码及目录，如图8-1-5 所示。

在档案盒的背面填写全宗号及案卷号，将档案装盒入柜。

(二) 月报及季报的整理

每个月的报表装订的顺序是：封面、文字说明、会计报表、封底。

各个月的报表装订在一起组成一卷，并编页码及目录。

在档案盒的背面填写全宗号及案卷号，将档案装盒入柜。

学习情境八　整理归档会计资料

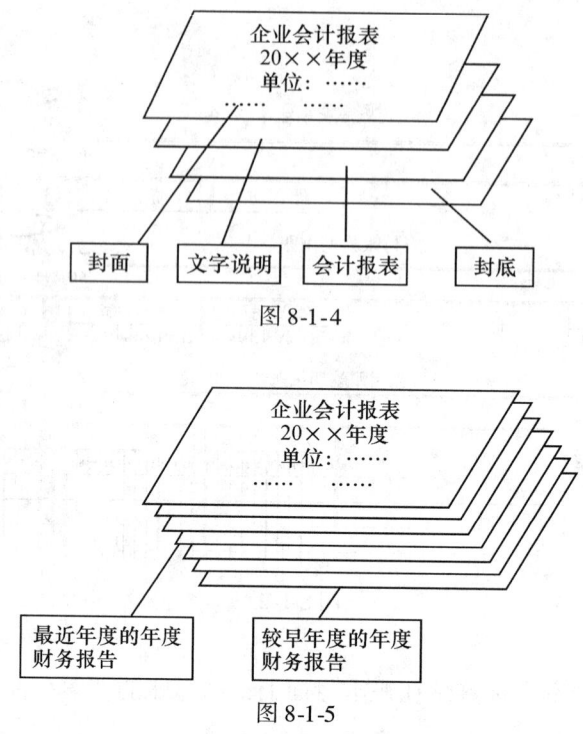

图 8-1-4

图 8-1-5

四、其他会计资料的整理

其他会计资料主要包括季度、年度的成本、利润计划，月度、年度的财务收支计划，工资计算表，经济活动分析报告等，一些重要的经济合同也随同正式会计档案进行收集整理。即使这部分资料不全部移交档案部门，或在一个很长的时期内由财会部门保存，也需要认真筛选、整理。总之，财会部门要把收集起来的这些资料逐件进行鉴别，将需要移交档案部门保管存放的，另行组卷装订，按要求移交。

会计档案的收集整理要规范化。卷脊、封面的内容要按统一的项目印制、填写，封面、盒、袋要按统一的尺寸、规格制作，做到收集按范围，整理按规范，装订按标准。

任务二　会计档案的保管和利用

单元引言： 保存在不同介质上的会计档案其管理要求是有区别的，但共同的要求就是通过防盗、防火、防虫、防霉烂保证其安全和完整，以便查询利用。

任务描述： 会计档案是记录单位经济业务的历史资料，无论是存放在档案部门还是暂时存放在会计部门保管，都要求档案管理人员具备专业的管理能力和技术。会计档案的查询利用，必须严格履行相应的程序，按规定的要求办理。当会计档案保管到期，经过严格的鉴定确定已无保管价值时，可按规定程序和要求予以销毁。

任务分析： 根据整理好的档案编制会计档案移交清册交档案部门；执行会计档案的安全保密制度和调阅制度，保管和查阅会计档案；熟悉会计档案销毁年限和程序。

一、移交会计档案

由于社会的和自然的各种原因，会计档案始终处于渐进性的自毁过程中。为了延长会计档案的寿命，使之能长久地被利用，必须采取保护措施，这就形成了会计档案的保管工作。

各单位每年形成的会计档案，在财务会计部门整理立卷或装订成册后，如果是当年的会计档案，在会计年度终了后，可暂由本单位财务会计部门保管1年。期满后，原则上应由财务会计部门编造清册移交本单位的档案部门统一保管。所以，财务会计部门和经办人必须按期将应当归档的会计档案，全部移交档案部门。档案部门接收保管的会计档案，原则上应当保持原卷册的封装，个别需要拆封重新整理的，应当会同财务会计部门和原经办人共同拆封整理，以分清责任。未设立档案部门的单位，必须配备房屋和专用柜，在财务会计部门内部指定专人保管。出纳人员不得兼管会计档案的保管工作。

二、执行安全和保密制度

所谓安全，是指保证会计档案完好无缺，不丢失、不破损、不被虫蛀、不霉烂等，做到防盗、防火、防潮，磁性介质还要防尘、防热、防冻、防消磁。要有相应的安全措施。安全制度包括会计档案的保存、保护责任制，以及检查、监督等方面的制度。所谓保密，是指会计档案的信息传递不能超过规定的范围。保密制度包括接受会计档案信息的范围、对象，利用会计档案时保密的程序、方法，以及各环节保密的责任等。

三、会计档案的利用

保存会计档案的最终目的，是为了利用；会计档案的整理、鉴定、保管等工作，只是为利用奠定基础。因此，必须重视和加强会计档案的利用工作。调阅会计档案应履行登记手续，各单位保存的会计档案不得借出。如有特殊需要，经本单位负责人批准，可以提供查阅或者复制，查阅或者复制会计档案的人员，严禁在会计档案上作任何记录、勾画、涂改、拆封，更不能抽换单据，违者应视情节轻重进行严肃处理。

各单位应当建立健全会计档案的查阅、复制登记工作制度。一般应在档案室内查阅，或在指定地点查阅，归还时应认真清点，以免丢失。

我国境内所有单位的会计档案不得携带出境。驻外机构和境内单位在境外设立的企业（简称境外企业）的会计档案，应当按照《会计档案管理办法》和国家有关规定进行管理。

四、会计档案的鉴定和销毁

随着时间的推移，新的会计档案不断地产生，档案数量日益增多，致使库存档案越来越多。实际上，有些档案经过一段时间以后，已经失去了保存价值，有些档案仍需继续保存下去。为了解决档案庞杂与需要保存有价值档案之间的矛盾，就需要对会计档案进行审查、鉴别，分清玉石，去粗留精，将确已失去保存价值的会计档案剔除，经过一定的审批程序，予以销毁，这就是会计档案的鉴定、销毁工作。

（一）会计档案的鉴定

会计档案的鉴定是鉴别会计档案的价值大小，确定档案的保管期限，决定会计档案保存与销毁的一个工作环节。

会计档案保管期满需要销毁时，由本单位档案部门提出销毁意见，会同财务会计部门共同鉴定，严格审查。主要鉴定以下内容：会计档案是否已达到保存期限，其中还有没有未了结的债权、债务的原始凭证，涉及地、房产的产权转让契约、图纸、证券、有关货币收支凭证、落实政策和救济补助的支付凭证，涉及外事的凭证，以及对处理历史遗留问题有重要参考价值的原始凭证等。如有上述情况的会计档案，均应单独抽出，另行立卷，由档案部门保管到未了事项完结，确无保管之必要时为止。单独抽出立卷的会计档案，应当在会计档案销毁清册和会计档案保管清册中列明。正在项目建设期间的建设单位，其保管期满的会计档案不得销毁。

（二）会计档案的销毁

保管期满的会计档案，经过鉴定，需要销毁时，应填制会计档案销毁清册（如图8-2-1所示），并按以下程序办理：

（1）由本单位档案部门会同会计部门提出销毁意见，编制会计档案销毁清册，列明销毁会计档案的名称、卷号、册数、起止年度和档案编号、应保管期限、已保管期限、销毁时间等内容。

（2）单位负责人在会计档案销毁清册上签署意见。

（3）销毁会计档案时，应当由档案部门和会计部门共同派员监销。国家机关销毁会计档案时，应当由同级财政部门、审计部门派员参加监销；财政部门销毁会计档案时，应当由同级审计部门派员参加监销；各级主管部门销毁会计档案时，应由同级财政部门、审计部门派员监销。

（4）监销人在销毁会计档案前，应当按照会计档案销毁清册所列内容清点核对所要销毁的会计档案；销毁后，应当在会计档案销毁清册上签名盖章，并将监销情况报告本单位负责人。

会 计 档 案 销 毁 清 册

单位名称_____	单位领导_____
销毁档案起止序号_____	销毁档案所属年度_____
销毁档案清册页数_____	编制时间_____
鉴　定销毁部门_____	鉴　定销毁人_____
批准单位_____	批准文号_____
监销部门_____	监销人_____
编制人_____	复核人_____

图 8-2-1

会计档案的收集、整理、保管、利用、鉴定、销毁等各环节组成一个有机整体，各环节之间相互制约、互相促进，缺一不可。会计人员和档案工作者必须以对会计档案负责、对历史负责的高度责任感，管理好会计档案。

当前，随着改革开放的进一步深化发展，对会计信息的数量、质量的要求也越来越高。特别是随着会计电算化的发展，会计的记录和反映手段也在发生着变化。同时，一些先进的技术和方法，诸如计算机管理档案、资料微缩复制等也已经逐步引入档案管理领域，这就从客观上要求会计档案管理的方式、方法不断改进，推陈出新，从而适应经济发展的要求。

思考与练习

一、单项选择题

1. 以下内容不属于会计档案的是（　　）。
   A. 现金日记账　　　B. 总账　　　C. 购销合同　　　D. 购货发票
2. 各单位每年形成的会计档案，都应由本单位（　　）负责整理立卷，装订成册，编制会计档案保管清册。
   A. 财务会计部门　　B. 档案部门　　C. 人事部门　　D. 指定专人
3. 会计凭证作为会计档案装订时所使用的装订材料是（　　）。
   A. 金属丝　　　B. 尼龙线　　　C. 曲别针　　　D. 大头针
4. 活页会计账簿作为会计档案进行整理时应（　　）。
   A. 保持账簿原状存档
   B. 重新填写账簿启用表存档
   C. 保持账簿原状，重新填写目录存档
   D. 撤去空白账页，填好总页号、分页号及目录后装订存档
5. 下列关于财务会计报告这一会计档案整理的描述正确的是（　　）。
   A. 按年度将年报、季报、月报装订在一起
   B. 年报、季报、月报分开装订，每年的年报立为一卷
   C. 将若干年的年报按时间顺序装订在一起立为一卷
   D. 会计报表附注不属于会计档案，不需要装订
6. 原始凭证的保管期限是（　　）。
   A. 3年　　　B. 5年　　　C. 15年　　　D. 永久
7. 计算会计档案保管期限的开始时间是（　　）。
   A. 每一月份的第一天　　　　B. 每一季度的第一天
   C. 每半年度的第一天　　　　D. 每一会计年度终了后的第一天
8. 银行存款日记账的保管期限是（　　）。
   A. 3年　　　B. 5年　　　C. 25年　　　D. 永久

学习情境八　整理归档会计资料

9. 企业年度财务会计报告的保管期限是(　　)。
   A. 3年　　　　　　B. 5年　　　　　　C. 15年　　　　　　D. 永久
10. 会计档案保管期限分为永久和定期两类。定期保管会计档案的最长期限是(　　)。
    A. 5年　　　　　　B. 10年　　　　　C. 15年　　　　　　D. 25年

二、多项选择题

1. 会计档案是指记录和反映经济业务事项的重要历史资料和证据，一般包括(　　)。
   A. 会计凭证　　　　B. 会计账簿　　　　C. 会计制度　　　　D. 财务计划
2. 下列会计档案中需要保管25年的是(　　)。
   A. 银行存款总账　　　　　　　　　B. 银行存款日记账
   C. 汇总凭证　　　　　　　　　　　D. 辅助账簿
3. 下列各项中，属于会计档案的有(　　)。
   A. 银行对账单　　　　　　　　　　B. 银行存款余额调节表
   C. 会计档案保管清册　　　　　　　D. 会计档案销毁清册
4. 下列各项中，属于会计档案的有(　　)。
   A. 原始凭证　　　　B. 年度工作计划　C. 现金日记账　　　D. 资产负债表
5. 下列各项中，属于会计档案的有(　　)。
   A. 会计凭证　　　　B. 总账　　　　　C. 日记账　　　　　D. 会计报表
6. 档案部门接收保管的会计档案需要拆封重新整理时，正确的做法是(　　)。
   A. 由原封装人员拆封整理
   B. 由原财务会计部门拆封整理
   C. 由档案部门拆封整理
   D. 由档案部门会同原财务会计部门和经办人员共同拆封整理
7. 会计档案保管期满，应由(　　)监督销毁。
   A. 单位负责人　　　　　　　　　　B. 总会计师
   C. 档案部门派员　　　　　　　　　D. 财务会计部门派员
8. 下列关于会计档案的表述中，符合《会计档案管理办法》的规定的有(　　)。
   A. 单位会计档案经本单位财务会计部门负责人批准后可以对外提供查询
   B. 单位会计档案销毁需经单位负责人批准
   C. 保管期满但未结清债权债务的原始凭证，不得销毁
   D. 正在项目建设期间的建设单位，其保管期满的会计档案不得销毁
9. 销毁会计档案的正确做法是(　　)。
   A. 财务会计部门提出销毁意见
   B. 档案部门对拟销毁的会计档案进行鉴定
   C. 销毁清册必须经单位负责人签署意见
   D. 档案部门和财务会计部门共同派员监销
10. 为有效利用会计档案，调阅会计档案的人履行相应手续后可以(　　)。
    A. 抄录会计档案　　　　　　　　　B. 抽调部分会计档案

C. 复制会计档案 D. 在档案上画线做重点标注

三、填空题

1. 会计档案一般包括_____、_____和_____等会计核算的专业材料，是记录和反映单位经济业务事项的重要历史资料和证据。

2. 会计档案按管理期限可划分为_____会计档案和_____会计档案。

3. 会计档案是会计活动的产物，又是会计活动的客观表现，具有_____和_____作用，在经济管理活动和财务会计工作中的地位非常重要。

4. 已经装订好的凭证封面上，_____和_____要签名或盖章。

5. 活页账撤去账夹和_____，填齐账户目录页号，按会计科目分别在每张账页的右上方编上_____和_____；加装会计账簿封面、封底；按封面、账簿启用表、账户目录、账页、封底的顺序排列，装订成册。

6. 各单位每年形成的会计档案，在_____部门整理立卷或装订成册后，如果是当年的会计档案，在会计年度终了后，可暂由本单位财务会计部门保管_____年。

7. 各单位保存的会计档案_____。如有特殊需要，经本单位负责人批准，可以提供_____。

8. 会计档案保管期满需要销毁时，由本单位_____部门提出销毁意见，会同_____部门共同鉴定，严格审查。

9. 会计档案已达到保存期限，其中如果有未了结的_____、_____的原始凭证，应单独抽出，另行立卷，由档案部门保管到未了事项完结，确无保管的必要时为止。

10. 定期会计档案的保管期限分别为_____年、_____年、_____年、_____年、_____年等5种。

附录一

企业会计准则——基本准则

（2006年2月15日财政部令第33号公布，自2007年1月1日起施行。2014年7月23日根据《财政部关于修改〈企业会计准则——基本准则〉的决定》修改）

第一章 总则

第一条 为了规范企业会计确认、计量和报告行为，保证会计信息质量，根据《中华人民共和国会计法》和其他有关法律、行政法规，制定本准则。

第二条 本准则适用于在中华人民共和国境内设立的企业（包括公司，下同）。

第三条 企业会计准则包括基本准则和具体准则，具体准则的制定应当遵循本准则。

第四条 企业应当编制财务会计报告（又称财务报告，下同）。财务会计报告的目标是向财务会计报告使用者提供与企业财务状况、经营成果和现金流量等有关的会计信息，反映企业管理层受托责任履行情况，有助于财务会计报告使用者做出经济决策。

财务会计报告使用者包括投资者、债权人、政府及其有关部门和社会公众等。

第五条 企业应当对其本身发生的交易或者事项进行会计确认、计量和报告。

第六条 企业会计确认、计量和报告应当以持续经营为前提。

第七条 企业应当划分会计期间，分期结算账目和编制财务会计报告。

会计期间分为年度和中期。中期是指短于一个完整的会计年度的报告期间。

第八条 企业会计应当以货币计量。

第九条 企业应当以权责发生制为基础进行会计确认、计量和报告。

第十条 企业应当按照交易或者事项的经济特征确定会计要素。会计要素包括资产、负债、所有者权益、收入、费用和利润。

第十一条 企业应当采用借贷记账法记账。

第二章 会计信息质量要求

第十二条 企业应当以实际发生的交易或者事项为依据进行会计确认、计量和报告，如实反映符合确认和计量要求的各项会计要素及其他相关信息，保证会计信息真实可靠、内容完整。

第十三条 企业提供的会计信息应当与财务会计报告使用者的经济决策需要相关，有助于财务会计报告使用者对企业过去、现在或者未来的情况做出评价或者预测。

第十四条 企业提供的会计信息应当清晰明了，便于财务会计报告使用者理解和使用。

第十五条 企业提供的会计信息应当具有可比性。

同一企业不同时期发生的相同或者相似的交易或者事项，应当采用一致的会计政策，不得随意变更。确需变更的，应当在附注中说明。

不同企业发生的相同或者相似的交易或者事项，应当采用规定的会计政策，确保会计信息口径一致、相互可比。

第十六条 企业应当按照交易或者事项的经济实质进行会计确认、计量和报告，不应仅以交易或者事项的法律形式为依据。

第十七条 企业提供的会计信息应当反映与企业财务状况、经营成果和现金流量等有关的所有重要交易或者事项。

第十八条 企业对交易或者事项进行会计确认、计量和报告应当保持应有的谨慎，不应高估资产或者收益、低估负债或者费用。

第十九条 企业对于已经发生的交易或者事项，应当及时进行会计确认、计量和报告，不得提前或者延后。

第三章 资　产

第二十条 资产是指企业过去的交易或者事项形成的、由企业拥有或者控制的、预期会给企业带来经济利益的资源。

前款所指的企业过去的交易或者事项包括购买、生产、建造行为或其他交易或者事项。预期在未来发生的交易或者事项不形成资产。

由企业拥有或者控制，是指企业享有某项资源的所有权，或者虽然不享有某项资源的所有权，但该资源能被企业所控制。

预期会给企业带来经济利益，是指直接或者间接导致现金和现金等价物流入企业的潜力。

第二十一条 符合本准则第二十条规定的资产定义的资源，在同时满足以下条件时，确认为资产：

（一）与该资源有关的经济利益很可能流入企业；

（二）该资源的成本或者价值能够可靠地计量。

第二十二条 符合资产定义和资产确认条件的项目，应当列入资产负债表；符合资产定义，但不符合资产确认条件的项目，不应当列入资产负债表。

第四章 负　债

第二十三条 负债是指企业过去的交易或者事项形成的、预期会导致经济利益流出企业的现时义务。

现时义务是指企业在现行条件下已承担的义务。未来发生的交易或者事项形成的义务，不属于现时义务，不应当确认为负债。

第二十四条 符合本准则第二十三条规定的负债定义的义务，在同时满足以下条件时，确认为负债：

（一）与该义务有关的经济利益很可能流出企业；

(二)未来流出的经济利益的金额能够可靠地计量。

第二十五条 符合负债定义和负债确认条件的项目,应当列入资产负债表;符合负债定义、但不符合负债确认条件的项目,不应当列入资产负债表。

第五章 所有者权益

第二十六条 所有者权益是指企业资产扣除负债后由所有者享有的剩余权益。

公司的所有者权益又称为股东权益。

第二十七条 所有者权益的来源包括所有者投入的资本、直接计入所有者权益的利得和损失、留存收益等。

直接计入所有者权益的利得和损失,是指不应计入当期损益、会导致所有者权益发生增减变动的、与所有者投入资本或者向所有者分配利润无关的利得或者损失。

利得是指由企业非日常活动所形成的、会导致所有者权益增加的、与所有者投入资本无关的经济利益的流入。

损失是指由企业非日常活动所发生的、会导致所有者权益减少的、与向所有者分配利润无关的经济利益的流出。

第二十八条 所有者权益金额取决于资产和负债的计量。

第二十九条 所有者权益项目应当列入资产负债表。

第六章 收 入

第三十条 收入是指企业在日常活动中形成的、会导致所有者权益增加的、与所有者投入资本无关的经济利益的总流入。

第三十一条 收入只有在经济利益很可能流入从而导致企业资产增加或者负债减少、且经济利益的流入额能够可靠计量时才能予以确认。

第三十二条 符合收入定义和收入确认条件的项目,应当列入利润表。

第七章 费 用

第三十三条 费用是指企业在日常活动中发生的、会导致所有者权益减少的、与向所有者分配利润无关的经济利益的总流出。

第三十四条 费用只有在经济利益很可能流出从而导致企业资产减少或者负债增加、且经济利益的流出额能够可靠计量时才能予以确认。

第三十五条 企业为生产产品、提供劳务等发生的可归属于产品成本、劳务成本等的费用,应当在确认产品销售收入、劳务收入等时,将已销售产品、已提供劳务的成本等计入当期损益。

企业发生的支出不产生经济利益的,或者即使能够产生经济利益但不符合或者不再符合资产确认条件的,应当在发生时确认为费用,计入当期损益。

企业发生的交易或者事项导致其承担了一项负债而又不确认为一项资产的,应当在发生时确认为费用,计入当期损益。

第三十六条 符合费用定义和费用确认条件的项目,应当列入利润表。

第八章 利 润

第三十七条 利润是指企业在一定会计期间的经营成果。利润包括收入减去费用后的净额、直接计入当期利润的利得和损失等。

第三十八条 直接计入当期利润的利得和损失，是指应当计入当期损益、会导致所有者权益发生增减变动的、与所有者投入资本或者向所有者分配利润无关的利得或者损失。

第三十九条 利润金额取决于收入和费用、直接计入当期利润的利得和损失金额的计量。

第四十条 利润项目应当列入利润表。

第九章 会计计量

第四十一条 企业在将符合确认条件的会计要素登记入账并列报于会计报表及其附注（又称财务报表，下同）时，应当按照规定的会计计量属性进行计量，确定其金额。

第四十二条 会计计量属性主要包括：

（一）历史成本。在历史成本计量下，资产按照购置时支付的现金或者现金等价物的金额，或者按照购置资产时所付出的对价的公允价值计量。负债按照因承担现时义务而实际收到的款项或者资产的金额，或者承担现时义务的合同金额，或者按照日常活动中为偿还负债预期需要支付的现金或者现金等价物的金额计量。

（二）重置成本。在重置成本计量下，资产按照现在购买相同或者相似资产所需支付的现金或者现金等价物的金额计量。负债按照现在偿付该项债务所需支付的现金或者现金等价物的金额计量。

（三）可变现净值。在可变现净值计量下，资产按照其正常对外销售所能收到现金或者现金等价物的金额扣减该资产至完工时估计将要发生的成本、估计的销售费用以及相关税费后的金额计量。

（四）现值。在现值计量下，资产按照预计从其持续使用和最终处置中所产生的未来净现金流入量的折现金额计量。负债按照预计期限内需要偿还的未来净现金流出量的折现金额计量。

（五）公允价值。在公允价值计量下，资产和负债按照市场参与者在计量日发生的有序交易中，出售资产所能收到或者转移负债所需支付的价格计量。

第四十三条 企业在对会计要素进行计量时，一般应当采用历史成本，采用重置成本、可变现净值、现值、公允价值计量的，应当保证所确定的会计要素金额能够取得并可靠计量。

第十章 财务会计报告

第四十四条 财务会计报告是指企业对外提供的反映企业某一特定日期的财务状况和某一会计期间的经营成果、现金流量等会计信息的文件。

财务会计报告包括会计报表及其附注和其他应当在财务会计报告中披露的相关信息和资料。会计报表至少应当包括资产负债表、利润表、现金流量表等报表。

小企业编制的会计报表可以不包括现金流量表。

第四十五条 资产负债表是指反映企业在某一特定日期的财务状况的会计报表。

第四十六条 利润表是指反映企业在一定会计期间的经营成果的会计报表。

第四十七条 现金流量表是指反映企业在一定会计期间的现金和现金等价物流入和流出的会计报表。

第四十八条 附注是指对在会计报表中列示项目所作的进一步说明,以及对未能在这些报表中列示项目的说明等。

第十一章 附 则

第四十九条 本准则由财政部负责解释。

第五十条 本准则自 2007 年 1 月 1 日起施行。

附录二

企业财务会计报告条例

第一章 总 则

第一条 为了规范企业财务会计报告，保证财务会计报告的真实、完整，根据《中华人民共和国会计法》，制定本条例。

第二条 企业(包括公司，下同)编制和对外提供财务会计报告，应当遵守本条例。

本条例所称财务会计报告，是指企业对外提供的反映企业某一特定日期财务状况和某一会计期间经营成果、现金流量的文件。

第三条 企业不得编制和对外提供虚假的或者隐瞒重要事实的财务会计报告。企业负责人对本企业财务会计报告的真实性、完整性负责。

第四条 任何组织或者个人不得授意、指使、强令企业编制和对外提供虚假的或者隐瞒重要事实的财务会计报告。

第五条 注册会计师、会计师事务所审计企业财务会计报告，应当依照有关法律、行政法规以及注册会计师执业规则的规定进行，并对所出具的审计报告负责。

第二章 财务会计报告的构成

第六条 财务会计报告分为年度、半年度、季度和月度财务会计报告。

第七条 年度、半年度财务会计报告应当包括：

(一)会计报表；

(二)会计报表附注；

(三)财务情况说明书。

会计报表应当包括资产负债表、利润表、现金流量表及相关附表。

第八条 季度、月度财务会计报告通常仅指会计报表，会计报表至少应当包括资产负债表和利润表。国家统一的会计制度规定季度、月度财务会计报告需要编制会计报表附注的，从其规定。

第九条 资产负债表是反映企业在某一特定日期财务状况的报表。资产负债表应当按照资产、负债和所有者权益(或者股东权益，下同)分类分项列示。其中，资产、负债和所有者权益的定义及列示应当遵循下列规定：

(一)资产，是指过去的交易、事项形成并由企业拥有或者控制的资源，该资源预期会给企业带来经济利益。在资产负债表上，资产应当按照其流动性分类分项列示，包括流动资产、长期投资、固定资产、无形资产及其他资产。银行、保险公司和非银行金融机构的各项资产有特殊性的，按照其性质分类分项列示。

(二)负债，是指过去的交易、事项形成的现时义务，履行该义务预期会导致经济利益流出企业。在资产负债表上，负债应当按照其流动性分类分项列示，包括流动负债、长期负债等。银行、保险公司和非银行金融机构的各项负债有特殊性的，按照其性质分类分项列示。

(三)所有者权益，是指所有者在企业资产中享有的经济利益，其金额为资产减去负债后的余额。在资产负债表上，所有者权益应当按照实收资本(或者股本)、资本公积、盈余公积、未分配利润等项目分项列示。

第十条 利润表是反映企业在一定会计期间经营成果的报表。利润表应当按照各项收入、费用以及构成利润的各个项目分类分项列示。其中，收入、费用和利润的定义及列示应当遵循下列规定：

(一)收入，是指企业在销售商品、提供劳务及让渡资产使用权等日常活动中所形成的经济利益的总流入。收入不包括为第三方或者客户代收的款项。在利润表上，收入应当按照其重要性分项列示。

(二)费用，是指企业为销售商品、提供劳务等日常活动所发生的经济利益的流出。在利润表上，费用应当按照其性质分项列示。

(三)利润，是指企业在一定会计期间的经营成果。在利润表上，利润应当按照营业利润、利润总额和净利润等利润的构成分类分项列示。

第十一条 现金流量表是反映企业一定会计期间现金和现金等价物(以下简称现金)流入和流出的报表。现金流量表应当按照经营活动、投资活动和筹资活动的现金流量分类分项列示。其中，经营活动、投资活动和筹资活动的定义及列示应当遵循下列规定：

(一)经营活动，是指企业投资活动和筹资活动以外的所有交易和事项。在现金流量表上，经营活动的现金流量应当按照其经营活动的现金流入和流出的性质分项列示；银行、保险公司和非银行金融机构的经营活动按照经营活动特点分项列示。

(二)投资活动，是指企业长期资产的购建和不包括在现金等价物范围内的投资及其处置活动。在现金流量表上，投资活动的现金流量应当按照其投资活动的现金流入和流出的性质分项列示。

(三)筹资活动，是指导致企业资本及债务规模和构成发生变化的活动。在现金流量表上，筹资活动的现金流量应当按照其筹资活动的现金流入和流出的性质分项列示。

第十二条 相关附表是反映企业财务状况、经营成果和现金流量的补充报表，主要包括利润分配表以及国家统一的会计制度规定的其他附表。

利润分配表是反映企业一定会计期间对实现净利润以及以前年度未分配利润的分配或者亏损弥补的报表。利润分配表应当按照利润分配各个项目分类分项列示。

第十三条 年度、半年度会计报表至少应当反映两个年度或者相关两个期间的比较数据。

第十四条 会计报表附注是为便于会计报表使用者理解会计报表的内容而对会计报表的编制基础、编制依据、编制原则和方法及主要项目等所作的解释。会计报表附注至少应当包括下列内容：

（一）不符合基本会计假设的说明；

（二）重要会计政策和会计估计及其变更情况、变更原因及其对财务状况和经营成果的影响；

（三）或有事项和资产负债表日后事项的说明；

（四）关联方关系及其交易的说明；

（五）重要资产转让及其出售情况；

（六）企业合并、分立；

（七）重大投资、融资活动；

（八）会计报表中重要项目的明细资料；

（九）有助于理解和分析会计报表需要说明的其他事项。

第十五条 财务情况说明书至少应当对下列情况做出说明：

（一）企业生产经营的基本情况；

（二）利润实现和分配情况；

（三）资金增减和周转情况；

（四）对企业财务状况、经营成果和现金流量有重大影响的其他事项。

第三章 财务会计报告的编制

第十六条 企业应当于年度终了编报年度财务会计报告。国家统一的会计制度规定企业应当编报半年度、季度和月度财务会计报告的，从其规定。

第十七条 企业编制财务会计报告，应当根据真实的交易、事项以及完整、准确的账簿记录等资料，并按照国家统一的会计制度规定的编制基础、编制依据、编制原则和方法。

企业不得违反本条例和国家统一的会计制度规定，随意改变财务会计报告的编制基础、编制依据、编制原则和方法。

任何组织或者个人不得授意、指使、强令企业违反本条例和国家统一的会计制度规定，改变财务会计报告的编制基础、编制依据、编制原则和方法。

第十八条 企业应当依照本条例和国家统一的会计制度规定，对会计报表中各项会计要素进行合理的确认和计量，不得随意改变会计要素的确认和计量标准。

第十九条 企业应当依照有关法律、行政法规和本条例规定的结账日进行结账，不得提前或者延迟。年度结账日为公历年度每年的12月31日；半年度、季度、月度结账日分别为公历年度每半年、每季、每月的最后一天。

第二十条 企业在编制年度财务会计报告前，应当按照下列规定，全面清查资产、核实债务：

（一）结算款项、包括应收款项、应付款项、应交税金等是否存在，与债务、债权单

（二）原材料、在产品、自制半成品、库存商品等各项存货的实存数量与账面数量是否一致。是否有报废损失和积压物资等；

（三）各项投资是否存在，投资收益是否按照国家统一的会计制度规定进行确认和计量；

（四）房屋建筑物、机器设备、运输工具等各项固定资产的实存数量与账面数量是否一致；

（五）在建工程的实际发生额与账面记录是否一致；

（六）需要清查、核实的其他内容。

企业通过前款规定的清查、核实，查明财产物资的实存数量与账面数量是否一致、各项结算款项的拖欠情况及其原因、材料物资的实际储备情况、各项投资是否达到预期目的、固定资产的使用情况及其完好程度等。企业清查、核实后，应当将清查、核实的结果及其处理办法向企业的董事会或者相应机构报告，并根据国家统一的会计制度的规定进行相应的会计处理。

企业应当在年度中间根据具体情况，对各项财产物资和结算款项进行重点抽查、轮流清查或者定期检查。

第二十一条 企业在编制财务会计报告前，除应当全面清查资产、核实债务外，还应当完成下列工作：

（一）核对各会计账簿记录与会计凭证的内容、金额等是否一致，记账方向是否相符；

（二）依照本条例规定的结账日进行结账，结出有关会计账簿的余额和发生额，并核对各会计账簿之间的余额；

（三）检查相关的会计核算是否按照国家统一的会计制度的规定进行；

（四）对于国家统一的会计制度没有规定统一核算方法的交易、事项，检查其是否按照会计核算的一般原则进行确认和计量以及相关账务处理是否合理；

（五）检查是否存在因会计差错、会计政策变更等原因需要调整前期或者本期相关项目。在前款规定工作中发现问题的，应当按照国家统一的会计制度的规定进行处理。

第二十二条 企业编制年度和半年度财务会计报告时，对经查实后的资产、负债有变动的，应当按照资产、负债的确认和计量标准进行确认和计量，并按照国家统一的会计制度的规定进行相应的会计处理。

第二十三条 企业应当按照国家统一的会计制度规定的会计报表格式和内容，根据登记完整、核对无误的会计账簿记录和其他有关资料编制会计报表，做到内容完整、数字真实、计算准确，不得漏报或者任意取舍。

第二十四条 会计报表之间、会计报表各项目之间，凡有对应关系的数字，应当相互一致；会计报表中本期与上期的有关数字应当相互衔接。

第二十五条 会计报表附注和财务情况说明书应当按照本条例和国家统一的会计制度的规定，对会计报表中需要说明的事项作出真实、完整、清楚的说明。

第二十六条 企业发生合并、分立情形的，应当按照国家统一的会计制度的规定编制相应的财务会计报告。

第二十七条 企业终止营业的,应当在终止营业时按照编制年度财务会计报告的要求全面清查资产、核实债务、进行结账,并编制财务会计报告;在清算期间,应当按照国家统一的会计制度的规定编制清算期间的财务会计报告。

第二十八条 按照国家统一的会计制度的规定,需要编制合并会计报表的企业集团,母公司除编制其个别会计报表外,还应当编制企业集团的合并会计报表。企业集团合并会计报表,是指反映企业集团整体财务状况、经营成果和现金流量的会计报表。

第四章 财务会计报告的对外提供

第二十九条 对外提供的财务会计报告反映的会计信息应当真实、完整。

第三十条 企业应当依照法律、行政法规和国家统一的会计制度有关财务会计报告提供期限的规定,及时对外提供财务会计报告。

第三十一条 企业对外提供的财务会计报告应当依次编定页数,加具封面,装订成册,加盖公章。封面上应当注明：企业名称、企业统一代码、组织形式、地址、报表所属年度或者月份、报出日期,并由企业负责人和主管会计工作的负责人、会计机构负责人(会计主管人员)签名并盖章；设置总会计师的企业,还应当由总会计师签名并盖章。

第三十二条 企业应当依照企业章程的规定,向投资者提供财务会计报告。

国务院派出监事会的国有重点大型企业、国有重点金融机构和省、自治区、直辖市人民政府派出监事会的国有企业,应当依法定期向监事会提供财务会计报告。

第三十三条 有关部门或者机构依照法律、行政法规或者国务院的规定,要求企业提供部分或者全部财务会计报告及其有关数据的,应当向企业出示依据,并不得要求企业改变财务会计报告有关数据的会计口径。

第三十四条 非依照法律、行政法规或者国务院的规定,任何组织或者个人不得要求企业提供部分或者全部财务会计报告及其有关数据。

违反本条例规定,要求企业提供部分或者全部财务会计报告及其有关数据的,企业有权拒绝。

第三十五条 国有企业、国有控股的或者占主导地位的企业,应当至少每年一次向本企业的职工代表大会公布财务会计报告,并重点说明下列事项：

(一)反映与职工利益密切相关的信息,包括：管理费用的构成情况,企业管理人员工资、福利和职工工资、福利费用的发放、使用和结余情况,公益金的提取及使用情况,利润分配的情况以及其他与职工利益相关的信息；

(二)内部审计发现的问题及纠正情况；

(三)注册会计师审计的情况；

(四)国家审计机关发现的问题及纠正情况；

(五)重大的投资、融资和资产处置决策及其原因的说明；

(六)需要说明的其他重要事项。

第三十六条 企业依照本条例规定向有关各方提供的财务会计报告，其编制基础、编制依据、编制原则和方法应当一致，不得提供编制基础、编制依据、编制原则和方法不同的财务会计报告。

第三十七条 财务会计报告须经注册会计师审计的，企业应当将注册会计师及其会计师事务所出具的审计报告随同财务会计报告一并对外提供。

第三十八条 接受企业财务会计报告的组织或者个人，在企业财务会计报告未正式对外披露前，应当对其内容保密。

第五章 法律责任

第三十九条 违反本条例规定，有下列行为之一的，由县级以上人民政府财政部门责令限期改正，对企业可以处3 000元以上5万元以下的罚款；对直接负责的主管人员和其他直接责任人员，可以处2 000元以上2万元以下的罚款；属于国家工作人员的，并依法给予行政处分或者纪律处分：

（一）随意改变会计要素的确认和计量标准的；

（二）随意改变财务会计报告的编制基础、编制依据、编制原则和方法的；

（三）提前或者延迟结账日结账的；

（四）在编制年度财务会计报告前，未按照本条例规定全面清查资产、核实债务的；

（五）拒绝财政部门和其他有关部门对财务会计报告依法进行的监督检查，或者不如实提供有关情况的。

会计人员有前款所列行为之一，情节严重的，由县级以上人民政府财政部门吊销会计从业资格证书。

第四十条 企业编制、对外提供虚假的或者隐瞒重要事实的财务会计报告，构成犯罪的，依法追究刑事责任。

有前款行为，尚不构成犯罪的，由县级以上人民政府财政部门予以通报，对企业可以处5 000元以上10万元以下的罚款；对直接负责的主管人员和其他直接责任人员，可以处3 000元以上5万元以下的罚款；属于国家工作人员的，并依法给予撤职直至开除的行政处分或者纪律处分；对其中的会计人员，情节严重的，并由县级以上人民政府财政部门吊销会计从业资格证书。

第四十一条 授意、指使、强令会计机构、会计人员及其他人员编制、对外提供虚假的或者隐瞒重要事实的财务会计报告，或者隐匿、故意销毁依法应当保存的财务会计报告，构成犯罪的，依法追究刑事责任；尚不构成犯罪的，可以处5 000元以上5万元以下的罚款；属于国家工作人员的，并依法给予降级、撤职、开除的行政处分或者纪律处分。

第四十二条 违反本条例的规定，要求企业向其提供部分或者全部财务会计报告及其有关数据的，由县级以上人民政府责令改正。

第四十三条 违反本条例规定，同时违反其他法律、行政法规规定的，由有关部门在各自的职权范围内依法给予处罚。

第六章 附 则

第四十四条 国务院财政部门可以根据本条例的规定，制定财务会计报告的具体编报办法。

第四十五条 不对外筹集资金、经营规模较小的企业编制和对外提供财务会计报告的办法，由国务院财政部门根据本条例的原则另行规定。

第四十六条 本条例自 2001 年 1 月 1 日起施行。

参考文献

[1] 中华人民共和国财政部. 企业会计制度. 北京：经济科学出版社，2001.
[2] 中华人民共和国财政部. 企业会计准则. 北京：经济科学出版社，2001.
[3] 中华人民共和国财政部. 企业会计准则——基本准则. 北京：经济科学出版社，2006.
[4] 田家富. 基础会计. 北京：科学出版社，2004.
[5] 朱顺祥，田家富. 新编会计原理. 北京：中国财政经济出版社，1993.
[6] 陈国辉. 基础会计. 大连：东北财经大学出版社，2003.
[7] 湖北会计学会. 会计基础. 武汉：湖北人民出版社，2010.
[8] 李劲松等. 会计核算基本技术习题与技能训练. 武汉：武汉大学出版社，2011.

全国高等会计职业教育系列规划教材

会计基础（第二版）
会计基础技能训练（第二版）
会计基础综合实训（第二版）
出纳实务（第二版）
财务会计实务（第二版）
财务会计技能训练（第二版）
财务管理实务（第二版）
财务管理技能训练（第二版）
成本会计实务（第二版）
成本会计技能训练（第二版）
纳税实务（第二版）
纳税技能训练（第二版）
审计实务（第二版）
审计技能训练（第二版）
会计综合实训（第二版）
会计信息化实务（第二版）
Excel在会计中的应用（第二版）
财经法规与会计职业道德（第二版）
行业会计实务（第二版）
经济法

欢迎广大教师和读者就系列教材的内容、结构、设计以及使用情况等，提出您宝贵的意见、建议和要求，我们将为您提供优质的售后服务。

联系人：陈 红　Tel:027-87215802　E-mail: 472185440@qq.com

武汉大学出版社（全国优秀出版社）